HANNAH ROSS

REVOLUTIONS

HOW WOMEN CHANGED THE WORLD ON TWO WHEELS

踩動世界的女人

自由、賦權、革新
130年來的女性單車史

漢娜・羅斯 著

張家綺 譯

獻給克蕾歐，希望妳也會愛上單車。

目錄

作者序　小皇后

法國人向來喜歡暱稱單車為la petite reine，小皇后。說來諷刺，畢竟超過一個世紀以來，有關單車的紀錄沒幾項與女性有關。

打開電視，再不然看看每年七月的媒體體育版，很難不看到近兩百名單車手在每年最大運動賽事中奮力踩著單車、揮汗如雨地橫跨法國數千公里的新聞，而這些參賽選手清一色是男性。環顧世界各地的城鎮，你可能會發現身邊踩單車的男性多於女性。例證舉目皆是，單車明顯是男子俱樂部的活動，跟小皇后八竿子打不著關係。

然而自從單車創始年代起，單車就一直是女性主義的議題。十九世紀末的女性參政權運動人士蘇珊・安東尼（Susan B. Anthony）甚至認為單車「是世界上最能解放女性的工具」[1]。

單車在一八八〇年代崛起時掀起一場革命。這部實用又有效率的機器改變了無數的生命，不只讓騎單車的人幾乎不費吹灰之力就能雲遊四海，更帶領他們前往本來不可能探索的地帶，讓旅行變得更有趣。即使現在有這麼多旅遊方式，人們還是熱愛騎單車，任由雙腳踩著單車前進，讓微風吹拂頭髮，享受下坡時猶如飛翔的感受，騎單車一點也不無聊。

如果你找幾個人，問問他們為何喜歡騎單車，就會不斷聽到「自由」和「翱翔」等答案。可是開始研究單車史後，我卻震驚地發現，女性在單車之路上經常遭到折翼。男性可以不假思索，直接躍上坐墊、踩起腳踏板，女性騎單車卻非得面臨各種政治因素，與限制女性什麼能做、什麼不能做的社會規範。

一八九〇年代單車熱潮席捲全球，約有三分之一英國和北美的單車車主是女性。在那個女性行為倍受控制的年代，女性騎單車的畫面可能引來不贊同的目光，所以這項統計可說是相當不可思議。騎單車的女性得默默吞下屈辱，有些人甚至慘遭扔石對待。她們也得和不切實際的長裙、襯裙等，社會大眾認為必備卻麻煩的女性服飾搏鬥。女性熱情擁戴這部全新的機器，就算別人說騎單車有損她們的外貌、導致不孕，或甚至被指控濫交，她們也沒有就此止步。

單車拓展了女性的世界，而她們也不準備放棄這個大好機會。有些女性甚至靠著兩個輪子環遊世界，但即便只是在當地公園踩單車，她們也打破了女性是嬌弱生物的傳統觀點。傳統上來說，若是經濟許可、不用工作的話，女性最好待在令人窒息的屋內，過著養尊處優的上流社會生活，參與縫紉或壓花等適合女性的休閒娛樂，第一波女性單車騎士風潮所挑戰的，正是諸如此類侷限女性的觀點。儘管大多數人騎單車只是為了好玩，但光是看見女性以這種方式運用自己的肢體，便是一種充滿政治意味的行動。為了女性平權而戰的女性參政權支持者同時是熱血的單車騎士，看來也不是巧合。對她們而言，單車就是女性爭取自由的機器。

女性獲得選舉權後已經一個世紀，但英國和北美的女性單車騎士仍不到整體三分之一，應該挺驚人的。既然現代女性享有的自由遠遠超越維多利亞時期*的姊妹，為何還有如此劇烈的性別差異？運動也好，休閒也罷，騎單車的益處多到數不完，人人都適用。早期的單車先鋒已足以說明性別不是障礙，笨重的裙子和緊身馬甲倒比較可能礙手礙腳。

單車可用平價簡單的方式帶人們前往要去的地方，光是這點足以證明單車是推動改革的強大工具。除了讓人方便通勤，單車也能帶來深遠的健康益處，身心皆然。被詢問到騎單車的好處時，單車騎士多半會說騎單車時心情愉悅，甚至有人說他們需要單車才不至於發瘋。世界上有形形色色的單車，可以因應不同需求和喜好：熱愛競賽的人可選擇輕如鴻毛的公路車，電動自行車能在必要時提供動力，輔助型自行車則適合行動不便的使用者。人盡皆知，要是更多人騎單車，我們居住的城市就能擺脫烏煙瘴氣的交通堵塞，化身清潔安靜的快樂園地，大幅減少碳足跡。就

*譯註：指英國維多利亞女王在位時期，一八三七年至一九〇一年。

目前我們一腳踏入氣候變遷的災難之時，單車當然是首選。

仍有現代人覺得自己不適合騎單車，這也證明單車推廣還有一段長遠的路要走。在荷蘭和丹麥等國家，由於政府補助使得單車基礎建設更安全親民，現在加入單車行列的人不只更多，甚至男女比例均等。有什麼樣的人騎單車很重要，要是看見相同身分背景的人做一件事，人們嘗試的意願就會比較高。單車長久以來都背負著某種偏狹形象，以至於許多人對騎單車敬謝不敏。

我的目標是描繪一個截然不同的故事，不分年齡地將女性置於故事的核心，訴說這些單車女王偉大卓越的事蹟，關於自由、賦權、革新的故事，也就是長久以來受到邊緣化、為世人淡忘、缺乏女性典範人物的故事。無論這些女性是為了奪得獎牌、探索世界、抑或推動女性投票權，她們都是激勵人心的代表人物。《踩動世界的女人》訴說的是一百三十年的女性單車史，範圍橫跨歐洲、北美、阿富汗、印度等地。

當我告訴別人自己正在創作這本書，很多人都以為我的重點是參加自由車最高殿堂的選手，當然這些頂尖運動員也是本書的重頭戲，可是單車的意義不只是獎牌和測量運動強度的功率計，只將單車放在運動競賽的框架未免過於狹隘，再者，你也不需要最昂貴的單車和ＩＧ網紅設備才能騎車。女單車騎士的背景多元，環肥燕瘦，擁有大不相同的興趣，卻因為不同理由、不約而同愛上單車，這就是我希望在本書表達的重點。

第一部會從單車創始講起：單車在十九世紀末的崛起，以及女性先鋒早期勇敢面對霸凌和誤解的狀況。第二部則講到為了自由、平等、姊妹情誼騎單車的女性。第三部開始踏上寬闊道路，講述車手挑戰無人騎過的道路（這裡指的當然是女性），以及她們如何鼓勵女性同胞加入單車行列。最後，第四部的聚光燈集中在女性單車選手身上，她們的競賽速度和距離是許多人認為女性辦不到的，最早可追溯回單車還很新奇、而女車手也很罕見的年代。結尾會探討幾位傑出女性，她們不只挑戰最高殿堂，甚至參與改革單車運動的社會運動，高聲疾呼平等薪資、更優渥的工作條件、提升能見度和各界包容。

早該有一本以女性為主角的單車史，這是獻給每一個人的故事：獻給今日騎著單車卻忍不住納悶為何單車活動還不夠多元的我們，也獻給那些還沒發現這一點的人。最後亦獻給我們的後繼者，期望她們永遠不用質疑自己在公路、山路、場地賽道騎車的地位。

第一部

革命

第一章　為單車癡狂

被劍橋「暴徒」攻擊的人偶

一八九七年五月二十一日，一群喧囂吵鬧的男學生群聚在劍橋大學的中古市集廣場，某些人甚至自備雞蛋和爆竹，幾名面露憂慮的女學生則站在人群邊緣。當人們抬起頭來時，會看到正對著劍橋大學評議會大樓的書店窗外，懸掛著一個身穿女襯衫和燈籠褲、騎乘單車的女性人偶。她為何出現在這裡？又為何有一群大學生聚集在她的腳下？

他們之所以聚集在這裡，是為了等候大學評議會的最終決定。那陣子評議會正在討論是否應該接受提議，讓劍橋女大學生獲得完整學位。雖然自一八六〇年代末期開始，女性便獲准就讀格頓（Girton）、紐納姆（Newnham）、休斯學院（Hughes Hall）等僅收女學生的學院，修課（前提是得先經過教授批准）和參加考試，學業結束之後女學生仍然不能獲得學位。所以說即便她們可以上課，卻永遠無法成為正式的劍橋大學生，也無法畢業。然而這個情況已經比她們一八六〇年代初期的學姊幸運，劍橋最早期的五名女學生必須在四十八公里外的地點上課，免得女性的身影引起男學生不滿。

評議會大樓外的抗議不是為了挑戰這種難以容忍的不公正及不平等，而是儘管英國其他大學早就平等頒發男女學生學位，劍橋男學生仍對這個提案可能通過感到忿忿不平。由於該提案爭議頗高，倫敦甚至特別增開火車班次，好讓畢業生可以回到母校投票。不少人高舉道盡心聲的標語：「格頓人別妄想畢業袍」和「體育校隊只收男性」。

開票結果是六百六十一張支持票，以及一千七百〇七張反對票，最後評議會駁回提議的消息一傳開來，男學生的欣喜若狂全溢於言表。他們在狂喜之下拆下女性人偶，折斷她的頭、身體撕裂成塊狀，再把它的殘骸扔進紐納姆學院大門，把自己關在學院內的女學生既反感或許也略感害怕，觀望著這群暴徒試圖撞開大門，男學生還自以為是道德英雄，要求女性清楚自己的身分地位，別再踰矩要求男性才能獨享的特權。

一直到五十年後，劍橋大學的女學生才好不容易爭取到與男學生同樣的學位資格，劍橋是唯一一所極力抵擋這股改變浪潮的大學院校。直到一九八八年，劍橋最後一間僅收男性的學院才開始徵收女學生，而這一次男學生也沒忘記站出來抗議，只是抗議力道已經減弱，僅僅戴上黑色袖章，學院旗幟降半旗。

想要理解為何一八九七年的抗議會出現一個女性單車手人偶，我們就得話說從頭，講回這場喧鬧事件之前發生的兩場社會運動。第一場運動是「新女性」的崛起，自從一七九二年瑪麗・沃史東克拉芙特（Mary Wollstonecraft）出版《為女權辯護》（*A Vindication of the Rights of Woman*），女性主義的勢力便不斷擴張，女性決心掙脫維多利亞時期末的父權枷鎖，並開始要求各種權利，包括教育權、工作權，以及其他男性獨享的活動，這在下一個世紀甚至演變成大規模的女性選舉權運動。第二個催化劑則是「單車潮」，多虧新型自行車的發明，單車在西歐和北美掀起一股浪潮，單車從鮮為人知轉變成民眾熱中的活動。女性開始一窩蜂躍上單車，但在開始探究她們是怎麼愛上這種新潮運動之前，我們必須先認識這種新機器的革命性潛能，以及為何男性想要獨享單車樂趣。

從輪子說起

一八八五年，位於英國考文垂（Coventry）的斯塔利與薩頓公司（Starley & Sutton Company）推出一款名為羅弗「安全自行車」（Rover 'Safety'）的新型單車。雖然這並非史上第一款單車，卻是第一部經得起時間考驗、深具重大影響力的單車，它的基本設計奠定了我們今日騎乘單車的最初設計基礎。雖然安全自行車初登場時並未造成廣大迴響，但是經過稍微改良，單車便成了下一個十年的必備配件。

回顧安全自行車登場之前的單車圖片，你就能明白為何這些單車會過時。史上第一部自行車是德國發明家卡爾・德萊斯（Baron Karl von Drais）的設計，他的初衷是創造出一款不需要馬匹驅動的馬車，於是在一八一七年公開他設計的Laufmaschine，也就是「奔馳機」的意思。這裡的關鍵字「奔馳」，需要駕駛在一個笨拙的裝置上操作，架構基本上就是一塊連接著兩個馬車輪子的木板，還有一個供駕駛乘坐的柔軟坐墊，以及陽春的轉向機制。駕駛必須在行進時於平地稍微小跑步，才能推動機器前進。看來愚蠢不說，上坡也不輕鬆，更別說少了煞車，下坡時讓人很沒安全感。但是在發動機出現之前的年代，人們明顯對自行推動輪胎裝置有興趣，儘管缺點不少加上所費不貲，「奔馳機」很快就出現在倫敦、巴黎、紐約等時尚首都的街頭。然而熱潮很快就退燒，邊跑邊坐著騎車、很快把鞋底磨到破損的新鮮感註定不持久，而且並非人人都愛。*

德萊斯的奔馳機和一八八五年羅弗安全自行車發明的那幾年之間，無數野心勃勃的單車發明家曾經嘗試改良現有版本，但是直到一八六七年，第一部用雙腳踩動的單車才正式登場。**一名

---

* 德萊斯的設計並未完全淘汰，現代小朋友學騎腳踏車的木製平衡車也有異曲同工之妙。

** 有人相信第一部腳踏車其實最早是一八三九年由蘇格蘭鐵匠柯克派翠克・麥克米倫（Kirkpatrick Macmillan）發明，但由於他沒有為自己的設計申請專利，於是他的車款一直沒有上市銷售，很難向世人證實他早在幾十年前就率先發明出腳踏車。

巴黎的鐵匠皮耶・米蕭（Pierre Michaux）設計出一款足蹬兩輪車，他將踏板銜接在前輪的花鼓，今後再也不用那麼辛苦地奔跑了！由於全鐵架構和木製車輪對駕駛傷害不小，這種腳踏車又稱「骨震者」（當時尚未發明充氣橡膠輪胎）。那幾年，骨震者在有錢人之間相當受歡迎（售價二百五十法郎，換作今日幣值等於是一千兩百英鎊）。劇院和馬戲團表演者將腳踏車融入表演內容，愛好競賽的人則騎著這種車參加世界上第一場舉辦的自行車比賽。

世界各地的發明家爭相改良自行車，推出新款兩輪自行車，於是類似米蕭的自行車款式便如暴漲洪水般湧入專利局。一八七〇年代初期「高輪」車或「通用」車一降臨，骨震者當初引起的風潮明顯相形失色。這款自行車恐怕是維多利亞時期最具象徵性的發明，駕駛可以凌駕於碩大的前輪上方，矮小後輪則具平衡效果。這款自行車在英國被稱為「便士與法尋」（Penny-farthing），因為兩顆輪胎的尺寸落差正好呼應這兩種錢幣的大小差距（便士顯然是指大輪子）。如今回過頭來看，人們會覺得該款設計不但古怪，還很不實用，感覺很像是火星人的發明。然而這樣貌詭異的新型野獸卻具有某種歷久不衰的特色，至少在斯塔利與薩頓公司於一八七一年推出具有四十八寸輪胎的自行車後的那幾十年間確實如此。

這款新型單車比米蕭的骨震者便宜許多，不但體型更為輕巧，操作起來也十分靈活。即使沒有奢侈的充氣輪胎，由於前輪尺寸超大，駕駛可以高高凌駕在當時尚未鋪上柏油的顛簸路面，因而與凹凸不平保持一段距離。

隨著這十年的發展，車輪持續進化，騎行速度及長度範圍也跟著拉長。單車競賽吸引許多人前來觀賽，只見觀眾守在終點線，為三分鐘內完成一・六公里比賽的首批車手喝采。「通用」車款的需求量大增，到了一八八〇年英國製造商已超過百間，美國消費者也甩掉最初的疑慮，加入熱血行列。其中一個單車信徒就是英國移民湯瑪斯・史蒂芬斯（Thomas Stevens），他在一八八四年成為第一個靠著兩輪橫跨全美的人，當時他騎乘美國製造的哥倫比亞牌通用自行車，從舊金山一路騎到波士頓。（這還只是湯瑪斯自行車歷險的濫觴，隔年他自倫敦出發，雙腳踩遍全歐洲、中東、中國、日本，成為第一個靠自行車遊遍天下的人。）

你可能忍不住納悶，既然通用自行車那麼厲害，為何自行車的發展不到此為止就好？第一，通用自行車事實上危機四伏：爬上這麼高的椅墊不容易，摔倒時也會跌很慘，摔車可說是高輪自行車愛好者的職業傷害，即便是經驗老道的車手，遇到強風、路面上的車轍和其他路障（譬如其他突如其來路倒的車手）都會造成致命危害。嚴重的頭部創傷由於太常見甚至還有各種別稱——「路摔」、「倒頭栽」、「頭落地」，許多人因此望之卻步。有人批評騎自行車是「年輕人的遊戲」，不過，這種藏有潛在致命風險的設計，甚至連年輕人都避之唯恐不及，再者價格高貴，唯有中產和上流階級的有錢男性才有本錢揮霍，意思是理智尚存、手頭較不寬裕的中年男性（以及女性）都無福消受騎乘自行車的快樂和危險。

雖然有女性挑戰這種機器（幾名英勇無畏的女單車騎士甚至參加比賽，引來大批觀眾），但高輪自行車的女粉絲其實只占少數。要是考量到女性必須克服的額外障礙，想來倒也不意外。社會規範要求女性必須身著襯裙和拖地長裙，不暴露自己的身體，而穿著這一身裝束跳上椅墊近乎不可能，就算成功躍上椅墊，裙襬要是不小心絞入車輪輻條，也很難避免翻車落地。*

有些女性（和男性）騎乘三輪自行車，也就是一八七〇年代末流行、以踏腳桿推動前進的三輪機器。此款車不需要跨坐，所以很適合標準的維多利亞時期洋裝，騎行時不僅能牢牢併起膝蓋，也合乎淑女禮儀，不會引發爭議，這款單車受歡迎到維多利亞女王也加入行列，在一八八一年為自己和女兒添購了一部。但是這款車和高輪自行車一樣，也有幾項基本的設計缺點。機械沉甸甸而笨重，上坡需要別人從後方幫忙推，因為腳踩踏板根本負荷不了它的重量。雖然騎士不需要特別學習駕馭這款車，也沒有從高坐墊摔落的危機，但是三輪自行車仍有其風險，好比碰到突起的障礙物時可能會連人帶車摔跤。再者，三輪自行車體積龐大，不可能停放在走道，所以這意謂如果家中沒有馬車房，你可能得為了停車一事頭大。不過，重點是如果你不夠有錢，家中沒有馬車房，那你可能也負擔不起一輛三輪自行車。**

與此同時，高輪自行車還是只有少數人騎得起的車，可說是男性專屬活動，相信對許多人來說，這是再好不過的情況，專門為車主成立的俱樂部也如雨後春筍般冒出。其中一些走奢華路線：麻薩諸塞州單車俱樂部（Massachusetts Bicycle Club，贊助金主為教皇製造公司〔Pope Manufacturing Company〕）就位在波士頓某棟雄偉壯觀的四層樓連棟住宅，成員可以直接騎自行車穿越斜坡進入屋內，使用廁所和圖書館，最後騎進會客室，在騎完車後於劈啪作響的柴火前好好享受飲料和雪茄。雖然不是所有俱樂部的規模都那麼龐大，不少都是找得到空間就不錯了，好比隨便一間酒吧樓上的空間。話雖如此，俱樂部都很重視制服，會員穿戴俱樂部專屬顏色、繡有俱樂部徽章的棒球帽和夾克現身。身為這種勇於冒險、競賽、與死神交手的年輕菁英團隊一分子，榮耀感油然而生，所以英國的牛津、劍橋學生組織自己的俱樂部之後，美國的長春藤大學跟進效法也不令人意外了。

但是當全新款式的自行車登場，騎單車成了一種民主活動，在在挑戰這種菁英主義，就連棒球帽、徽章、致命的巨大輪胎都無能為力。這一刻總算姍姍來遲。

充氣橡膠輪胎登場

一八八五年，斯塔利與薩頓公司的約翰・斯塔利（John Starley）將他的二代高輪車命名為安

---

* 或許令人難以置信，但斯塔利與薩頓公司確實曾發明出側椅墊設計的車款，為達到平衡刻意將後輪設於側邊，但是幾乎沒有證據顯示有人真的會騎這款單車。

** 三輪自行車後來強勢回歸，只是新版三輪車的重量更輕盈，設計也更人性化，老人或身障人士都能騎乘，許多使用者覺得騎這種三輪自行車比走路輕鬆。

全自行車，這名字還真的點出重點了。有了標準尺寸的輪子後，現在這款車真如其名：是一個安全的選擇。跟它荒謬的前輩不同的是，這部自行車車架夠低，騎士雙腳可以煞車觸地。雖然早期設計的安全自行車前輪略大，但是其實只有一點差別，任何活動自如的人都能輕而易舉地跳上車。該車款最典型的鑽石型車架仍然沿用至今，成為現代自行車的基本架構，證明了這正是所有野心勃勃的發明家希望搶先發想出的設計突破。然而跟已成經典的諸多物品類似，這款設計也經過數年考驗才真正流行。高輪車的鐵粉一開始嫌棄安全自行車，認為它太接近地面、有損尊嚴。無論如何，自行車界的改變勢在必行，沒多久羅弗安全自行車就在全球銷售，就連斯塔利本人都始料未及，想不到這款車會成為破天荒創舉。

三年後，另一項設計突破降臨，帶領單車風潮的輪子總算正式轉動。發明者是住在北愛爾蘭貝爾法斯特（Belfast）的蘇格蘭獸醫約翰・登祿普（John Dunlop）。登祿普利用閒暇之餘幫兒子的三輪自行車裝上充氣橡膠輪胎，想要實驗看看這種輪胎是否騎起來較為舒適，他有預感這個發明可能走紅，於是申請專利。一如往常，當時還是有老愛唱衰新發明的人大發意見，認為這種設計不可能流行。剛開始使用這種輪胎時難免引來圍觀群眾，但只需要試一下登祿普輪胎，就足以證實用充氣的減震輪胎遠比硬梆梆的輪胎舒適多了。要是為競賽單車裝上這種輪胎，平均速度就能增加三分之一，登祿普輪胎理所當然也成為歷久不衰的設計。有了這樣的無敵組合，西方世界便掀起一陣單車熱。

單車風潮全面來襲

我的曾祖父山繆．摩斯（Samuel Moss）在倫敦弗利特街（Fleet Street）擔任印刷工，並且在一八九〇年代愛上自行車，九〇年代中期，他會固定參加倫敦剛開幕的赫恩山賽車場（Herne Hill Velodrome）比賽，並將贏回來的獎盃驕傲地陳列在祖母家的邊桌上。

單車競賽在當時蔚為流行，但大多數人能在當地公園騎著新穎單車繞個兩圈已心滿意足。不費吹灰之力就能四處遊歷的愉悅是許多人前所未有的感受，若是想去遙遠的地方，又有誰阻止得了他們？我們現在活在一個想都不用想就能在一天內駕車幾百公里的時代，但早在發動機發明前的年代，我們的祖先卻得仰賴馬力和蒸汽火車，甚至有不少人生活在沒有火車的村莊或小鎮，一天內能抵達的範圍有限，全看雙腳能帶他們走多遠。能養得起馬的人即便想旅行也不是想去多遠就去多遠。換作是騎單車，平均一天的騎行距離可能是騎馬的兩倍。火車是更有效率沒錯，卻無法帶你去所有地方。

隨著自行車價格變得平易近人，對於十九世紀末維多利亞時期的人來說，世界開始變得不可思議的遼闊。他們現在有了全新的體驗和機會，甚至可以來一場浪漫邂逅。英國社會學家認為近親繁殖造成的遺傳缺陷降低，恐怕與自行車脫不了關係，一九〇〇年美國普查局（US Census Bureau）則是發現自行車問世可謂別開生面：「人類使用的物品中鮮少像自行車這樣，能為社會現況帶來如此巨大的變革。」

維多利亞晚期的人熱情擁戴安全自行車，而這個世紀末亦成為單車歷史上意義最重大的時期，單車在短短幾年內從原本的小眾活動，變成深受大眾愛戴的活動。一八九〇年，美國共有二十七間自行車工廠，年約製造四萬輛自行車。到了一八九六年，至少兩百五十間工廠生產超過一百二十萬部自行車，不少工廠為了應付訂單還得徹夜趕工。到一八九〇年代中期，美國當時最大單車製造商教皇公司，每分鐘生產一部自行車。與此同時，英國自詡是世界自行車首都，共坐擁七百間工廠。

早期的自行車款都不便宜，但是隨著一八九〇年代新穎的量產技術發展，自行車售價從一八九〇年代初期的一百五十美元上下（對於教皇工廠的員工來說，等同於六個月的工資），到了一八九七年降至平均八十美元，部分款式售價甚至更低。此外，人們可以選擇分期付款，加上富有的消費者更換最新款單車催生出二手市場，自行車很快就成為人手一部的工具。到了一八九〇年代末，自行車在西歐、北美等地都變得稀鬆平常，不再是菁英分子獨享的玩具，且自行車的用途廣泛，既可以是娛樂休閒，也可以當作交通工具。

今日兩大單車城市哥本哈根和阿姆斯特丹的居民早早就開始跳上單車，到了一八九〇年代初期，單車更為這兩座城市增添熱鬧沸騰的氣氛。多倫多也在這時搖身一變成為單車大城，當地政府官員推廣單車，積極為這座正在茁壯的城市貼上都會與摩登的標籤。場景切換至英國，在一八九五年倫敦的皇家公園內，赫然可見最流行的腳踏車。而到了一八九六年，海德公園（Hyde Park）內每天都有三千名車手騎著自行車逛大街。同年，某英國電影界的先鋒以黑白粗粒子影片紀錄了打扮時髦的男男女女，在海德公園大道上川流不息的騎車畫面，兩側可見大批圍觀群眾。這段二十秒的影片名為《海德公園單車騎士》（*Hyde Park Cyclists*），讓人大飽眼福，一瞥時髦的公園單車族世界。

法國也自稱單車王國，打扮入時的單車騎士以法國為單車時尚指標，而布洛涅森林（Bois de Boulogne）就是巴黎的流行單車中心，熱血單車族每天都會在公園裡的希望酒吧（Brasserie de L'Espérance）或單車小木屋（Chalet du Cycle）相見歡，將單車交給衣帽間服務員之後，就能換取一張印有序號的票卡，他們可以憑這張票卡坐下享用一杯咖啡或葡萄酒，接著在林蔭大道上逍遙騎車。現場三教九流都有，來公園享受午休的侍者可以和卡西米爾．佩里爾總統（Jean Casimir-Périer）等大人物共用林蔭大道，總統大人則攜家帶眷騎協力車。莎拉．伯恩哈特（Sarah Bernhardt）等舞台演員、費爾南．雷捷（Fernand Léger）等藝術家和作家也是公園嘉賓。義大利人同樣忙著加入自行車王國的行列，但他們沒興趣把單車當作一種休閒娛樂，比賽才是要緊事。

在澳洲，自行車算不上是流行時髦的配件，而是應付極端氣候和地理環境的實用工具。淘金熱期間，採礦者需要在崎嶇地形長途旅行，於是他們運用自行車。對於在澳洲偏遠採礦小鎮的許多勞工來說，自行車很快就成為取代馬匹的實惠選擇，也是在農場間巡迴的剪羊毛工的優良利器。

德國倒是相反，當時並沒有搭上自行車的熱潮。某些區域的管理當局試圖壓下狀似勢不可擋的全新自行車浪潮，堅持自行車手必須先通過考試，其他地區則要求自行車手在單車上貼一張清晰可見的識別號碼，柏林、德勒斯登、慕尼黑的市中心則是禁行單車。在這個當時才統一不久的國家，每個地區似乎都有一套屬於自己的規定，便衣警察四處埋伏，準備逮捕不守規定的民眾。諸如此類的規定對外來旅客來說是一大難處，卻完全壓制不下這種實用可愛的機械崛起。到了一八九六年，共有五十萬名德國人自稱單車族。雖然沙皇尼古拉二世是單車愛好者，不過俄羅斯也歷經過一段單車族考試的時期，想騎單車的女性則是到了一八九七年才獲准參加考試。

世界各地的製造業開始哀鴻遍野，他們抱怨消費者現在都改買自行車，導致他們的利潤收益減少。某些公司嘗試跟上潮流：紐約珠寶業者蒂芬尼（Tiffany & Co.）製造出一部鑲有紫水晶的鍍金自行車，手把則是以珍珠打造，這部單車定價一萬美元（換作今日幣值約為二十三萬美元），是商人「鑽石」吉姆．布雷迪（'Diamond' Jim Brady）為演員女友莉蓮．羅素（Lillian Russell）量身訂做的禮物。美國「鍍金年代」在自行車上花錢不手軟的豪奢消費行為，讓教會對自行車狂潮產生更深的質疑。許多知名教會人員譴責騎乘自行車是一種褻瀆行為，當他們發現越來越多信眾選擇在週日外出騎車，而不是乖乖坐在僵硬的教堂長椅上洗滌罪過時，也感到憤怒。

教士不是唯一害怕騎乘單車會釀成道德敗壞的人，就連某些單車愛好者都直言不諱他們的觀點，擔心這項活動不適合社會某個族群——說的就是女性。

有什麼值得憤怒的？這是一個女性被剝奪發揮能力的時代，而且享受的權利太少。社會權利也好，身體自主權也罷，絕大多數女性都過著極度不自由的生活。她們不該獨立，不該在菁英大學裡進修，更不該踩著兩顆輪子到處跑。

第二章 踩著車輪的女狂人

十九世紀末的淑女單車族

高瞻遠矚發明出第一部安全自行車的斯塔利與薩頓公司，也別具遠見地設計了一款專為女性量身訂做的單車。一八八七年發行的「狂淑女安全自行車」（Psycho Ladies' Safety）擁有一個前橫桿傾斜的車架，也就是低跨自行車，如此一來穿著笨重長裙的騎士就不必跨坐在橫桿上，另外亦加上一片鏈蓋，預防層層疊疊的布料絞進鏈子造成意外。*

一年後，哈麗特・密爾斯（Harriette H. Mills）的女子單車俱樂部會員跨海下訂單，即使狂淑女車必須一路從英國海運至美國的華盛頓哥倫比亞特區也在所不惜。哈麗特有一輛美國自產的「淑女飛鏢」（Ladies Dart）單車，但該公司的製造進度追不上訂單速度。另一間公司則為自家淑女車命名為「女巫」（The Witch），聽來似乎違背行銷常理，畢竟當時女性主義還沒重新利用這個名稱。儘管名字選擇讓人難以買單，但是態勢很明顯，大西洋兩端的製造商都開始意識到，要是能專門為女性量身定製自行車，銷售量可望大增。

雖然我的曾祖父山繆・摩斯贏了不少單車比賽獎章，然而從我們家族的單車史來看，他的妻子（也就是我的曾祖母）是否也愛上單車並不好說。但數據統計顯示，到了一八九〇年代中期，英國和北美女性擁有的單車數量總共占了市場的三分之一，以十年前高輪車的全盛期來看，這是完全意想不到的發展。

上流社會女性熱血擁戴自行車運動，更是推動女性自行車潮流的主力。舉例來說，薩默塞特公爵夫人（Duchess of Somerset）就常常在倫敦巴特西公園（Battersea Park）的湖邊小屋招待大約五十名好友，大家再一起踩單車繞行公園。她們也喜歡夜間在倫敦騎車，以中式燈籠照亮前方道路，最後停下來享用一頓豐盛晚餐。全倫敦處處可見，貴族的大理石廳堂在單車妝點下增色不少，每天上午自行車都會被小心翼翼放上馬車，再和女主人一起出發到當地公園。身著制服的男僕會在豪宅門階上等候，將送回家的寶貝單車仔細擦亮。

對於上流社會的單車族來說，除了讓人看見自己騎乘單車的英姿，更重要的是擁有最新車款

＊若說是希望吸引新客群，坦白說「狂淑女」是一個滿奇特的名字。但換作現代，這個名稱並不帶有歧見，主要多虧希區考克導演的同名電影《驚魂記》（*Psycho*）。

和單車服飾。據傳沃里克伯爵夫人黛西·格雷維爾（Daisy Greville，也就是後來成為愛德華七世的威爾斯親王之情婦）也染上「眾所皆知的瘋狂疾病——單車狂躁症[1]」。她對單車的熱愛之深甚至讓作曲人文思泉湧，寫出音樂廳內耳熟能詳的歌曲〈黛西貝爾〉（Daisy Bell）。據觀察，她會「一臉甜蜜坐在雙人單車的坐墊上[2]」，媒體也在公爵夫人的服飾上大做文章，迫不及待報導她如何依據季節搭配適合服裝，更換單車的顏色——秋天是青苔綠色，夏天是純白色，春天是金褐色，裁縫師亦摩拳擦掌套用她的當季穿搭。

當時的單車報章雜誌內容全是這些名流淑女的訪談，當然也不乏著名女演員，她們對這項全新嗜好愛不釋手，紛紛把單車加入最愛的休閒娛樂清單。前往高級鄉村別墅參加週末派對的賓客都經常要求攜帶自己的單車，和大家一起騎單車野餐、參加障礙賽遊戲及扮裝單車遊行。有些人為了加入當地的獵狐活動，甚至不惜拋棄他們日常騎乘的馬，將坐騎改成兩輪自行車。

紐約名流仕女也為單車癡狂。一八九四年，《自行車》雜誌（*Cycling*）報導：「清晨五點鐘，上第五大道就會出現一大群淑女和侍女或男僕騎單車的畫面。」其中一些人還加入上百老匯（upper Broadway）高尚的米蕭俱樂部（Michaux Club），該俱樂部應紐約菁英團體「四百大」（Four Hundred）的需求而成立，領袖是社交界的元老卡洛琳·阿斯特夫人（Caroline Astor），成員則包括洛克斐勒和羅斯福總統。一八九六年，《哈潑》（*Harper's*）雜誌報導在該俱樂部成員之中，「報名參加者不乏眾多紐約男女時尚名流」。由於米蕭俱樂部的名額有限，每期最多收兩百五十人，申請加入的等待名單很快就越來越長。該俱樂部誇耀他們的場地包括一間圖書館、一間可供賓客享用晚餐的客廳，冬季天冷時還有室內學校，成員可以在音樂陪伴之下騎單車，同時進行體能訓練，很類似十九世紀版本的派樂騰（Peloton）*健身單車或健身房飛輪課程。

此情此景讓《蒙西雜誌》（*Munsey's Magazine*）的記者目眩神迷，他描述「單車騎士隨著帶頭老師和樂隊音樂，在空間寬敞的廳堂翩然旋轉的靈巧身影，無疑是全高譚**最美麗的畫面」[3]。春夏兩季的團騎活動會安排騎至河岸路（Riverside Drive）等景色迷人的終點站，並在那裡享用午餐。

為了因應單車風潮，都市規劃人員亦開闢一條單車路線，從展望公園（Prospect Park）一路延伸至緊鄰大西洋的度假小鎮康尼島。這條單車路線太熱門，開放不到足月就使用過度而需要維修，並擴建以應付暴增的單車族。

場景換到義大利，薩伏依瑪格麗塔女王（Queen Margherita of Savoy）也加入單車愛好者的行列，據八卦專欄所說，她騎乘的單車車輪以真金打造。葡萄牙艾米麗女王（Queen Amélie）的丈夫則擔心妻子花過多時間研讀物理學，於是鼓勵她騎車，後來她深深愛上這項休閒活動，但我希望

---

*譯註：一家成立於二〇一二年的美國健身器材公司。

**譯註：Gotham，美國紐約市的別名。

她仍能找到培養科學興趣的時間。

貴族為單車痴迷的影響力無遠弗屆，甚至蔓延至中國。上海的歌舞女郎通常是站在最新流行前端的族群，市內的公園也可看見她們踩著單車的倩影。

一八九六年底，倫敦、紐約等城市名流單車族的座駕開始蒙上灰塵。對他們而言，這股熱潮幾乎只是曇花一現。單車風潮演變成社會大眾都負擔得起自行車後，這項運動就揮別了高尚形象，對菁英失去吸引力。然而廣大民眾的單車之路卻尚未走到盡頭。

就在這時，教會逐漸接受單車的存在。有些思想先進的教士甚至為信眾裝設單車停放架，好方便他們上教堂之餘也能享受單車。甚至還有單車婚禮：一八九七年，一對義大利情侶在倫敦萊斯特廣場（Leicester Square）的教堂完成人生大事，觀禮親友沿街騎單車開路，後方則是一身禮服的新人騎著滿飾花卉的單車登場，場面引來群眾圍觀，最後還得派出員警管制人潮。

這不是唯一一場踩著輪子慶祝的神聖典禮，一八九六年，《淑女單車族》（*Lady Cyclist*）雜誌也報導了孩子和保母騎著協力車出場的受洗儀式，觀禮親友騎著八十部單車跟在他們後方出場。

自行車蜜月也蔚為風潮，不少新人選擇騎乘雙人單車展開蜜月旅行。湯姆和海倫・弗里特（Tom and Helen Follett）就是其中一對夫妻。伯父贈送他們一部協力車，於是他們在一八九六年利用兩個月的時間從紐奧良騎車到華盛頓哥倫比亞特區。雖然嘴上抱怨南方路況惡劣，雙輪生活卻讓海倫為之瘋狂，她形容這是「最極致」的人生體驗，覺得自己有如「一隻鳥，在花朵盛開的大草原逍遙翱翔。你可以想像自己是一隻灰狗，追逐著喘不過氣、倉惶恐懼的長耳野兔。甚至可以將自己比喻成一道閃電或隆隆作響的砲彈。這種時候，你就能明白基督山伯爵（Monte Cristo）登上巨岩，宣布他擁有全世界的感受」[4]。

一八九五年，瑪麗．居禮和夫婿皮耶在法國才以一趟單車之旅歡慶他們的婚禮。應瑪麗的要求，婚禮辦得簡單樸實，沒有白色婚紗，沒有黃金戒指，也沒有婚禮早餐，當然也不會有任何宗教色彩。他們的女兒伊芙在母親的傳記中提到，這對夫妻唯一的樂趣就是那兩部利用婚禮禮金購入、「閃閃發亮」的自行車。買下自行車之後，他們旋即「踩了幾萬下單車踏板，以幾法郎的食宿費用在村莊生活，這對年輕夫妻奢侈享受僅有彼此、醉人悠長的寧靜時光[5]」。她繼續描寫：「他們在這段幸福快樂的日子裡，培養出世上最美好的夫婦關係。」

後來自行車仍是瑪麗生活的一部分，也是她抽離高壓工作和研究的放鬆方式，因此讓她成為第一個獲得諾貝爾獎的女性。每年夏天，皮耶和瑪麗都會騎著自行車，探索法國鄉間。直到懷孕八個月她都還在騎車：夫妻倆一路來到布雷斯特（Brest），而且他們騎行的範圍並不亞於懷孕前的歲月。但因為瑪麗需要回到巴黎待產，這趟旅途才被迫提早劃下句點。

別妄想側坐在自行車上

一八九〇年代的上流社會讓騎單車變成時髦活動之前，無論女車手再怎麼儒雅高貴，仍得面臨反對聲浪和不認可的目光，從輕微騷擾乃至令人髮指的暴力相向都可能發生。輕微騷擾通常包括女性特質倍受質疑，或遭控不具女性特質、性道德遭到懷疑等。

女權支持者兼作家海倫娜．斯旺威克（Helena Swanwick）描述一八九〇年代初她個人在倫敦騎單車的經驗：「公車司機只差沒有拿起鞭子抽打我，出租馬車車夫覺得從後方襲擊我很有趣。我有次還在諾丁丘的貧民區因為被路人扯裙子而摔車[6]。」儘管如此，她依然義無反顧地繼續騎車，對她而言，騎車的好處太多，多到再多偏見都無法改變她的想法，自行車「豐富精采」了她的人生。她和丈夫很喜歡一起從曼徹斯特的住家出發，騎單車探訪鄉間，他們也喜歡在英法兩國旅行，四處遊歷。海倫娜曾就讀劍橋大學的格頓學院，所以她很可能就是讓抗議人士製作出那尊惡名昭著的女單車騎士人偶的元凶。

和海倫娜一樣，作家伊芙琳．埃弗雷特—格林（Evelyn Everett-Green）發現騎單車似乎會得罪出租馬車馬夫，他們老愛喊她「蕩婦[7]」，有的女性則說她「噁心」。親朋好友都想辦法勸退她，要她別繼續在倫敦騎車，因為他們覺得這樣「不太好」。根據伊芙琳的說法，幾年後他們似乎改變論調：「在一八九五年四月，單車族被視為特立獨行，可是到了六月底，不騎車的人才是怪胎。」

其他女性自行車先鋒也曾遭受肢體暴力。桃樂絲爾・吉布夫人（Lady Dorothea Gibb）在約克騎安全自行車時曾遭人擲石頭，但她並沒有因噎廢食，甚至鼓勵女兒也開始騎車。艾瑪・伊德斯（Emma Eades）據說是最早開始在倫敦騎單車的女性之一，她也曾被男、女路人扔磚塊，要她滾回家。可是跟其他人一樣，她還是繼續騎車。當她在萊斯特廣場的阿罕布拉（Alhambra）音樂廳表演單車特技時，家人還震撼到拒談此事。

闞在劍橋大學不敢踏出門的女學生和吊起女單車人偶、喧囂滋事的男學生，都是十九世紀性別規範的典型例子。男性和女性應該生活在不同時空，女主內、留在屋內照顧家人，而不是在外拋頭露面；男性則是主外，工作、政治、求學等，社交和外面的世界交給男人就好。在那個年代，女性光是單獨走在街上就可能引起騷動，上街遊蕩的女性甚至可能以賣淫為名遭到逮捕。可是新穎的單車發明出現後，女性就能逃離家庭牢籠，人人都能在街上看見她們走動，然而街道本來應該是男性專屬的地盤，所以和劍橋大學的女性一樣，她們也不受歡迎。

女性的角色是「家庭天使」，平時忙著家務，不具政治權力，也不享有完整的行動自由，因此更容易控制。身為「較嬌弱的性別」，女性知道的是，如果她們身體和思想太費力，身心就可能遭受殘害，而這種人為因素製造出來的女性特質，讓許多女性變成自家的囚犯。法律亦規定單身女性是父親的所有物，婚後則得將個人財產和身體全部交付給丈夫，有工作的女性也得交出個人工資。

同樣地，女性也不能隨心所欲地運用和展示自己的身體。「正經家庭」拉拔長大的女性會知道應該以長裙和襯裙遮掩軀體，並且盡可能待在家裡，暴露胴體或大剌剌上街的女性則會被視為寡廉鮮恥的娼妓。社會可以接受工人階級的女性外出工作，可是上流社會的女性則被視為嬌弱寶貴，一滴汗都流不得。珍．奧斯汀的小說《傲慢與偏見》（*Pride and Prejudice*，一八一三年著）中，伊莉莎白．班奈特（Elizabeth Bennet）走了四．八公里的路，前往不遠的尼日斐（Netherfield）照顧生病的妹妹，此舉讓極度保守的卡洛琳．賓利（Caroline Bingley）大為震驚，認為她獨自外出、裙襬沾得滿是泥濘，根本是不入流的行為。

騎單車是一種需要在公共空間運用肢體的活動，等於觸犯了女性行為準則大忌。在安全自行車登場之前，富有階級女性若是參與運動項目，就必須符合文雅「淑女」風範，而槌球、射箭、高爾夫球、草地網球等都算是合宜運動，因為這幾項活動可以避人耳目，躲在牆後或私人花園內進行。直到一九二〇年代，游泳仍需要實施性別隔離政策，不過這段時期女性泳裝的樣式並非比基尼，而是類似布基尼，也就是覆蓋於燈籠褲外、長度及膝的羊毛泳裝，外加一件黑色緊身褲（穿上這套服飾就別指望能在海濱浴場游多遠）。對於上流社會來說，女性穿泳裝是一種妨害風化的畫面。一八九〇年代中，女子足球賽舉辦不久就因為抗議聲浪而迅速遭到禁止（女子足球賽在第一次世界大戰後才又復甦，在當時蔚為風潮）。

當然也有女性不屑一顧諸如此類的思想設限，並且獲得成功佳績，譬如攀登阿爾卑斯山脈高峰和冰川等創舉，但這樣的女性少之又少。

海倫娜・斯旺尼克與她的同道中人公然騎乘這種全新機器上大街，不再掩飾她們的雙腿也能正常運作的事實，更是助長反對人士無所不用其極地掌控女性的規定。對許多維多利亞時期的人來說，這些狂野不羈的危險女性在在破壞社會既定規範。很多人認為女性應該遭到監控，有份地方報紙報導某個小鎮率先踩上自行車的女性故事，算是為監控盡了一份心力。

交響樂作曲人和歌劇作家埃塞爾・史密斯（Ethel Smyth）描述，一八九〇年代初期倫敦報紙滿滿篇幅都是「尋常、不起眼的先鋒型野性女子」[8]騎單車的照片。她後來創作出女性爭取參政權歌曲〈女性進行曲〉（The March of the Women），並因為打破下議院窗戶在霍洛韋監獄蹲了兩個月苦牢，可想而知，不循規蹈矩的獨立新女性讓她深深著迷。在母親的鼓勵之下，她立刻決定買一部自行車，但是除了母親，其他家人都告訴她這是一種「有失淑女風範」的活動，不適合「好」女人，然而她依然充耳不聞他們的央求。憑什麼只有男性能獨享單車樂趣？

雖然不是所有早期女單車族都必須對女性參政權運動感興趣，但很明顯的是，深受女性自主權和自行車的刺激感受所吸引的女性，也對性別平等滿腔熱血。凱特・雪帕德（Kate Shepperd）即是「新女性」的耀眼典範。「新女性」是作家莎拉・格蘭德（Sarah Grand）在一八九四年散文中發明的新詞。凱特是卓越的紐西蘭婦女參政權運動人士，她努力推動紐西蘭在一八九三年成為首個建立普選權的國家，凱特也運用閒暇之餘，成立了紐西蘭第一個女子單車俱樂部。

新女性想要接受教育、追求個人的職業生涯，有些人還認為女性應該享有投票權。簡言之，她們想要擁有自主權，掌控自我人生。然而這些女性並非首例，當時正處社會變遷期，要求女權的呼聲高漲、難以抑制。這群新女性的用意是破壞維多利亞時期社會對女性的多方限制，推廣女性賦權、自由、改革。怪不得報章媒體將這項社會運動與自行車劃上等號，也怪不得劍橋大學評議會大樓外懸掛著一只女單車手人偶，畢竟在這群暴民眼中，騎單車的女性就和受過劍橋教育的女性一樣，對既有秩序都可能構成威脅。

一八九六年，《蒙西雜誌》說單車對男性而言「只是一種新玩具」，但對女性來說卻是「一部她們可以跳上去、奔向新世界的座駕」。瑪格麗特·梅靈頓（Marguerite Merington）曾在美國的女子學院教授拉丁文和希臘文，後來成為劇作家，她也相當贊同這個說法。她在一八九五年撰寫的文章中指出，自行車是女性掙脫家庭生活枷鎖的最佳利器：「女性不時為了空間遭到壓縮而發出怨言，當靈魂面臨諸如此類的失調，病患最好的做法就是將個人空間再度壓縮，化為一顆圓輪，凌駕其上，出發探險[9]。」

隔年，美國的女權運動人士蘇珊·安東尼形容單車是一種「自由機器」，接著又說：「每次看見女性騎單車都令我滿心歡喜，跳上椅墊的那一刻，她就產生一種自給自足的獨立感受。踩著單車出發後，她內心則會浮現女性無拘無束的畫面[10]。」

大學教育開啟了踏出家門的全新契機，羅弗安全自行車也帶來同樣效果，該款單車承諾移動、探索嶄新世界的可能，騎自行車絕對不只是一種時髦嗜好。這項運動象徵、甚至實現了另一種生活的可能，而這種生活和眾多女性遭受監禁和被迫靜態的生活恰恰相反。這麼說來，她們迫不及待在大眾空間擁戴這種「自由機器」也不奇怪了，也怪不得女性參政權人士兼作家伊莉莎白．霍爾丹（Elizabeth Haldane）會呼籲為新款自行車發明人舉行全國追思會，感念他改變女性的人生。

但是正如我們所見，新女性獲得的自由並未讓所有人都熱血沸騰。

單車腳、單車背、單車臉

在那個女性身體飽受父權控制的年代，騎單車會成為激烈爭執、二流科學、資訊誤傳的焦點也不意外。要是遠離家人和監護人視線，誰曉得女性可能在開放空間做出哪些道德淪喪的事？

在美國，女性援助聯盟（Women's Rescue League）斬釘截鐵地說，騎單車會讓女性的道德產生缺陷。該聯盟主席夏洛蒂．史密斯（Charlotte Smith）甚至向國會請願禁止這項活動，並譴責單車是「惡魔得逞的手段[11]」，要是不予以遏止，單車可能導致道德和宗教崩壞，「越來越多輕率隨便的女孩，最後終將被推向美國社會邊緣女性的行列」。換句話說，單車會將遵守婦道的女性變成娼妓。

許多人都秉持騎自行車不端莊或有失淑女風範的觀點*。女性已經騎了數個世紀的馬，那麼為何將四條腿換成兩個輪子會引來如此大的爭議？一切都和你選擇騎乘的姿勢有關。女性騎乘於馬背上時應該採取側坐（非要經過一場世界大戰才剷除這項傳統），好讓雙腿能夠合乎禮節地併攏垂放於同一側，並且以長裙遮擋。但穿長裙騎單車很不切實際，所以不能選擇側坐。單車也好，馬匹也罷，女性跨坐在椅墊上的動作都屬於過度性感的動作，秉持這種拘謹保守又錯誤觀點的人認為，光是跨坐都可能對女性道德和生殖器官造成危害。

部分自詡為專業醫師的男性及少數女性（我只是粗略使用「專業醫師」這個名詞，請記住，當時有些醫師認為搭乘快速蒸汽火車可能對大腦造成傷害）認為，科學站在他們那一邊。美國婦產科醫生羅伯特．狄金森醫師（Dr. Robert Dickinson）相信將椅墊架高，會「導致女單車手的陰蒂和陰唇長期摩擦[12]」，這樣一來「前傾動作所施加的壓力增加，以及運動量大所導致的體溫上升，都更可能助長這種感受」。我認為這只凸顯狄金森醫師個人的思想，而他在許多方面都大錯特錯，尤其是他背書的優生學和認為女同性戀有害社會的個人意見，他的醫學生涯主要都是嘗試「治療」這些人。

其他人的說法是，騎單車會導致雜交，如今這種錯誤觀點仍存在於較為保守的文化中，或許這也解釋了為何在照理說應該是自由的國家，女性騎單車時比走路更容易碰到性騷擾。

維多利亞時期的製造商緊捉這個爭議帶來的商機，設計出他們自稱可以避免性刺激的新款椅墊。貼上「符合人體工學」或「健康衛生」標籤的車款，多半有著中央深刻溝槽、前端短小的坐墊。無論是怎麼樣的設計，這些單車都宣稱必能消滅「會陰部壓力」或「減輕身體敏感部位的任何壓力」。白話解釋就是，女單車騎士使用新款椅墊時不會激起性慾。其中一間公司還驕傲地聲稱「你坐的不是杜普勒（Duplex）坐墊**」。

身為女性單車騎士的醫師法蘭西絲·奧克利（Franes Oakley）不相信椅墊會引起性慾的迷思。一八九六年，她告訴《哈潑時尚》（*Haper's Bazaar*）讀者，因為基於「謬誤的人體臆斷」，市面上才會推出「怪咖」椅墊，這種椅墊如雨後春筍般出現不但令人摸不著頭緒，也令人憂心模糊焦點。可悲的是這番言論並沒有壓下這類論調，有些醫師甚至得寸進尺，從外生殖器講到體內

---

* 一八九一年，一封致華盛頓《週日先驅報》（*Sunday Herald*）的信件描述，騎單車的女性是「我這輩子見過最邪惡的事物……我本來以為抽菸是女性最道德淪喪的行為，但現在我改觀了」。

** 如今來看，這個論點顯得格外諷刺，因為即使現代科技日新月異，也儘管市面上有數不清的設計聲稱可以解決這個問題，但仍有許多女單車騎士回報椅墊有多不舒適。最極端的案例是帕運職業自行車手漢娜·迪內斯（Hannah Dines）近來透露，由於長達數小時特訓、維持比賽時前傾的動作，讓她的敏感部位承受過大壓力，造成身體創傷，最後她不得不進行陰部手術。她抨擊廠商自稱耗費無數資源，研發設計出讓女性更舒適騎乘的椅墊實為「可笑」，這又是另一個女性需求不受產業重視的血淋淋例子。

的生殖器官，表示騎自行車會增加經痛風險，其他醫師則堅稱單車會導致不孕。當時完全錯誤的主流醫學說法是，生殖系統的本質使然，女性算是「嬌弱的性別」，任何耗費體力的行為都可能讓她們的生殖能力承受風險，而騎單車等肢體活動會讓椅墊直接接觸女性的外生殖器，引發巨大隱憂。

根據某些人的說法，女性身體的所有部位都會因為騎單車而受損，從頭頂到腳趾都有可能。聞言後，焦慮恐慌的單車騎士辛西亞（Cynthia）於一八九六年寫信給《淑女單車族》雜誌尋求協助。她想知道騎自行車是否真的會讓她的腳變形。回信者向她保證，雖然許多期刊都斬釘截鐵給出正面答案，但這種事絕對不會發生。確實，有位紐約醫師自認他發現單車狂熱的病患有「單車腳」，也就是雙腳移動的動作不是直線前進，而是畫圓。其他人則是擔心前傾握住手把的動作可能讓單車族背部變成難看的「單車駝峰」，當時的女性單車設計成高手把，以確保背脊打直，維持可以接受而淑女的騎行姿勢。儘管極為不流暢舒適，任何朝車架前傾的角度在當時都不被接受。

說到女性騎單車的危害，臉部引發的爭議並不少於生殖器官，也就是所謂的「單車臉」隱憂。一八九九年，另一個優生學信徒阿拉貝拉・肯尼利醫師（Arabella Kenealy）聲稱她的病患克拉拉（Clara）深受該疾病之苦。克拉拉的臉龐曾經擁有精緻迷人的女性風采，但自從她開始騎自行車和從事其他運動，醫師認為克拉拉的臉就多出「男性剛毅」的特質，女性特質蕩然無存：

「她柔美和緩、朦朧迷人的臉部曲線全都消失殆盡，成了一幅乏味的風景[13]」。另一名醫師則是說明，年過四十的女性最可能受到單車的「蹂躪摧殘」：「我見過她們的『漂亮臉蛋』急速衰老，變得乾巴巴、爬滿皺紋，很快就失去她們先前擁有的年輕光彩[14]」。《哈潑雜誌》建議可以嚼口香糖以避免這種情況發生。

男性也可能遇到這種狀況，一名《紐約先驅報》（*New York Herald*）記者描述他看見參加紐澤西的美國自行車騎士聯盟（League of American Wheelman）聚會的成員，大多有「單車臉」。相較於男性，醫生更擔心女性，畢竟她們的女性特質會因此受損，女單車迷可能外表變得跟男性沒兩樣。肯尼利醫師也表示，騎自行車讓克拉拉荒廢家務、走路的步態顯得男性化，最糟的是「糟蹋」她孕育下一代的「生產權」。

所以說，就算騎單車沒有讓女性一頭栽進妓女人生，也會害她們不孕，更慘的是奪走她們的女性特質、優雅風采、繁殖能力。國家的未來當真堪慮。

當時許多醫師治療心理健康疾病的做法，譬如憂鬱症及各式各樣被貼上「歇斯底里」或「神經衰弱」等的病症，治療處方就是「休養」，這樣一看，騎單車會讓女性身心生病的信念顯得格外諷刺。夏洛特・吉爾曼（Charlotte Gilman）就在她一八九二年所著的知名女性主義短篇故事集《黃壁紙》（*The Yellow Wallpaper*）中，強烈抨擊這種療法。故事中的敘事者出現「暫時神經性抑鬱」的徵兆，於是被醫師丈夫綁在床上，甚至嚴禁寫作，偏偏寫作是她唯一的生活樂趣。被困在床上不得動彈的她指控，除非他「下達特殊指示，否則我不能翻身[15]」，這是現代所謂的高壓控管，而非必要的醫療介入。

結果該敘述者與現實世界逐漸脫軌，過度在乎臥室壁紙的款式設計，腦海中浮現有個女人藏在壁紙圖案後方、以四肢爬行的幻覺：「她拚了命想穿紙而出，可是誰都無法穿破壁紙圖案，壁紙扼殺了這個可能」。在她的癲狂想像中，她試著撕毀牆上的壁紙、解放自己想像出來的女人，但受困女子其實就是敘述者本身，也正是作者本人的心理投射。夏洛特・吉爾曼也長期接受完全靜止的療法，或是所謂的家庭監禁，一手策劃靜養療法的醫師西拉斯・米契爾（Silas Mitchell）就是運用這個方法治療她的產後憂鬱症。她描述這種「療法」讓她瀕臨心理崩潰邊緣，於是她決定不顧醫師反對、逕自終止療法，最後離開丈夫身邊，拒絕維多利亞時期令人窒息的家務生活，成為全職作家，並說全拜她離開的決定所賜，才不至於發瘋*。

米契爾醫師之所以強烈反對，是因為他不贊成女性工作或從事任何與男性平起平坐的事務：「我很確信女性想要與男性公平競爭、從事男性工作的欲望只會造成危害，畢竟女性的體質狀態和男性迥異**[16]」。這種療法只反映出一種抑制女性身體和思想獨立的普遍文化，米契爾醫師（固執地）對現實視而不見，不願相信女性未能享有政治、社會、身體的權利解放，反而是害她們生病的原因。

要是醫生願意聆聽眾多女性的真實心聲就好了，畢竟她們開始騎單車後，就感覺自己好得不得了。倘若另一種方法是要她們待在家瞪著牆壁，那騎單車不可能沒效。有個女人寫信給《單車旅遊俱樂部報》（*Cyclists' Touring Club Gazette*），聲稱她全新的休閒嗜好治癒了她所有疾病，其中包括醫生找不出病因的頭痛和嘔吐。當她和丈夫、女兒開始騎單車，她很滿意自己不但變得身強體壯，先前的病症也消失無蹤[17]。她很篤定所有女性都能從戶外活動獲得益處，另一名單車迷則是描述自己原本健康狀況不佳，時常感到疲倦，但開始踩單車後，她現在變得活力充沛，一天可以騎一百一十公里。

醫學界也有不贊成肯尼利和狄金森醫師的反對派，一口咬定騎單車有益於所有類型的病痛。一位艾爾巴特醫師（Dr Albutt）囑咐病患適量騎乘單車，並表示遵照他指示的人後來都有明顯起

---

* 二十世紀初，米契爾醫師也用休養療法治療作家維吉尼亞．吳爾芙（Virginia Woolf）的憂鬱症，起初他嚴禁吳爾芙寫作的指示殘忍得令人難以想像，更別說是荒謬至極。但最後她獲准一天進行幾個鐘頭的小說創作，後來她亦透過文字創作諷刺米契爾發明的療法。

** 要是讀到現在還認為語意不明顯，那我可以直說米契爾醫師的性別認知有多荒謬極端。他的醫囑要求女病患待在床上靜養，與此同時卻推廣戶外活動和運動有益於男病患的健康。而根據當時僵化的性別期許，這些男病患都被視為高智力卻女孩子氣的族群。他的「西方」療法就是將他們送往美國中西部農場，進行刻板印象中屬於「男性化」的活動，好比狩獵和放牧。老羅斯福（Theodore Roosevcelt）是其中一名病患，當時人們描述他很像王爾德（Oscar Wilde），可是幾年後羅斯福選上美國總統，卻化身粗獷男性化的典型。詩人華特．惠特曼（Walt Whitman）也是病人之一，但是現代無人不知其實惠特曼是同志。我只希望當時他有在農場和牛仔發展出一段《斷背山》的劇情。

色。一位女醫師在一八九七年出版的某本自行車雜誌中，立場堅定地指出騎單車對女性身心健康的影響：「當女性逐漸理解自己的身體需求，開始鍛煉她們有欠運用、不受珍惜的肌肉，運動所帶來的自由便能讓她們感到喜悅。旁人的嘲笑和牢騷並不持久，而風吹拂她們的頭髮，陽光親吻她們的臉頰，躍動脈搏裡的血液溫暖並紅潤她們，讓她們的身體變得強壯，精神抖擻[18]。」

一位法國內科醫生珍寧斯醫師（Dr Jennings）反駁騎單車會導致不孕的觀點，說明騎車可能促成相反效果，並要求有生育問題的病患多騎單車。有位名為芬頓（Dr Fenton）的醫師痛批誤傳騎單車對女性身體有害、並要求她們停止騎車的同行：「關於女性的人體解剖或生理學都沒有類似說法[19]」。芬頓醫師堅稱，女性可以「跟男性一樣，心安理得地騎車」，最後還痛斥維多利亞時期女性獲得的醫療協助及靜養療法，都是沒有根據的誤導做法，聲稱九成病人最後變得倦怠無趣，也沒有消耗體力的機會，他指出「成千上萬名被視為長期孱弱的女性」後來都被「單車拯救」。女性其實不是脆弱無助，而運動也不會害死她們或讓她們不孕，只會使她們變得更強壯，如果你準備挺身而出，為女性要求更優渥的條件和機會，身體強壯就很有幫助。

醫學研究佐證騎單車有益健康

芬頓醫師說得一點也不假。如今有大量醫學研究證實運動的好處，其中一份是二〇一七年發表於醫學期刊《刺胳針》（*The Lancet*）的研究，指出不愛動的生活習慣會讓人早死[20]，效果並不輸給抽菸，儘管最初並無此用意，但這就是父權至上的維多利亞時期文化為求控制女性，樂意將錯誤的觀念與療法施加於女性的後果。

科學家也發現，經常騎單車可降低將乎五成的早死率，尤其是每日騎車通勤。《英國醫學期刊》（*British Medical Journal*）發表的研究進一步說明，相較於開車或搭乘大眾運輸工具，騎自行車上班的人得到癌症的機率降低百分之四十五，得到心血管疾病的機率則是減低百分之四十六，同時亦減少中風、第二型糖尿病和其他對生命造成威脅的病症機率[21]。如果你一天不想運動，可能會選擇跳過，但如果騎單車是你平時上班的通勤方式，那你就不得不繼續騎車。對許多人而言，比起在健身房踩跑步機或舉重，騎單車更讓人心情愉快，也能激勵我們長期保持這個習慣。

另一份研究顯示，騎單車可以減緩老化，保持免疫系統年輕、保留肌肉量[22]。想想也是，我最近在南法碰到一群開心踩著單車上陡坡的八十歲爺爺、奶奶，似乎就從多年騎單車的習慣享受到延年益壽的效益。根據英國單車俱樂部（Cycling UK）的說法，騎單車對學童也有益處：每日騎車上學的十至十六歲男孩，達到建議體能水準的機率比不騎車的男孩高出三成，女孩則是七成。根據政府數據，就讀小學一年級的五個英格蘭孩童之中，就有一個肥胖或過胖，拿這個數字一比，以上數據資料頗激勵人心。

騎單車對心理健康也好處多多，開車通勤者的心理健康不若踩單車上班的族群。雖然不是人人都適合騎單車上班，尤其是通勤路途遙遠的人，然而不容置疑的是，平時騎單車對於心理健康也具有正面益處。有氧運動可降低腎上腺素和皮質醇水平，也就是人緊張時所分泌的荷爾蒙，而運動時釋放的腦內啡能協助緩和焦慮與輕微至中度憂鬱症的症狀。數不清的研究亦顯示，騎單車能培養自我價值感，這一切都在在證明，鼓勵病人騎單車的醫囑怎麼看都比長期臥病在床的要求合理多了。

我從個人經驗得知，騎單車可以提振心情，而且我也很仰賴單車。在我心情沮喪或壓力大的時候，只要可以逼自己跳上單車，我就能中斷任何讓我深陷泥沼的負面思維，也讓我有時間從更寬廣的角度進行思考。騎單車是一件讓人神清氣爽的活動，就連每天騎個幾公里上班、必須面對倫敦的混亂交通，對我的心理健康都有好處。我可以掌控通勤時間，不必被人群或車水馬龍的交通圍堵，讓體內血液奔騰，以提振精力的腦內啡展開全新的一天。

騎單車不只讓我們心情愉悅，也能發展大腦[23]，《臨床和診斷研究期刊》（*Journal of Clinical and Diagnostic Research*）的研究顯示，騎單車三十分鐘後，受測者的記憶力、推理、策劃等測試結果都更高分。運動會製造大腦血管，刺激負責形成新腦細胞的蛋白質成長，這顯示騎單車可以改善腦部健康，甚至可能降低阿茲海默症等認知疾病的風險。

強而有力的證據說明，要是更多人騎單車，就能避免眾多第二型糖尿病、中風、乳癌、憂鬱症的病例發生，某些英國全科醫師已經開始要求病患騎單車，健康方面的專業人士也遊說政府投資單車基礎建設，好讓更多人可以享受這項經過科學證實的健康益處。要是十九世紀時更多醫生有此認知，就能改善當時女性的生活，畢竟那個年代因為要求女性避免運動，最後反而讓她們付出慘痛的身心健康代價。

第三章　休想這副模樣出門

飯店拒絕穿褲裝的女性進入

若是十九世紀末激烈抗議的反動分子和散布誤導消息的醫師都阻擋不了女性騎單車，那麼下一個需要提出的問題是，規定女性穿的服飾一點也不舒適安全，她們應該怎麼騎車？芬頓醫師發現了這個問題，形容當時的女性時尚「礙手礙腳」，讓女性無法進行任何體能活動。

原名芙蘿倫斯・勃梅洛伊（Florence Pomeroy）的哈伯頓夫人（Lady Harberton）也舉雙手同意。她多年來致力將當時的長裙和馬甲打入冷宮，並在一八九九年四月五日將這項議題帶進法院。前一年十月，芙蘿倫斯在薩里（Surrey）騎單車，並在奧坎（Ockham）的豪博伊飯店（Hautboy Hotel）歇腳喝咖啡。正準備走向咖啡廳時，被飯店經理史帕拉格太太（Mrs Sprague）擋下不讓她進入：「妳這身打扮不行[1]。」接著芙蘿倫斯就被帶到開放式酒吧，也就是地板上到處是痰液和鋸木屑的傳統酒館，芙蘿倫斯認為這個空間「惡劣，空氣中飄散著烈酒和酒吧的難聞臭味[2]」。

當這間飯店因為違反售酒法遭到法庭傳喚，才明白誰都別想把夫人踢到酒吧。雖然更明確的說法，該控訴恐怕主要源於服裝偏見：史帕拉格太太因為芙蘿倫斯沒穿長裙而不讓她進咖啡廳。對史帕拉格太太來說，芙蘿倫斯這身打扮其實和下半身裸體沒兩樣，因為她穿的是「理性服飾」（rationals），也就是劍橋人偶身上那套丟人現眼的服裝。

理性服飾的形式五花八門，但主要元素是下半身和其他女性服飾南轅北轍，多半是燈籠褲或寬鬆女褲，而不是長裙。這一類褲子皆為短而寬鬆，並於膝下縮窄。

對許多維多利亞時期的人而言，採取過於男性化裝扮的女性很可能變成男人。褲子在十九世紀時屬於男性的專利，以真實情況和比喻來看皆然，而且許多人都希望保持現狀。報章雜誌取笑他們視為對現狀構成挑戰的「新女性」，諷刺專文也經常伴隨女性身著燈籠褲的插畫，圖中的女性不是坐在單車上，就是在單車旁搔首弄姿。一九〇〇年的某張照片文字說明寫著「照顧孩子、完成洗衣、十二點整吃午餐」，畫面中女性穿著一件寬大格紋燈籠褲，佇立在她的單車旁，而她那身穿長圍裙的丈夫則是蹲下來幫她繫鞋帶。《帕克》（*Puck*）雜誌一張插畫中，一位臉色嚴肅的肥胖女性身穿理性服飾、跨坐在單車上，一個體型不到她一半的男人則棲息在她的單車手把上，標題寫著「新女性自騎欺人」（New Woman takes her husband for a ride）。當時的漫畫家描繪身穿理性服飾的女性背影被誤認成男性，甚至正面也被當成男人。這些人的用意已經很清楚：這些女性是對自然秩序的一大威脅，很需要導正，回歸屬於她們的位置。

自行車業者的觀點倒是相當不同。他們很清楚自由解放的女性是單車業者的收益來源，於是在廣告中宣傳堅強獨立、身穿理性服飾的女性。艾利曼通用（Elliman's Universal Embrocation）肌肉按摩膏的廣告採用的主角，就是毫不羞愧地穿著燈籠褲、騎單車超越男車手的健美女性，其中一則廣告中，則可見一位男車手在女性超車時自坐騎的椅墊滾落。

《淑女單車族》雜誌讚揚理性服飾對女性的身體自由貢獻良多，卻因為發現某些以理性服飾裝扮的女性姿態「大搖大擺」，經常「在手勢和言談之間散發男孩子氣[3]」而慌張起來，認為這種行為舉止「令人難以置信的粗俗」。從二十一世紀的觀點出發，實在難以理解為何簡簡單單的服飾會引發如此驚世駭俗的反應，也很難想像這種衣著是如何被當作文明的威脅。一名穿上理性服飾而不堪其擾的女性描述，為了獲得眾人對這種服飾的認同，簡直形同「世界大戰[4]」*。

哈伯頓夫人不只以身試法，實驗這種被視為妨害風化的時尚服飾，甚至擔當理性服裝協會（Rational Dress Society）會長，嚴正抗議一八八一年起維多利亞時期女性就被迫穿上的服飾多麼笨重危險。自行車的出現將聚光燈集中在女性服裝上，她和飯店的爭執提供一個大好機會，理性服飾因而成為引發當時社會關注的訴訟案，而先進前衛的組織單車旅行俱樂部（Cyclists' Touring Club，簡稱CTC）則幫她將案件帶進金斯頓法庭（Kingston Court）進行審理。儘管芙蘿倫斯以一身寬鬆褲裝迷倒報章媒體，他們最終還是選擇站在史帕拉格太太那邊，英國司法制度亦然。審理結果出爐，由於豪柏伊飯店並未拒絕服務她，於是芙羅倫斯的控訴不成立。飯店亦為了出庭刻意打掃酒吧，擺上潔白桌巾和花瓶的酒吧照片左右了陪審團的意見。後來CTC採取報復手段，先是從推薦單車飯店清單中移除豪柏伊，更建議女會員記得帶一件裙子，出外旅遊時在理性服飾外套上裙子，以免被思想保守的店家拒於門外。這裡也一樣，非要等到一場世界大戰之後，女性才能身著褲裝在店家用餐，而不用擔心會鬧上法院。

擺脫長裙和馬甲

眾多女性都和芙蘿倫斯一樣，對她們面臨的反對聲浪和嘲諷不屑一顧，繼續穿理性服飾。這些人已經體會過理性服飾帶來的活動自由，也不打算走回頭路，重拾維多利亞女性的傳統時尚。畢竟長裙加上襯裙就可能重達六公斤，在地板上拖行又會沾染灰塵和細菌，也可能隨時被絆倒，甚至潛藏更致命的危機：某些情況下，女性的長裙會不小心掃到煤油燈，或是太靠近明火，因此被火活活燒死，有些女性則是遭到行進中的推車車輪拖行致死。所以女性不想穿裙子騎單車也是

＊直至今日這場戰爭還沒打完。二〇一九年的坎城影展不接受不穿高跟鞋的女性，同時日本女性發出請願要求取消工作場合必穿高跟鞋的規定，卻遭到厚生勞動省大臣駁回。大臣的理由是「這是社會普遍接受的規範，是必要而合宜的職場裝扮」。

情有可原，穿長裙的唯一目的就是避免你走太遠——也許這是精心設計的一環，而越有錢的人服裝重量就越重，也越不實用。

芙蘿倫斯在《理性服飾報》（*The Rational Dress Gazette*）發表的文章中，將女性服飾造成的限制和她們「嬌弱」性別的身分劃上等號：「習慣成自然，全世界早就忘了一件事，那就是其實這種行動不便是人為的，致使女性的身分地位普遍較為低下[5]。」她也直截了當地指出應該由誰負起扭曲女性身體的責任：「一件裙子最寬的部分往往拖在地面，裙襬的圓周寬達兩百多公分，隨著逐漸往上而越來越細，束縛在寬度不比正常喉嚨寬多少的腰圍部位……這種服裝樣式其實正是出於男性之手，不僅漠視人體自然曲線，甚至可以說是背道而馳。」

雖然人們還需要一段時間才能培養出常識，甘願割捨將女性腰部勒成喉嚨大小的時尚，但許多女性還是逕自決定捨棄馬甲。馬甲自十六世紀起就被視為不可或缺的時尚單品，捨棄它可是很不得了的事。有些醫生也舉雙手贊成，認為馬甲不僅不舒適，也會對健康造成危害。有位名為尼森（Dr Neesen）的醫師控訴馬甲會往上擠壓內臟和胃部，壓到心臟周遭，「大血管受到擠壓，結果造成血管不具瓣膜的性器官血液停滯，而這也是許多女性疾病的重大起因[6]」。雖然我無法證實這番說法是否確實符合科學，但是過於緊繃的馬甲會限制血液和氧氣流通，導致暈厥，這點倒是千真萬確。

某位女讀者於一八九五年投書《淑女單車族》雜誌，比喻這種追隨時尚的女性生活猶如「一場慢性自殺[7]」，馬甲會造成眾多可怕危害，是「暈厥、歇斯底里、消化不良、貧血、睏倦、（以及）活力減弱」的罪魁禍首。就她看來，騎單車就是推動服裝改革運動的關鍵：「舊時代的女性如今幸福快樂地死去。服裝改革是女性健康的一大因素，而單車就是推動改革的一大助力。」因此她覺得「所有具備獨立思考能力的女性」都應該擁戴騎乘單車。

眼見眾多女單車手捨棄不穿馬甲，驚慌失措的美國仕女馬甲公司（American Lady Corset Company）連忙採取行動，提出每買一件新馬甲，就免費提供價值一百美元單車保險的優惠，藉此遏止這個日漸成長的趨勢。

提倡女性「理性服飾」的先驅

芙蘿倫斯並不是捨棄馬甲、裙撐扔垃圾桶運動的發起人，真正的女性理性服飾始祖，就是將自己名字獻給這件惹毛眾人的衣物的人：艾蜜莉亞·布盧默（Amelia Bloomer*）。

一八五〇年代，和同為女性主義者的伊莉莎白·斯坦頓（Elizabeth Stanton）與伊莉莎白·米勒（Elizabeth Miller）一樣，艾蜜莉亞也開始穿起土耳其式寬褲，褲子長度垂墜至腳踝，外頭則罩

---

*譯者註：Bloomer 也是燈籠褲的意思。

著一件及膝裙子或洋裝。這種服飾名為「自由洋裝」，後來蘇珊・安東尼也形容單車是一種「自由機器」，這兩樣物品都代表女性透過身體活動的自由，獲得獨立自主的權利。

這些女性對於自由解放表達高昂興致，先前更參加了一八四八年的塞內卡福爾斯會議（Seneca Falls convention），也就是有史以來第一場女權會議。艾蜜莉亞在英美周遊，為她的女性報紙《百合花》（*The Lily*）撰寫文章，並鼓勵其他女性改穿這種服飾。有些人照做了，其中一名最知名愛好者是女演員范妮・肯柏（Fanny Kemble）。然而在某些遙遠的國度，女性不是為了政治理由，而是出於實用目的才穿這種類似理性服飾的衣款。邊遠地帶的女性亦需要可以熬過嚴峻生活型態的服飾，美國中西部大草原農場的一名先鋒，就對她的新款服飾讚不絕口：「我可以幫十六頭乳牛擠奶、幫家裡十八個人做事，即使走上十一公里也好得不得了[8]。」

諸如此類的女性並非報章媒體的焦點，讓報章雜誌為之瘋狂的是「燈籠褲服飾」，並以裝扮男性化的女子，及她們遭到閹割的丈夫當作諷刺漫畫主題，譏諷擁戴這款全新時尚的人。伊莉莎白・斯坦頓的丈夫就因為妻子選擇這類服飾，在第二期參議會選舉時慘遭媒體攻擊。頭條大刺刺寫道「二十名裁縫補補縫縫，好讓斯坦頓太太穿上馬褲」，無庸置疑削弱了他的領先優勢。

在公開場合穿燈籠褲會引來錯誤的關注，蘇珊・安東尼也曾在踏進紐約市某郵局時親身領教。一群男暴民包圍著她，對她冷嘲熱諷，逼她仔細思考世界是否真的想看女性穿上褲裝，後來是一名警察出面解圍，她才成功脫困。

沒有多久，就連最早期的理性服飾擁戴人士都不再穿這種衣服，艾蜜莉亞・布盧默也包括在內。即使極為重視衣著的舒適感受，她們卻認為這會模糊焦點，讓人看不清比這更重要的女權議題。四十年後，真心期望能舒適騎乘「自由機器」的下一代女性登場，「自由服飾」的概念才又重新浮上檯面，出現在聚光燈下。艾蜜莉亞於一八九四年與世長辭，可惜的是，她離世時並未親眼見證女性改穿這種服飾的全新浪潮，以及她們引來的爭議。

再也無法忽視穿燈籠褲騎車的好處

先不論理性服飾對單車族的益處是多麼不言而喻，理性服飾是否可被世人接受的爭議依然在一八九〇年代引發熱烈回響。一八九三年，大約在芙蘿倫斯因為燈籠褲而進不了豪柏伊咖啡廳的五年前，來自紐澤西州紐華克（Newark）的安潔琳・艾倫（Angeline Allen）和她的單車服飾登上新聞。當時最受歡迎的美國男性雜誌《警察憲報》（*Police Gazette*）刊登一篇標題為「她穿上一身褲裝」的新聞，描述安潔琳穿著燈籠褲和黑色長筒襪外出騎單車而嚇壞芳鄰的事件。「令幾百個人忍不住回頭、錯愕到目不轉睛的裝束[9]」，而這身裝束的主人卻似乎「對自己引發的轟動渾然不覺」。這說法並非完全正確，另一名記者訪問安潔琳時，她承認自己是刻意做這身打扮，為的就是引人側目。民眾或許沒有那麼天真，其實幾個月前她和阿斯伯里帕克海邊（Asbury Park）的泳客一起游泳時，她那件膝上幾公分的泳衣已經引起軒然大波。既震驚又興奮的群眾激動萬分，於是她被護駕回到更衣室，在警方保護下更衣。沒多久，紐華克的居民只要聽說她騎單車經過，就會飛也似地衝到窗前觀看。

安潔琳在紐澤西州讓鄰居忍不住掀開窗簾的同一年，來自英格蘭布萊頓（Brigliton）年僅十六歲的泰西．雷諾茲（Tessie Reynolds）企圖打破新女性單車紀錄，騎乘兩百公里往返布萊頓和倫敦，因而成為熱議焦點。最後她的紀錄是八小時三十八分，在一個普遍不接受女性騎單車、更別說是參與競賽的年代，堪稱是石破天驚的創舉。賽後一名醫師為她進行健康檢查，確定單車並無對她造成任何傷害，但還是有很多人不買帳。泰西是其中一個「狂女子」，這時已累積至少三年單車騎乘資歷，就算不看這次表現，也可想而知泰西多麼認真看待單車。她父親是這場賽事的計時員，也是單車迷，他擁有一間自行車行，在附近的普雷斯頓公園（Preston Park）賽道參加比賽，還在自家擴建專收單車手的寄宿住房。

全英國和遙遠海洋那端的美國，兩地報紙都報導泰西的佳績，但是很多人讀到後並不怎麼開心。《自行車》雜誌聲稱這是「應該譴責的事件[10]」，令所有相信「女性固有謙遜美德和合宜行為」的人心痛不已。他們也把重點放在她的裝束，就像安潔琳和芙蘿倫斯，她騎車時選擇不穿裙裝，偏愛及膝羊毛寬褲，並搭配同樣材質的長夾克。一份英國報紙說這是「世界一半優秀可愛人口的滑稽畫面[11]」，但在此我也要說一句，絕大多數的單車媒體思想都比較前衛，能夠了解女性騎單車的好處。《單車報》（*Bicycling News*）恭賀雷諾茲小姐「英勇地成為離經叛道的當代運動者[12]」，同一間報社的某男性作家則形容她是「一隻勇猛海燕，率領一場反抗襯裙的暴風雨」。

不論民眾認可與否，泰西成為大名人都是不爭的事實。沒多久，布萊頓的商店開始賣起她身穿理性服飾的明信片。她大方擁戴燈籠褲，更可能因此鼓勵其他女性，讓她們也有自信穿上這種服裝。女性穿上類似衣著的畫面越來越普遍，一名女讀者去信《每日電訊報》（*Daily Telegraph*），激動憤慨地表示她看見女性「非但騎單車踐踏自我，甚至穿上男性服飾，讓自己變得不男不女」，忍不住為了這「令人震驚心痛的畫面[13]」出聲「抗議」。她認為正因為這群人，女性在男性眼中變得更沒有價值，並詢問是否法律可以介入管制身穿男裝的女性，畢竟她知道男扮女裝會受到法律管制。泰西收到不少支持者的信，其中一封還是求婚信，可想而知並非所有男性都認為她的衣著令人反感。

泰西繼續積極擔任理性服飾的代言人，而這很可能就是布萊頓被視為「燈籠褲故鄉」的主因。《自行車》雜誌有位特派員非常不以為然地提到，他曾在布萊頓的碼頭看見一名穿著理性服飾的女子，在酒吧裡和男人把酒言歡，甚至口出重話，說在這座海濱城市身穿理性服飾的女性無非都是想要「引起騷動」的「女店員」，換言之，真正的淑女並不會穿燈籠褲。

與此同時，大西洋另一端的美國，某些州將「跨性別衣著」視為罪行。而巴黎的女性主義革命分子愛穿褲裝，一七九九年法國大革命落幕時，政府通過一項法令，除非是健康因素必須穿這類服飾，否則女性嚴禁穿跨性別服裝。巴黎布洛涅森林的時髦女性不為所動，反而熱烈擁戴燈籠褲。法國政府機關非但沒有大規模逮捕她們，甚至在一八九二年修正法律，凡是「牽著自行車手把或是馬兒韁繩」的女性都允許破例，可以身著褲裝（不然就得向警察申請「女扮男裝」的許可）。儘管如此，有些女性依然冒著被逮捕的風險，不顧一切穿起褲裝。作家喬治・桑（George Sand）偏愛傳統男性化服裝，這身打扮可以讓她在巴黎行動自如，前往女性不受歡迎甚至禁止進入的地方。

這項法律到了二〇一三年才正式廢除，但人們其實早就視而不見。這項法令原本可能只是為了瞬間爆紅的燈籠褲而興起的，儘管當時的政府並不打算大刀闊斧改革，讓女性穿起理性服飾，自由去做她們想做的事，至少政府知道穿長裙騎單車既不實際也不安全。《自行車》雜誌的淑女專欄副刊編輯羨慕又嫉妒地說：「巴黎女人快樂地騎著單車，幸福地渾然不知自己成為理性服裝先鋒，是多麼意義重大的事[14]。」

向來是時尚前線的巴黎，很快就率領全球女性吹起一陣單車時尚風。大多數自行車雜誌持續追蹤報導布洛涅森林的最新時尚潮流，甚至連《時尚》（*Vogue*）雜誌都不放過這股熱潮，大多雜誌為巴黎女性的燈籠褲瘋狂，尤其是上等精緻布料製成的褲子，並形容這樣的燈籠褲「優雅」及「女人味十足」。不過燈籠褲的概念也許贏得不少認可，重點還是褲裝風格是否符合淑女風範。相較之下，較不注重時尚的英國人穿的是實用羊毛嗶嘰（serge）和毛呢布料的理性服飾，風格往往仍偏向維多利亞時期性別認知中的男性化。

身著時尚燈籠褲的巴黎女人並不足以逆轉死硬派反對人士的觀點，一八九六年，艾倫・芙列特（Ellen Follett）踩著雙人單車去度蜜月時，被紐奧良當地人警告，在美國南方各州穿燈籠褲的女性會遭到「絞刑」伺候。海倫娜・斯旺尼克描述裙襬被踏板卡住時，會整個人被拖拽到地面，認為除非摸黑騎車，否則她根本穿不了燈籠褲。穿褲裝帶給她的解放感受，令她忍不住哼起歌——一首德國小調，歌詞唱著「當男人是多麼榮耀狂喜的事」。

新增的選擇：闊腿褲、褲裙

有些女性相信燈籠褲的好處遠遠超過這種裝扮引來的敵意，其他女性則是嘗試改良傳統服飾，讓她們既能享受活動自如的美好，同時也能保有「端莊」姿態。也許只是簡單拉高褶邊，減少厚重布料的分量，讓裙子變得更細窄，或是在褶邊加入重量，以避免布料隨著動作飄揚飛舞，露出一雙賞心悅目的大腿。其他女性懂得運用巧妙聰穎的工具，創造出能將笨重厚裙變成可以讓人自由騎單車的服飾，卻不至於引發爭議。

介於實用和可以接納之間的嚴謹尺度在在說明，一八九〇年代女單車騎士的衣著是一道難解謎題。數不清的女性想方設法解決這道難題，不少女性向專利局申請註冊自己的設計，希望可以將興趣變成一門創新事業。

其中一人就是來自倫敦切爾西（Chelsea）的愛麗絲・拜格雷夫（Alice Bygrave），她在一八九六年提出專利的拜格雷夫褶疊裙十分成功。後來改名為耶格健康羊毛公司（Jaeger's Sanitary Woollen System Co. Ltd）的時尚品牌耶格（Jaeger）買下她的設計，並使用不同布料製作裙子，當時愛麗絲還親自到美國推銷。利用重物、滑輪、鈕扣組成的複雜裝置，使用者就能在騎車時拉起裙子前後襬，然後將布料褶疊收於臀部四周。對單車族最重要的，就是這種設計正如廣告宣稱「可以馬上提起放下」。下車時，單車族可以順手將裙子恢復至符合維多利亞時期標準的女性化洋裝。

愛麗絲的大嫂是參加倫敦水族館競賽的單車手蘿西娜・蘭恩（Rosina Lane），蘭恩在比賽時穿上這件裙子，宣傳該設計的美妙。全新風格的服飾很快就變成流行款式，不用多久，即使是買不起耶格正版貨的人都能索取設計版型，在自家手工製作一件。

褲裙也是另一個解決這道難題的熱門選項，也就是布洛涅森林的時尚巴黎人所指的闊腿褲。這種闊腿褶邊長褲可以讓穿者自由行動，卻不至於暴露身體肌膚，最棒的是穿者站直時很難分辨這種服飾和傘裙有何不同。若說當時真有時尚鑑賞權威，奧斯卡・王爾德當之無愧，而他也大力讚揚這種褲子。一篇刊登於一八八五年《紐約報論壇》（*New York Tribune*）、標題為「裙裝哲學」的散文中，王爾德指出女性服飾需要簡化或是理性化，文中更是舉雙手雙腳支持可讓穿者「自在輕鬆」的褲裙。他不太贊成為了「符合」裙子標準而使用大量布料的概念，因為他不認為這有助於女性服裝改革的長遠目標：「不需多說，事實已經擺在眼前，這種服飾能夠長遠解決真正的難題[15]。」

他之所以著墨女性時尚的問題，主因無非是他的妻子康斯坦絲・王爾德（Constance Wilde）。他的妻子經常穿著優雅褲裙入鏡，並以理性服飾協會成員的身分與芙蘿倫斯・哈伯頓一起推廣褲裝，甚至擔任該雜誌編輯。十年後，王爾德不幸因為雞姦罪和嚴重猥褻罪入獄，此後就沒再提起服裝改革的事，不過身穿褲裝的女性和同性戀一樣，對維多利亞時期的男子氣概都是一大威脅。

因自行車的普及，闊腿褲（Jupes-culottes）因此再度流行起來。那些早期接受燈籠褲（bloomer）的巴黎女性認為，燈籠褲至少在某個季節內是極具時尚感的。要是女性渴望擺脫礙手礙腳的服飾，卻還沒準備好穿上燈籠褲，表達女權主義立場的話，那麼褲裙（divided skirt）不失是個很好的解決方案。

現代體壇對女性體態的迷思

謝天謝地，現代女性都可以自由決定自己的衣著打扮，至少在西方社會如此。要是芙蘿倫斯・哈伯頓地下有知，看到二十一世紀流線設計、無拘無束的女性單車服飾，相信也會欣慰不已。要是仔細觀察倫敦的女單車手，你就會發現路上有五花八門的單車裝扮，從身穿套裝高跟鞋的上班族，乃至從頭到腳都是萊卡材質的運動選手服飾都有。可惜的是，騎單車的現代女性人數仍然低於男性，至少在英美兩國是不爭的事實：根據一份二〇一七年英國交通部的研究，男性騎單車的次數是女性的三倍[16]，騎乘距離平均多出四倍。缺乏安全單車基礎建設是其中一個主因，但另一個最主要的障礙，還是女性擔心外表遭人品頭論足，或許現代人的選擇比維多利亞時期的姊妹來得多，但我們的外貌仍然持續影響我們，左右我們決定自己是否有能力去做某些事。

二〇一八年我在法國騎單車時，一名飯店男老闆就對我的單車專用鞋發表意見，充分說明了女性必須承受莫大外表壓力。飯店老闆指了指我的公路車卡鞋，語帶諷刺地說這種鞋「非常性感」。我當然知道他只是開玩笑，但這個玩笑源自一種先入為主的想法，那就是女性應該無時無刻保持迷人、充滿女人味。這種鞋讓我能更有效率地踩著腳踏板，那天我足足騎了一百四十四公里，既然有這種好處，鞋子「有失性感」也不值得一提。要是諸如此類的心態到處可見，女性不願穿上健身服飾，大概也不足為奇吧？

對身體形象欠缺安全感是西方社會的固有特徵，媒體和社群網站更是功不可沒，助長女性對於外表的壓力，有的人為了長得更像金・卡戴珊（Kim Kardashian），最後死於整容手術臺。將鼓勵民眾更積極參與體育活動視為己任的英格蘭體育組織（Sport England）發現，各種年齡的女性都可能對自己身體的形象沒有安全感，因此避免體育活動。很多人覺得自己的體態不完美，健身運動時的模樣不迷人，所以參與運動時也很不自在。

假設騎車時必須穿成環法自由車賽（Tour de France）的參賽者，一身緊身短褲和上衣，可能就足以讓部分女性退避三舍，不敢跳上單車。很多人擔心要是練得太健美，或許會有人覺得她們「沒有女人味」。身穿理性服飾的女性先鋒被譴責「不像女人」或「不優雅」，人類的觀點至今似乎並沒有隨著時間長進多少。這足以解釋為何女孩子到了青春期後往往停止騎單車上學，也說明了為何女性的運動量少於男性。

值得慶幸的是，身體自愛的概念總算打進主流市場，廣告模特兒的背景也越來越廣泛。英格蘭體育組織的「這個女孩辦到了」（This Girl Can）的廣告就謝絕名人和職業運動員，獨鍾年齡、能力、種族背景、體態各異的平凡女性，她們則在廣告中分享自己賣力運動的正面經驗。這部影片讚揚擁有橘皮組織、大汗淋漓、贅肉搖晃的女性，她們則是大方與觀眾分享運動後血液奔騰、腦內啡大量分泌的美好經驗。這一則多元包容的廣告，挑戰各年齡層的女性在運動時外貌應該保持迷人的陳腐概念，並且為運動健身下了嶄新定義。英格蘭體育組織表示，在這一年內，兩百八十萬位十四到四十歲的女性說看完這則廣告後，開始更積極從事體育活動，其中一百六十萬人甚至先前從來不運動。

但我們還有一大段路要走，許多職業女運動員仍然覺得她們在公眾和媒體眼中的模樣，比個人的體育成就來得重要。在這個社群媒體主宰、影像爆炸的年代，人們期待女運動員不僅是運動健將，也得兼具性感外表。二〇一八年，第一位獲得享譽國際的金球獎（Ballon d'Or）足球項目的女選手艾達・海格貝爾格（Ada Hegerberg）上臺領獎時，主持人突然請她為觀眾跳一段電臀舞，而她公然拒絕了。

有太多職業女運動員怨聲載道，表示她們受到業界人士的言語貶損。不管你的成就有多高，「纖瘦體態就是好」的觀念在職業體育中似乎也普遍流傳。奧運自行車手潔西卡・瓦尼斯（Jess Varnish）向英國單車會（British Cycling）抱怨，指控該協會的技術指導不斷汙辱她的身形體態，而且她的指控不是這樣而已。雖然那名技術指導斷然否認自己有錯，經過一番內部調查卻發現，瓦尼斯的控訴並非空穴來風。在田徑運動中，奧運七項全能金牌得主潔西卡・恩尼斯—希爾（Jessica Ennis-Hill）聲稱，有名英國田徑界的前輩笑她胖。另外也有數不清的女職業自行車手，甚至是男車手表示，為了保持體態輕盈纖細承受多大壓力，並得長期被教練挖苦自己的體重，最後演變成（或差點演變成）飲食失調症。

要是體壇的頂尖女性都得承受保持體態的龐大壓力，那麼連運動員都不是的眾多女性覺得自己不適合運動，也情有可原。如果沒有活躍、真實的女性代表人物，這種現況就很難改變，結果大家都會錯過經過證實的、美好的健康益處。儘管外表的改變不大，光是幾週的適度運動，一個人的身體形象就可獲得改善。腦內啡有一項好處，那就是一旦開始運動就會上癮。而一場由自行車輪推動的革命，將會推動另一場革命的誕生。

第四章　傳承

令人期待的單車課程

這一天，東倫敦的哈克尼唐斯公園（Hackney Downs）颳起強風，灰色天空所散發的不祥預感，被渴盼已久、黃紅交織的秋葉抵銷。一群尋求庇護的女性難民報名慈善機構「單車計畫」（Bike Project）專為女性開設的自行車課程，而我則負責帶她們一起上課。目前每個人的學習進度各不相同，有些人使用輔助輪，在鋪有柏油碎石的球場上滑行，努力掌握平衡感，其他人則是在周圍繞行，練習用手打信號、緊急煞車及換檔。我騎在一群人的後方，這些學生已經騎了一段時間的單車，能夠自信地騎出練習場，學習更進階的技能，並且跟隨單車技術課的指導老師，在公園的林蔭大道上騎行，穿梭自如地經過踩著小碎步的小狗、慢跑人士和學童身邊。公園管理員看見組成兩人縱隊、頭戴安全帽、身穿螢光色服飾的女性時，驕傲地嚷嚷他的女兒也正在學騎單車，而且已經不需要輔助輪——這可說是成為自行車手的重要里程碑。

不管是哪個年齡層的女性，參加這種「腳踏車」課程的人多半童年都沒有學騎單車的機會，所以雖然有些令人卻步，這是一項她們希望可以掌控的新技能。詢問她們為何會參加活動、騎自行車帶給她們什麼樣的體驗時，她們通常會說放鬆、減壓、學習新技能。一位學生說：「騎單車就像擁有一雙可以飛翔的翅膀，讓人感到充滿喜悅和幸福！」這是人人都迫切需要的正面體驗，尤其是難民身分的她們，沒有工作權，必須持續活在不確定的狀態中，納悶著自己是否哪天會被遣送回自己當初逃離的國家，更別提每週只能靠三十七英鎊維生的壓力。

一名伊朗女子告訴我，來到英國之前她曾是一名護理師，現在和女兒同住的她無法工作，感覺自己失去了不少財務和個人自由。截至目前她已在倫敦住了八年，仍在等待英國內政部決定是否批准她的英國永久居留權，學騎自行車不只帶來腳踏動作和高速前進的快感，也是一種經濟實惠的交通方式，能帶給她迫切需要的賦權感受。

在初學者課程中，一名仍在單車輪上搖搖欲墜、來自厄立垂亞的女學員不小心摔下車，可是她毫不退縮，也不理會指導老師要她暫時休息的建議，立刻起身繼續練習。儘管摔倒了，她仍是我們團隊裡最熱血的學生之一，還告訴我「我超期待每週五，這感覺就像愛上一個男生，滿心期待見到對方，自從來到英國後我不曾體會這種快樂」。沒多久，許多學生都越來越拿手，最後順利從課程畢業，這時每個人便可獲得一部由他人捐贈給慈善機構、經過純熟技師修理的二手自行車。有了自己的自行車後，這群女性就能不花一毛錢，探索這座她們視為新家的城市。

對許多人而言，學習騎單車是童年的必經過程。我就是在父親和兄姊的指導下，從三輪腳踏車換成兩輪單車。我們家族的每一個人都騎車，媽媽騎單車上班，爸爸下班後靠自行車排解工作壓力，大哥參加自由車比賽，二哥偏愛登山車，姊姊則是擁有一部褐色的復古淑女車，常常將我放在舒適的彈簧坐墊，踩單車送我去上學。無庸置疑，後來我也騎著自己的單車到處走。

我第一部單車的模樣至今依舊歷歷在目：檸檬黃色車架搭配白色胖輪胎，這是我哥哥在布里斯托的林地意外發現的廢棄單車，經過他一番巧手修修補補過後又能上路了。他向來喜歡拆解、組裝自行車，他的自行車收藏越來越豐富，所以他很清楚怎麼修車。說到平衡，輪胎寬度是一大優勢，但我很快就進階到細窄車輪的大型單車。有些朋友也獲得家人送的單車，或是接手兄姊的舊單車，所以後來我常和他們一起騎乘我那輛配有車籃的粉紅色萊禮牌畢昂卡（Raleigh Bianca）單車，探索住家附近。我很嫉妒朋友的哥哥騎萊禮牌喬柏（Chopper）單車，由於喬柏是以摩托車為模型，所以手把的位置很高，還有一支變速桿，以及配有靠墊的寬大座椅。有陣子我很覬覦一部越野自行車，因為最酷的小孩都是騎這種車。

學習騎單車是成長的基礎，就好比學習自己綁鞋帶，可是每當有朋友告訴我，他們小時候沒學過騎車時，我都忍不住詫異。原來不是所有人小時候都有人教他們騎車，也不是所有人都擁有單車，更別說是騎車的動力。

很多來上腳踏車課程的學生沒有機會騎車，單純是因為她們的國家不允許女生騎單車，其他人則是沒有可以練習的單車。長大後再學騎自行車並不會比較容易，反而可能更困難。騎單車跟游泳不同，不是走到最近的學校報名即可。雖然確實有成人單車課程，但是並不多，開課時間的間隔也較長。提供學生腳踏車使用，以及雇請指導老師都不便宜，更別說單車很占空間，不過確實有些傑出組織樂意這麼做。等到長大才學騎單車，挑戰性往往較高，因為平衡更不容易，摔車時更嚴重，身體承受的負擔也較大，而且長大後我們也更清楚自己身體的脆弱。要是你已經有多年的騎車經驗，那麼騎車就像走路一樣簡單，然而看著腳踏車課程的女學生努力學習掌握平衡感，同時用腳踏板快速前進，明顯不是騎單車熟練到像喝水一般輕鬆的人能夠想像的複雜。

一個月後我又回來上課時，先前搖搖欲墜、時常摔車到讓人懷疑自己能力的厄利垂亞女學員，如今已經可以充滿自信，繞著哈克尼唐斯公園騎車。在她的決心毅力、堅持不斷練習之下，她總算掌握訣竅，現在可以帶著那輛修理過的萊禮牌單車回家了（她笑稱那是她的「藍寶堅尼」），總算不必再暗自期待週五的單車課。現在她成為豐富的女性互助歷史中的一分子，幫助彼此找到騎乘單車所帶來的賦權、自由、享受，而這一段歷史可追溯回女性第一次踩踏兩輪單車說起。

女人互助學騎單車

在十九世紀末學騎單車也有類似問題，不少有興趣學騎車的人早就距離童年遙遠。不管怎樣，單車都被當作大人專屬的活動，當時普遍不鼓勵孩童學騎車。騎單車需要付出努力，也需要提起勇氣，而且不是只有駕馭單車那麼簡單，還得克服騎單車「不淑女」、可能對道德造成危害的疑慮，更別說面對各種不認同的目光。許多女性都展現出這些特質，她們相信付出努力只是掌控單車、從中獲得快樂與自由的微小代價。

這就是單車熱發燒的一八九〇年代，未來單車騎士最需要的。單車學校成為溜冰場的接班人，成為消磨幾個鐘頭的熱門娛樂場所。《淑女單車族》雜誌形容倫敦斯隆街（Sloane Street）某間名人專屬的單車學校「金斯頓」（Kingstone & Co.）是「上流社會的私校」，新手的第一堂課就請來「機器指導師」，也就是一部懸架在滾軸上的機器，藉此練習腳踏和平衡感，卻不會因此摔落。雜誌甚至鉅細靡遺描述課程細節，每個學生皆配備一條設有手把的皮帶，如此一來男老師就不會和她們有肢體接觸。

H・G・湯瑪斯（H.G. Thomas）位於倫敦貝爾格拉維亞（Belgravia）的學校，就藏身在昔日的雕刻家工作室，等候室內豎立著無數大理石雕像，以及一架大鋼琴。並非所有單車學校都走菁英路線，很多是腳踏車行的附屬課程，老闆很有自知之明，只要能為單車愛好者提供課程，就可望刺激銷售。好比群眾喜歡在公園圍觀，欣賞倫敦上流社會的菁英騎單車，某些單車學校也吸引觀眾前來觀看自己的親朋好友學習騎單車的過程。巴黎香榭大道上的「小家事」（Le Petit Menage）就有一間酒吧，提供觀眾可以一邊觀賞，一邊潤喉。

教學並不限於單車學校，不少女性撰寫單車手冊，與各方姊妹分享個人知識，並鼓勵她們騎車。其中一名作者就是美國女性參政權支持人士，同時也是婦女基督徒節制會（Christian Women's Temperance Union）會長弗朗西斯．威拉德（Frances Willard）。她在一八九三年，也就是五十三歲那年加入熱血單車族行列，心想她的故事或許可以激勵其他女性開始騎車。

先前弗朗西斯的健康亮起紅燈，後來前往好友伊莎貝拉．薩默塞特夫人（Lady Isabella Somerset）的英格蘭鄉村別墅「雷格特修道院」（Reigate Priory）休養。弗朗西斯描述，母親逝世加上長期全年無休地工作，差點讓她精神崩潰，與其採用靜養療法，醫生開給她運動處方，增強她的體力。本身也是單車狂熱分子的伊莎貝拉鼓勵弗朗西斯學騎單車，並且送給她一輛取名為「格拉迪斯」（Gladys）的自行車。這兩個女人之間的感情深厚，弗朗西斯形容伊莎貝拉是「我美麗的畫廊、圖書館、風景、管弦樂隊[1]」，伊莎貝拉則說弗朗西斯是「我幸福的人間歸屬[2]」，如此一說，她毫不猶豫聽從伊莎貝拉的建議也不奇怪了。

弗朗西斯深愛這部全新的「自由機器」，自行車讓她想起在威斯康辛州自家農場時，她猶如「野孩子般奔跑」的童年歲月。短暫的自由滋味在她十六歲那年驟然劃下句點，被迫穿上維多利亞時代成年女性都得穿的長裙、馬甲，並且足不出戶。禁錮在這身全新裝束的她，連走路都步步驚心，儘管她「天生反骨、不愛待在家中[3]」，這樣的她依然被剝奪了戶外活動的快樂。弗朗西斯反而開始從教育來追求自由，成為西北大學（Northwestern University）的學院院長，後來加入婦女基督徒節制會。由於見識過太多女人淪為把錢花在喝酒的酒鬼丈夫受害者，弗朗西斯不但倡導不飲酒，亦推廣女性教育、女性參政權、終止家庭暴力，以及更優良的牢獄和工作條件。

弗朗西斯想要以美國第一位女總統的人生當主題，創作一本小說，可是她的推廣活動太耗時間，因此遲遲找不到空檔寫作。要是她發現這個概念萌生的一個世紀後，小說之外的真實世界中，第一任美國女總統至今依舊難產，恐怕會很錯愕吧*。

然而弗朗西斯仍然找到時間撰寫《輪中輪》（*A Wheel Within a Wheel*，一八九五年著）。她將這本書獻給伊莎貝拉，這個帶領她踏入單車世界的女子，她也希望帶領讀者走進單車世界。我手中的《輪中輪》版本，封面和內頁中是一臉嚴肅、雙眼透出堅定的弗朗西斯跨坐在單車上的照片，身旁總有一、兩個女子相伴，似乎反覆強調單車是屬於女性的活動。這些在她身旁的女性當然都是老師，「全心全意奉獻的親切隊友」，在她學習過程中幫忙穩住單車、給予她忠告和鼓

*無巧不巧，一九一三年倫敦的《標準晚報》（*Evening Standard*）讀者票選最希望擔任女首相的人選，弗朗西斯親愛的好友伊莎貝拉夫人雀屏中選。

勵。她告訴讀者，想要成功學會騎單車需要時間、耐心、意志力，但她認為以上也是成功人生的先決條件。確實，她在「追尋單車的路上發現了人生哲學」。弗朗西斯認為，害怕批判就是學習新技能的主要障礙之一，畢竟「我們都在不知不覺之中淪為輿論的俘虜」，這句話在現代千真萬確，在當時更尤其一針見血，尤其是正值五十歲的單身女性。弗朗西斯認為自行車深具潛力，可以推動女性社會運動，另外亦指出自行車能為理性服飾帶來的正面效益，有助於消滅女性行為合宜與否的迂腐意見。事實上，身為公眾眼中受人敬重的女性，弗朗西斯想要證明性別絕非障礙，並將此視為己任。

弗朗西斯亦引述醫師的話，醫師深信不疑騎單車對女性有益，當異口同聲的不理性看法壓過理性聲音，這就是一項明智有利的策略。她也傳授讀者個人意見，教導她們掌握自己的格拉迪斯，包括保持平衡需要比數學更精準嚴謹的技巧、心智不夠堅定車輪也不可能穩、低頭保證會摔個狗吃屎。短短不到三個月，每日勤加練習十至二十分鐘，弗朗西斯總算不用指導老師扶持，開開心心騎乘格拉迪斯。

對弗朗西斯而言，騎單車並非短暫的消遣興趣，反而喚醒了她童年時期熱愛冒險的精神。一八九六年，她和伊莎貝拉夫人展開單車旅行，遠行至南法。後來她們決定到馬賽，協助因家鄉上演大屠殺而逃離的亞美尼亞人，於是旅程提前告終。兩個女子在廢棄醫院開設難民中心，收留難民並且提供他們食物，同時安置逃到美英兩國的難民。

伊莎貝拉和弗朗西斯為了人道救援工作，暫時擱下單車的那一年，紐約史坦頓島單車俱樂部（Staten Island Bicycle Club）的會員瑪麗亞・瓦德（Maria Ward）出版了《女士自行車手冊》（*Bicycling for Ladies*）。在一張拍攝於一八九五年的照片中，瑪麗亞（暱稱薇歐拉）和妹妹凱洛琳及俱樂部成員一字排開，佇立在她們的安全自行車旁。跟大多數成功保留下來的俱樂部照片不同，這張照片中的男女至少人數各半。瑪麗亞站在中央，穿著一身理性服飾，其他女性則多著長裙、蓬袖女襯衫、造型華麗的帽子，男性則穿著及膝馬褲、長襪、草編帽。照片後方的文字邀請受邀者加入俱樂部，於六月二十五日下午四點三十分，從聖喬治（St George's）騎車出發，結束後回到俱樂部會所喝茶。照片是由最早期的女性紀實攝影師，亦是俱樂部會員之一的愛麗絲・奧斯汀（Alice Austen）所拍攝。愛麗絲為這本書貢獻不少照片，多半是身穿燈籠束腳褲的體操運動員黛西・艾利奧特（Daisy Elliot），展示各種單車騎乘姿態的照片。

瑪麗亞・瓦德的書是一本入門須知，向有意學會騎單車的女性傳授訣竅。弗朗西斯・威拉德的書偏向哲理，這本入門書則是既全面而透徹，涵蓋不同的單車選擇、騎乘衣著（最理想是燈籠褲或長度介於膝蓋和腳踝中間的裙子）、如何跳上單車而不摔車，亦介紹交通規則及如何教導他人騎車。

瑪麗亞強調騎乘單車的實用好處，譬如除了當作交通工具，也可以鍛鍊體魄，不過講到探索和發現新事物的機會時，她的情緒卻最激動亢奮，提及「道路在你眼前綿延」，而路上「美好的可能性源源不絕」，以及「不只是幾個廣場，你還會認識到幾座小鎮；不只熟悉國內方圓幾公里內的範圍，你還能深入了解兩、三個國家；原本需要一整天的路程，縮短至只需要兩個鐘頭」。騎車還能帶來探險的可能，這對眾多維多利亞時期的女性而言是非常新穎的活動，而若你聽取瑪麗亞的建議，這些就會是你的豐碩果實。她對單車的熱情全反映在奢華皮革精裝版的封面，深藍色書皮印上黃金浮雕字體，封面圖片則是一個身穿理性服飾、神采飛揚的女性騎單車下坡的畫面：她雙腳踩著前輪的腳踏板，帽子在背後飛舞。封底則是一隻小狗在路上追逐她的圖片。

瑪麗亞反覆使用「征服」、「熟練」、「成就」等字眼，她要傳達的訊息已經非常明顯：成為主動的一方。她建議女性朋友互相扶持、一起學習騎車，也堅定表示有柵欄可扶就可能學會騎車。《女士自行車手冊》一再強調獨立自主所帶來的自由，這在女性經常被定義為依賴心強的時代，可說是非常激進的想法。雖然她熱血提倡單車的社交層面，卻也希望讀者「做好萬全準備，面對緊急狀況」，而不是依賴他人修理或保養自己的單車。依據瑪麗亞的觀點，能夠自行修車的女性「最有活著的感覺」，也是最不可能因為輪胎破洞或鏈條損壞而受困路邊的人。

畢竟要是你得等待別人前來處理自己的問題，那公路騎車算得上哪門子的自由？瑪麗亞鉅細靡遺講解單車的幾何結構，以及各部位是如何組裝而成，指導讀者檢查每一顆螺帽和螺絲釘，了解不同零件的用途。在〈女性與工具〉的章節中，她解說使用單車裝備的概念：「任何有能力使用針線剪刀的女性，也能夠操作其他工具。」雖然現代女性讀者從這句話就能看出這本書的年代

（我敢說我不是唯一一個會修理破輪胎，卻縫補不了破襪子的人），但瑪麗亞堅持表示，她對操作鐵鎚和扳手與主要的家務工具同樣熟練，這一點非常值得嘉獎。她帶領讀者認識五花八門的單車廠工具，並且要求她們拆解自行車，清潔完畢單車的基本零件後再重新組裝，以上步驟都是在室內完成，並鎖上房門杜絕外人打擾。瑪麗亞最珍視的私人空間有一張工作臺，四處散放著單車零件，她鉅細靡遺描繪這個房間，並仔細形容每個物品確實擺放的位置。從她自信從容地傳授知識可以得知，她在這間房間待過不算短的時間。

一八九六年，莉莉亞絲・戴維森（Lillias Davidson）在英國出版了《女單車騎士手冊》（*Handbook for Lady Cyclists*），為女作家創作的女性自學單車書籍再添新血。莉莉亞絲一八五三年出生於布魯克林區，但是出版此書時，她已在英格蘭南部生活了幾年。莉莉亞絲之前已經寫過一本女性旅遊手冊，因此可以說莉莉亞絲很希望女性踏出家門，親眼看看這個世界。和瑪麗亞一樣，她也期盼女性多熟悉單車運作，尤其是渴望單獨在鄉間騎單車的女性。但不同於瑪麗亞，她的建議是女性不需要「動不動在言談之間賣弄自己的知識」。知識即是力量，這句話或許沒錯，可是莉莉亞絲並不建議讀者賣弄知識，只為他人發現自己多麼博學多聞。莉莉亞絲一直都是低調高手，小心不顯露自己不符合女性準則的行為：她在一八八〇年末開始騎自行車，算是女性先鋒之一，而且會為了避人耳目，一大清早出門騎車。

莉莉亞絲說什麼都不肯妥協的一件事，就是適合的單車服裝。她堅持女性不可穿長裙和襯裙騎自行車，「想都別想」，莉莉亞絲偏好的是短窄裙款，搭配她認為適合日常活動的燈籠束腳褲。男性服飾的設計很實用，他們可以隨時跳上自行車，想去哪裡就去哪裡，根本無法明白「女性背後拖著一大坨猶如風帆的布料是多麼危險的一件事」，釀成女性「最深層焦慮及最大隱憂」。對莉莉亞絲而言，為了爬上椅墊而需要更換服裝，讓騎單車變成一件必須「預先準備的大事」，根本悖離完全放鬆享受「自由機器」的意義。

對莉莉亞絲來說，理性服飾或燈籠褲裝似乎是最合理的單車服裝，不過她仍警告讀者，穿戴的服飾必須量身訂做，儘管她在個人著作及《單車旅遊俱樂部報》的個人專欄中大力倡導女自行車手的權利，卻沒有走出自己轉進小巷時驚嚇到教區牧師的往事。她在手冊中通篇強調女單車手必須維持「女性一貫的優雅和尊嚴」，做不到的人可能變成「懾人魂魄的鬼魅」。她個人認為百分之九十九的女單車手「欠缺格調」，而這全要該怪同為女性的其他車手。女性教導沒經驗的朋友騎車時，她們的首要任務就是提醒對方儀表最重要。根據莉莉亞絲的說法：「如果女性騎車時聒噪喧鬧、手忙腳亂，一副驚世駭俗的模樣，便會嚴重損害女性騎單車的聲譽。」

當時的單車報章和手冊時常鼓勵女性騎自行車，同時又非要保持充滿女人味的合宜儀態，《淑女單車族》（編輯是男性）等將讀者群設為女性的單車雜誌，都一再強調騎車時保持合宜儀態和服裝的重要性。雖然這樣的雜誌可能推薦理性服飾，卻有一個先決條件，那就是量身訂做，切莫引起男性路人的反感。許多短篇故事特刊（例如行為端莊中產階級異性戀女單車手的愛情故事），都在字裡行間告訴女性，騎車時應該保有女人味和惹人憐愛的女性特質。女性身體難逃殘酷檢視，評論家甚至指出某些服飾並不適合某種體型的女性，一名作家更是對此發表意見，表示「身形體態奇怪[4]」的女性騎乘單車時畫面不甚好看。雖然我們享有諸多維多利亞時期的姊妹所沒有的自由和權利，現代報章雜誌仍然野蠻殘酷，毫不留情地對女性身體進行攻擊。從某些方面來看，我們恐怕還有一段長遠的路要走。

另一個撰稿人聲稱沒有比「一整天在塵土飛揚的路上騎車回來後，蓬頭垢面、奇裝異服的模樣令有教養的人更坐立不安的畫面[5]」。女騎士可以在單車手把上安裝小化妝鏡，隨時查看個人容貌，這樣就不會讓旁人感到不舒坦，畢竟「在路上長途騎車結束之後，頭髮肯定會亂七八糟，鼻頭偶爾沾上汙垢，帽子略顯亂翹，這是不用懷疑的」。

究竟這番忠告背後的動機是否就是乖乖遵守父權規範，抑或只是為了表面的妥協，我們不太清楚。與其公然藐視，還不如表面遵從規範，好讓女性可以安然無事、繼續享受騎單車的樂趣。要是反對派難以在外貌和舉止上找碴，女性騎乘單車就越可能獲得廣泛接受，並視為一種合宜活動，同時也能鼓勵不參與社會活動的叛逆女性嘗試單車。雖然聽來限制重重，然而英國第一位受薪女記者，也就是狂熱的反女性主義者伊麗莎·林頓（Eliza Linton）不斷利用個人專欄，抨擊單車帶來「危險」的全新女性自由，恐怕損害維多利亞時期的女性價值，因此表面遵從也不失是一種可以接受的策略。

我們無法定義莉莉亞絲為反骨叛逆，儘管她確實不曾結婚，偏好自己一人或和其他女性生活，她還是希望盡可能讓更多女性體會到單車的好處。正所謂人多勢眾，要是單車成為一種日常景象，就越可能甩掉騎單車的女性不檢點的形象。對她而言，每個騎單車的女子都是「代言人」，只需要好好照顧自己的儀態，成為「該項運動的最佳活廣告」即可。她們必須維持標準，畢竟「邋遢」粗鄙的單車騎士只會嚇跑新騎士，無法鼓勵新成員加入。

女性專屬的單車俱樂部

哈克尼唐斯公園是腳踏課程學員學騎自行車的適切地點，畢竟一間歷史最悠久的單車俱樂部當初就在此設立：一八七〇年，狄更斯辭世那年成立的匹克威克單車俱樂部（Pickwick Bicycle Club），為了紀念狄更斯，他們便以他的作品命名。這家俱樂部的特色就是結合自行車和他們對狄更斯作品的興趣。至今該俱樂部依舊活躍，會員也依舊承襲早期傳統，包括沿用《匹克威克外傳》（*The Pickwick Papers*）的角色綽號，例如史默托克公爵（Count Smorltork）、斯諾格拉斯（Snodgrass）或絕望傑米（Dismal Jemmy）。成員則集體稱做匹克威克教父，算是很符合性別意識的稱謂，畢竟即使到了二〇一九年，該俱樂部仍然僅收男性。

該俱樂部網站刊登的年度花園派對照片中，人山人海的白人男性塞滿了懸掛著水晶燈和挑高天花板的康諾特大廳（Connaught Rooms），這個場地很適合他們，因為似乎曾經是另一個兄弟會（共濟會）的專屬場地。許多會員都穿戴該俱樂部的草帽和金黑色相間的領帶，在號角手和盛大歡迎活動中進入會場。該俱樂部的宣言是散播「友誼和歡樂」，但前提恐怕是你的性別必須先符合條件。你大概以為諸如此類的俱樂部會隨著便士與法尋單車被淘汰，但事實並非如此，所以出現其中一名成員佇立在便士與法尋單車旁邊的照片，看起來也頗為合理。這個組織以二十一世紀的角度來看或許過時，但驚人的是申請加入該俱樂部的等候名單長達七年之久*。

即使到了一八九〇年代中，英美兩國的女單車手已占總人數的三分之一，但匹克威克不是唯一一間堅持僅收男性、觀念過時的俱樂部，儘管如此，大多數俱樂部知道必須向女會員打開大門。麻州波士頓的某家俱樂部倒是反向操作，在一八九四年舉行票選，踢走該俱樂部的女會員，最後這些女性和反對該禁令的男會員一起分家，自行組成新俱樂部。

為了芙蘿倫斯．哈伯頓的理性服飾鬧上法庭的英國單車旅行俱樂部，自一八八〇年起也開放招募女性會員。即便如此，許多女性仍想成立屬於自己的俱樂部。很快地，專收女性的單車俱樂

---

* 前奧運自行車手克里斯．博德曼（Chris Boardman）挑戰該俱樂部僅收男性的政策時，一名會員在X上如此回應：「真淑女多半不會想加入我們的餐桌，以及男人的對話」。或許他說得沒錯，我想她們真的會無聊到發瘋。我致信該俱樂部，詢問他們僅收男性的政策用意何在，始終音訊全無。但隨著我越是挖掘匹克威克教父俱樂部的歷史，就越是為之振奮，多為非白人女性的新一代自行車手，在這個曾經是專屬該俱樂部的地盤愛上自行車，等於改寫了誰能騎單車的規則。

部在英國和北美猶如雨後春筍般出現，其中一些以男士專屬俱樂部為典型，譬如紐約的米蕭俱樂部等高級機構，會員在俱樂部會所的豪華宴客廳喝茶閒聊，甚至會在俱樂部會所和裁縫師碰面，商量製作全新單車服裝。波士頓的木橋單車俱樂部（Woodbridge Cycle Club）就號稱擁有自己的號手，不過大多數俱樂部奉行平等主義，好比淑女西南單車俱樂部（Ladies' South West Bicycle Club）就選在每週三午後三點，在倫敦的克拉珀母公地（Clapman Common）池邊碰面。

莉莉亞絲．戴維森了解許多女性較偏好與同性會員騎車出遊，於是在一八九二年成立女士單車手協會（Lady Cyclists' Association，簡稱LCA）。LCA的運作模式是社交網絡，協助串連全英各地的女單車手，以便在當地組織屬於自己的俱樂部，車手相約團騎。該俱樂部也發布一份專收獨自旅行女車手的英國飯店和客棧名單，無論是否穿理性服飾都一視同仁。月刊雜誌向會員保證她們的單車之路絕對不孤單，並推出裁縫師和自行車的專屬優惠。

很多女性想要為熱愛單車的女性同好打造一個安全環境，這點完全可以理解。在大多數現有俱樂部當中，男性的數量遠遠超越女性，而俱樂部生活的競爭本質可能令人倒胃口。我參加的倫敦俱樂部力挺女會員，但女性只占了全會員人數微不足道的兩成，以今日來看並不算罕見。週日早晨抵達碰面場地，看見一群多半是身穿萊卡單車服的男性，而且多為白人時，這種場面或許會令人望之卻步，然而要是沒有投注心血，歡迎少數族群，恐怕也改變不了現狀。

莉莉亞絲並不熱中俱樂部制服，主要原因是決定一套適合全體會員的服裝並不容易，而且會讓本來有意參加的人裹足不前。但有些俱樂部認為制服可以促進向心力，其他人則是從統一制服發想會員名稱，例如「芝加哥燈籠褲族」和「哈伯頓夫人切爾西理性服飾主義者」。為了推廣並促進協會工作，哈伯頓夫人的俱樂部指定會員只能穿理性服飾。馬姆斯伯里伯爵夫人（Countess of Malmesbury）跟她們相反，每週三從薩里的里奇蒙公園（Richmond Park）出發騎車時，規定女會員只能穿長裙。此舉是為了鼓勵某些害怕成員得穿燈籠褲而不敢參加的保守女性。但是絕大多數的俱樂部都沒有落實嚴格的服裝規定，會員可以依據個人喜好穿戴個人偏好的服裝。即便如此，大部分俱樂部仍有徽章，有些還有特定的俱樂部顏色，以利辨別單車組員，這和現代大多數的俱樂部會員一樣，包括我自己在內，也是穿上有著俱樂部徽章和顏色的運動衫。

身為斯坦頓島（男女混合）當地俱樂部的活躍會員，瑪麗亞・瓦德也迫不及待向讀者推薦團體騎車的好處，亦提供關於成立俱樂部的忠告，譬如建議先購置兩部自行車，會員共享是一個很好的開始，共同擁有一部單車，再分配每人騎乘時間，會員人數越多，就能買越多自行車，前提是要支付會費，分擔自行車的開銷。俱樂部利用這種公平包容的方針打開大門，歡迎買不起自行車的人加入，芙蘿倫斯・哈伯頓和貴族單車人道主義者伊莎貝拉・薩默塞特夫人於一八九二年在倫敦成立莫布雷學院單車協會（Mowbray House Cycling Association），該協會獲得華威公爵夫人黛西・貝爾（Daisy Bell）的支持，更是往平等主義跨出一步，專收工人階級的女性，因為她們的收入不可能買得起自己的自行車。

協會草創期間，芙蘿倫斯和伊莎貝拉在自由派報社編輯W．T．史戴德（W.T. Stead）的支持下，自掏腰包買下一批自行車。想要加入的人只需要支付一筆小額費用，就能每月租借一至兩週單車。到了一八九七年，該協會已經擁有二十四部自行車，與一百五十名會員共享。除了供應會員不昂貴的交通工具，讓她們享有獨立，協會也提供會員漫長工時外最需要的放鬆和快樂時光。怪不得女性參政權人士米利森特．福塞特（Millicent Garrett Fawcett）鼎力支持，還向主打高階市場的雜誌《單車女子》（*Wheelwoman*）讀者喊話，將不需要的老舊自行車捐給該協會。

莫布雷學院單車協會向無自行車經驗的會員推出課程，等到她們有信心外出騎乘，就能參加其中一場例行的團體騎車活動，騎行至倫敦邊陲鄉間。會員也可以選擇是否擁有屬於自己的自行車，只需分期付款即可將單車騎回家。此外，該協會還備有一輛露營車、一座大型帆布帳篷、一間鄉村小屋，全位於倫敦南部鄉下，讓會員能以經濟實惠的方式參加週末單車遊，對許多人來說，這是她們唯一負擔得起的假期。會員定期在W．T．史戴德位於倫敦市中心的報社辦公室，也就是《帕爾默爾報》（*Pall Mall Gazette*）的會所碰面，討論各項事宜和財務狀況，或是聽有關理性服飾及現代社會和女性議題的演講。由於創辦人是芙蘿倫斯，不少會員都穿上理性服飾，並且佩戴莫布雷學院的徽章。該協會的圖騰是一隻蝴蝶，另外亦搭配該協會專屬的藍白色服飾。

他們並非唯一一間專為勞動女性開設的俱樂部。一八九六年，倫敦的蓋伊醫院（Guy's Hospital）為了該院護理人員成立俱樂部，護理長諾特—鮑爾小姐（Nott-Bower）表示，跳上單車可以讓

「精疲力竭的護理人員，在經過沒日沒夜待在令人沮喪的病房之後，利用運動轉換心情[6]」。該俱樂部維持多久我們無從得知，但它留下的遺產仍然保存至今，這種精神與東倫敦全新成立的皇家倫敦醫院護理師單車俱樂部（Royal London Hospital Nurses' Cycling Club）同在，而該慈善活動的用意，就是協助女護理師多參與運動，並從中獲得益處。參加的護理師之中，有一半都說她們先前每週運動不到三十分鐘，其中有超過百分之七十五是單車新手，有參加者甚至說，她「過去五年來一直在尋找適合自己又負擔得起的課程，這個團體經常開課，讓我感到安心自在[7]。」成立一間會費平易近人的俱樂部，不對會員品頭論足的安全環境，就是芙蘿倫斯和伊莎貝拉一百二十多年前創辦的核心理念。

學會修單車才能享受完整的獨立自主

倫敦哈克尼區的單車廚房（Bike Kitchen）內，工具和自行車零件整齊陳列在牆面、懸掛於天花板，一面黑板上畫著一部自行車，標記出各個主要零件，要是瑪麗亞．瓦德來到這裡，肯定覺得如魚得水。但這間非營利單車維修廠並沒有為了避免他人打擾而大門深鎖，反而開放給任何想要修車、深入學習組裝單車、了解必備工具的人進門，藉此傳授知識、鼓勵自主獨立，就像當年的瑪麗亞一樣，不同的是，單車廚房也提供場地。這在一座寸土寸金的城市內顯得格外重要，畢竟很多人住在小公寓，與室友分租空間，擁有一個專門作為單車維修廠的空間，可說是美夢成真。

來自加州的珍妮．格瓦茲多斯基（Jenni Gwiazdowski）是倫敦單車廚房的創辦人，她說單車廚房的用意，是解密一部單車交到修車廠之後會激盪出什麼樣的魔法，她想要為大家「揭開神祕面紗」，了解維修廠內的運作，並鼓勵女性鼓起勇氣，放膽一試。單車廚房還開設各種單車技能的教學研討會，從變速乃至從零件組裝一部單車都有，觀念主要源自她在洛杉磯學會的某個類似構想，不只是分享實用知識，更是挑戰什麼人才能踏入修車廠的觀感。

單車廚房的女技師人數超越大多數修車廠，但珍妮很清楚這種性別偏見。接受自行車技師課程訓練時，她是全班唯一的女性。儘管瑪麗亞．瓦德的《女士自行車手冊》於將近一百二十五年前出版，自行車維修廠如今仍然是男性的天下。工具棚內的性別政治需要徹底整修，可是現代社會仍流行一種普遍認知，那就是女性對維修興致缺缺，而男性則應該天生就擅長使用鐵鎚、扳手。二〇一五年美國心理學會（Association for Psychological Science）的研究指出，這或許可以追溯回童年發展，人們透過行銷和其他社會影響力，鼓勵男孩玩組裝搭建的玩具，抑或複雜的拼圖遊戲，進而培養出理工科系非常關鍵的「空間推理[8]」及認知技能，因而合理化技術和機械概念是男生主要領域的概念，這更是理工科學產業中女性人數較少的主因之一，單車維修廠也是。

珍妮並沒有因此望之卻步，不敢踏入刻板印象中屬於男性的行業，「鐵了心」一定要讓她的開放式維修廠運作成功。她的第一個維修導師是女性，名為泰瑞莎的美國原住民。泰瑞莎曾在倫敦的單車維修廠工作數十載，並在該產業獲得傳奇地位。她親自指導珍妮自己開設維修廠，熱心協助這名昔日學生創業成功。

七年前單車廚房甫開幕時，幾乎沒有女性光顧維修廠，可是現在不同了，部分原因歸功於兩個月舉辦一次的女性及多元性別（WAG）之夜。珍妮開課時就有自知之明，參加者會是最沒自信、沒能力、不願參加其他課程的族群。女性可能對於加入七成五（也許甚至更多）都是男性的單車俱樂部非常反感，而在踏進刻板印象中皆為男性的修車廠環境的那一刻，許多女性恐怕也有類似感受。我參加單車廚房其中一堂課時，約莫全員十人擠在狹小的維修廠空間，向珍妮學習保養車鏈的技巧。在她的帶領之下，學生循序漸進，慢慢熟悉車鏈和對應零件，接著她鼓勵大家盡量發問，並說發問者不必顧慮自己是菜鳥。

珍妮希望她的WAG課程是一扇「後門」，是一種能讓女性感到自在的學習門路，並且帶領她們進入狀似門扉緊閉的修車廠或陌生環境。課程的用意是「擺脫修車不是女性該做的事的老舊觀念」，即使是修補破胎都可以跳脫舒適圈。在這個安全又不會有人對你妄下論斷的空間，就算認為卡帶是一種欣賞音樂的懷舊工具，也不會有人嘲笑你。

課程涵蓋自行車保養、維持單車良好狀態等必備常識，正如莉莉亞絲和瑪麗亞·瓦德所言，唯獨學會基本的維修技巧，讓車輪可以繼續轉動，你才能真正享受自給自足和獨立自主的好處，這也比每次單車一出問題就得送去修車廠來得省錢。

像是證實WAG課程的本質就是一種「墊腳石」，其他單車廚房課程的男女人數落差如今不那麼大了。在這個仍有太多人覺得自己不「適合」單車的世界，可說是一件可喜可賀的好事。

第二部

抗爭和叛亂

第五章　為了騎單車的權利而戰

與種族歧視抗戰的女騎士

一八九五年七月一個風光明媚的夏日，紐澤西州阿斯伯里公園（Asbury Park）舉行一年一度的美國自行車騎士聯盟（League of American Wheelmen，簡稱LAW）大會，報章雜誌的記者也為此特地前來。成千上萬名會員從四面八方蜂擁而至、共襄盛舉，記者卻特別關注一名車手：二十一歲的波士頓女裁縫，凱瑟琳・「凱蒂」・諾克斯（Katherine 'Kittie' Knox）。她在媒體間引發的騷動與她的性別無關，而是她的膚色。凱蒂是混血兒，前一年該組織剛通過一項倍受爭議的「有色人種禁令」，宣稱不接受非白人的會員，於是所有到場人士都在關注凱蒂和LAW的動靜。

當時種族歧視深植美國社會各個層面，LAW的南方分部在來自肯塔基州路易維爾（Louisville）的W・W・瓦茲（W.W. Watts）上校率領下打了一場勝仗，轉型成僅收白人的機構，推翻了聯盟在一八九二年公布「所有人種皆可成為會員」的宣言。長達三年瓦茲上校不斷提出拒收黑人會員的請願，另外亦要求加州分部未來拒絕接受中國會員。一名支持該禁令的南方會員表示，加入該機構曾是一項「殊榮」，但要是白人以外的人種都能成為會員，那就算不上殊榮了[1]，而他絕非唯一抱持種族歧視觀點的人。在一場祕密投票中，上校以一百二十七票打敗五十四票，南方會員以不記名投票的方式，支持這項黑人歧視法修訂案，最後組織章程改成「唯獨白種人方可成為本聯盟會員」。

並非所有會員都贊成這項新政策，有些較明理進步的分部拒絕落實這項裁決。麻州分部就是其中一員，他們忠於波士頓的廢除主義者精神，故意帶黑人會員出席七月這場ＬＡＷ大會，藉此激怒南方種族歧視者。

無論如何，新禁令雖然帶有嚴重的種族歧視傾向，理論上這項禁令並不適用於凱蒂，畢竟她不是新申請加入的會員，而是禁令落實前就加入的聯盟會員。儘管如此，報章媒體也已為那天可能發生衝突做好心理準備，我敢說凱蒂和其他波士頓會員大概也是。

身為騎乘單車的有色人種女性，凱蒂面臨的審視目光和道德勸說比白人女騎士嚴重，除了膚色和性別，她的服飾也引起軒然大波。跟布萊頓的泰西・雷諾茲一樣，凱蒂運用她的縫紉技巧自製一套理性服飾：一件寬鬆灰色及膝燈籠褲和同色系夾克，再搭配一雙側排扣長靴。芝加哥自行車雜誌《裁判》（*Referee*）形容她是「健美豐滿的燈籠褲黑女郎」。這一身勁裝完美搭配她那部男性橫桿單車，甚至讓她在開放進步的麻州自行車活動上，贏得一面最佳自行車服裝獎牌。這個事件發生於族群平等尚未啟蒙的一八九〇年代，所以有些地區的人還是很不滿，抱怨這面獎牌最後是頒給非白人參賽者。

凱蒂同時是河畔自行車俱樂部（Riverside Cycling Club）的會員，這間一八九三年創立的俱樂部是全美首創的黑人單車俱樂部。和泰西一樣，凱蒂也是熱血單車手，曾參與幾項競賽，包括世紀賽（全長一百六十公里）。媒體對她參加阿斯伯里的活動深感興趣，她恐怕也不意外，尤其她早就是眾多報紙和單車雜誌報導的熟面孔，但她或許還是會忍不住納悶，報導內容為何如此矛盾。

某些報導來源指稱她被擋在活動門外，《紐約時報》則是報導凱蒂在俱樂部會所前展示了一場「華麗抄截」。看來，凱蒂和其他會員成功騎進公園，接下來發生什麼事倒是不那麼清楚，主要重點都放在LAW是否接受她遞出的會員卡。《舊金山呼聲報》（*San Francisco Call*）指出，凱蒂的會員卡遭拒，最後她只能「摸摸鼻子離場」，但該報亦報導有百分之九十九的會員表示遺憾。其他報紙則說，某執行委員會會員恰巧也是波士頓人，要求他們承認凱蒂的會員身分，讓她享受她應得的權益。《波士頓先驅報》（*Boston Herald*）說，凱蒂對於自己在阿斯伯里的待遇毫無怨言，反倒是對趨之若鶩的媒體困惑不解。更矛盾的說法從LAW會員口中傳至媒體：凱蒂不只在這場活動上倍受歡迎，還是整晚舞會眾所矚目的焦點，與許多白人男性共舞。有些目擊證人表示，她花枝招展的行徑令女會員相當不齒，最後女會員集體揚長而去。

對於凱蒂參加這場活動，南方媒體發表種族歧視的惡意言論，這個問題當然也不可能馬上迎刃而解。《紐約時報》的結論是，「這起事件最後短暫揭露了LAW黑人與白人會員不平等的問題」，而某些會員「抗議他們允許諾克斯小姐繼續保持會員身分」，雖然這個結論令人遺憾，卻是不爭的事實，至於其他說法則不見得是真的。

儘管凱蒂的波士頓同胞都站出來為她護航，說她早就是會員，但他們最後還是沒有成功逆轉種族歧視的全新規定，無法腰斬非白人不得加入會員的禁令。他們也沒有剷除自行車界節節上升的種族歧視情結，反而有越來越多俱樂部（包括波士頓在內）分別實施禁令，不准許非白人會員參加，這項政策更是直接阻擋凱蒂和其他人加入先前開放有色人種的活動，例如她之前表現亮眼的波士頓車手（Boston Wheelman）世紀賽。

雖然早就沒人理會這項政策，現在更名為美國自行車聯盟（League of American Bicyclists）的LAW仍然等到一九九九年，才聲明放棄他們倍受爭議的「有色人種禁令」。該聯盟在撤銷規定時，亦宣布會盡心盡力支持推廣單車多元化。其實這個問題一直無人正視，現在仍然急須解決，畢竟根據二〇〇八年交通部報告，美國的女自行車手僅占整體的百分之二十五，英國則是百分之二十七，有色人種女性在這之中占的比例極低[2]。

不管一八九五年七月的那天究竟發生什麼事，凱蒂都有充分理由不為所動地參加活動，在美國人民煽動種族隔離的聲浪節節攀升之時，公然展現她的無所顧忌。這也是為何今日有這麼多波士頓人尊稱她為自行車界的羅莎・帕克斯*。沒有秉持公平正義精神的大眾只因為她的膚色就阻撓她參加活動，面對這樣的心態與動作，凱蒂決心反抗到底。凱蒂和眾多英勇的女性一樣，不顧他人干預，也不理會這些人說單車不適合女性的意見，持續違抗與挑戰這些聲音，並且沒放棄騎車，這樣的她在這群女性當中也保有一席重要地位。而今有些女性仍然持續抗爭，即使遭遇恐怖暴力威脅也不退縮。她們的戰役顯示出自行車的重要地位——處於種族、性別、公共空間、氣候變遷、都會規劃等相互交錯的對話中心。

強大自信的女性主義單車團體

一份二〇一九年於舊金山進行的女性氣候大會（Women4Climate）調查顯示，舊金山僅有百分之十三的女自行車手是有色人種，其中亞洲和拉丁美洲女性人數最少。只要想到舊金山人口有百分之三十四都是女性有色人種，就會發現這個比例有多低。許多受訪者表示，「像我這樣的女性[3]」是不會騎單車的，她們認為在舊金山騎單車是年輕白種男人的活動，這裡的情況和其他地方很類似，騎單車的代表人物很重要。這並不是舊金山獨有的問題，而是全美國和其他地方共同的問題**。

二〇一四年，非裔美國人摩妮卡・蓋瑞森（Monica Garrison）開始在匹茲堡騎自行車時，她很快就發現這座城市沒幾個跟她同樣背景的單車騎士。摩妮卡在某次訪談中承認，她確實因為自行車社群缺乏和她相同背景的指標性人物而掙扎：「我得坦承，過去我確實有先入為主的觀念，覺得自行車手應該都是哪些人、他們都長怎樣，我不確定自己能融入這個世界[4]。」

後來她成立了「黑人女孩也騎車」（Black Girls Do Bike，簡稱BGDB），她形容該團體是「鼓舞黑人女孩騎腳踏車的啦啦隊」。和莉莉亞絲・戴維森的女士單車手協會一樣，ＢＧＤＢ的宗旨就是串連女性及該地區的其他車手，只不過摩妮卡更著重於女性有色人種。如今ＢＧＤＢ在全美遍地開花，隨時都有新團體成立，創辦人則都是被該組織支持而深受鼓舞的女性。她們會安排團體騎車活動、支持新學員、分享基礎技師技能，藉此打造一個彼此扶持成長的社群，讓自行車成為一種更多元包容的活動。她們的終極目標是讓會員騎車時感到強大自在，努力改變自女性開始踩單車起就爭議不斷的老套論調，沒有誰才能騎單車的問題。

＊譯註：Rosa Parks，美國黑人民權運動者，一九五五年時因為不遵守種族隔離制度法，拒絕在公車上讓位給白人乘客而遭到逮捕，引發蒙哥馬利公車抵制運動。美國國會後來稱她為現代民權運動之母。

＊＊根據二〇一七年倫敦交通（Transport for London）進行的研究，不分性別，黑人、亞裔及少數種族族群儘管占全倫敦的百分之四十一人口，具有這些背景的自行車騎士卻僅占倫敦整體的百分之十五[5]。

在洛杉磯，自行車團體不夠多元化也是一大問題，在這座為了汽車時代而建、對單車騎士極度不友善的城市，就連高速公路都直通住宅區，光是跳上自行車都是一種叛逆行為。道路不安全通常是阻礙女性參與單車運動的一大主因，所以五個單車手之中只有一人是女性，大概也不意外了。女單車手數量是一個地區騎車是否安全的一大指標，像是荷蘭等擁有良好單車基礎建設的國家，單車族的性別分配就相對平均。洛杉磯東邊的博伊爾高地（Boyle Heights）有一個成員多數為拉丁裔女性的團體，和BGDB一樣，她們亦挑戰洛杉磯以白人男性為主的單車文化，並藉由結合自行車和社會運動，重新奪回街道權。

卵巢狂女單車隊（The Ovarian Psycos Bicycle Brigade，別名OVAS，Overthrowing Vendidos, Authority & the State，Vendidos是指迎合主流美國文化而出賣自身文化的墨西哥裔美國人），她們是該地區有色「女X[*]」組成的自行車團體。不同於凱蒂・諾克斯，她們並不是真的遭到其他俱樂部排擠，只是認為有必要在有色女性遭到邊緣化的社區裡，建構一個可以代表她們價值和日常、並且屬於自我的單車空間。狂女單車隊的會員總是成群結隊騎車，加上臉部蒙上印著該團隊的卵巢和子宮圖樣的黑色頭巾，或許給人一種單車幫派的形象，但話說回來她們確實差不了多少。

狂女單車隊是音樂家兼社會活動人士瑟拉德拉X（Xela de la X）於二〇一〇年創辦的團體，是女性主義色彩濃厚、政治主張強烈的團體。創辦的源起是瑟拉的汽車拋錨之後，由於沒錢修理，她開始騎自行車通勤，每天騎到洛杉磯市區上班。跟其他地方的女性一樣，她發現每天騎自行車通勤所碰到的性騷擾和口哨聲，比走路時來得多。儘管如此，她還是喜歡在惡名昭彰、水泄不通的洛杉磯道路上穿梭自如的自由感受，內心忍不住想：「這就是自由的感覺吧，暢行無阻就是這種感受[6]。」她很希望其他女性有機會體驗這種感受，不像她單獨騎車時那樣孤單、倍受騷擾，而是以車隊形式一起行動，彼此扶持。第一場滿月騎乘活動於焉誕生：女性及性別多元車手的滿月夜騎，參加的都是社群裡尚無自信單獨上路的車手，但要是周遭都是自己人，她們很樂意跳上單車。

瑟拉居住的博伊爾高地東側地區距離遼闊的洛杉磯市中心只有咫尺之遙，但跨過一條洛杉磯河之後，卻是一個截然不同的世界。市中心的摩天高樓閃亮林立，處處都是資本主義的象徵，仕紳化現象卻正在悄然改變這種生態。為墨西哥裔美國人賦權的民權運動在六〇年代的洛杉磯如火如荼上演，至今該地人口依然主要是墨西哥裔。狂女單車隊將墨西哥社群為社會公義而戰的抗爭歷史，驕傲地結合單車車隊活動，並自詡「戰士」，但她們的主軸還是針對當地女性有色人種具有影響力的議題。

自由、活動、自主、無畏是該團體的中心思想，也是瑟拉認為她小時候所缺乏的東西。當哥

＊狂女單車隊常常使用性別中立、非二元對立的詞彙，例如 Latinx（拉丁女Ｘ）和 womxn（女Ｘ），意思是對跨性和有色人種女性的多元包容。

哥可以自由外出遊晃，她卻得被關在家——和愛好自行車的姊妹上街就是一種反抗。有些會員說她們小時候想騎車卻被勸退，因為父母那一代認為女生不該騎單車，其他成員則是小時候曾經騎車，卻因為受到百般騷擾或家人不認可而放棄單車。今日的她們要重寫規則，奪回她們的身體自主權及行動自由。在這過程中，她們散發出強而有力的訊息：團結就是力量，她們不需再害怕，可以在街上自由穿梭，尤其是夜晚。

滿月夜騎的活動上，她們會在社區附近騎行，兩兩或四人一組並肩前進，嘴裡大聲嚷嚷：「這是誰的街？我們的街！」團隊就是力量，她們毫不畏懼地占據先前不敢獨自踏上的街道。一如瑟拉所言：「和一群女性團騎時，你會覺得自己不是孤單無依，有種凱旋而歸的感受，覺得什麼都阻止不了你，我們是不怕騎單車或在極度危險的區域奪回空間的女性。」另一名會員說，團隊騎車帶來的安全和賦權是「世上最自由解放的感受」。

狂女單車隊的社會活動之一，就是安排團騎前往年輕女團員遭到謀殺或綁架的社區，藉此提升女性面臨制度暴力的意識，並強化她們不會因為恐懼而不上街的訊息，就像一九八三年麗茲·波頓（Lizzie Borden）執導的女性主義反烏托邦電影《烈火重生》（*Born in Flames*）中，女單車手幫派解救在街上遭到威脅或攻擊的女性。她們鼓勵其他女性加入活動，而這些女性先前可能從未見過其他身分與她們類似的人騎單車。不少騎乘活動都有主題，她們也會舉行與會員相關的議題演說，例如女性健康和自衛，並舉行人道主義活動，譬如準備關懷包送給流浪漢。有別於廣受歡迎的「關鍵大眾*」（Critical Mass）騎乘活動，她們組織屬於自己一年一度的五十公里騎乘活動，並刻意取名為「關鍵陰蒂」（Clitoral Mass），因為她們認為關鍵大眾的參加者絕大多數是白人男性，至少在洛杉磯的情況如此，而她們想要舉辦更全面包容的活動。在她們的團騎中所有騎士集體行動，途中若有人破胎，整組人馬都會停下，等輪胎修好再繼續前進。會員瑪麗安・亞奎雷（Maryann Aguirre）說：「我們的活動不是在比誰騎得最快，我們騎的是一種姊妹情誼[7]。」相反地，當她們騎進主要成員為白人的高級社區，好比回聲公園（Echo Park）和帕薩迪納（Pasadena），她們說常常有人盯著她們看，這種目光讓她們感覺格格不入，但要是換作她們的座駕價格高昂、單車配備先進，八成就不會遇到這種問題。

我在一篇關於「關鍵陰蒂」團體單車活動的LAist網站文章下面，讀到各式各樣的評論，而這些評論足以說明，許多人視這個女性主義車手組成的團體為一大威脅，其中一個不具名評論者甚至形容她們是「女權豬」和「做白日夢的瘋女人」，並建議大家「把棍子丟進她們的車輪輻條裡，看看她們有多行」。但該團體依舊強大自信，在與她們社群息息相關的議題上積極發聲，尤其是

*「關鍵大眾」最早源自於一九九二年的舊金山，單車手每月以團體形式上街騎車，運用人多勢眾的優勢奪回被汽車占據的空間，喚醒氣候變遷和單車騎士的道路安全意識。如今這場活動在世界許多城市遍地開花，既是歌頌自行車，也是一種奪回街道使用權、交通綠化的社會活動。

生活地區的仕紳化現象，她們認為仕紳化會導致房租漲價、遭房東驅逐等問題。另外就是政府的美墨邊境政策，譬如不人道地關押移民小孩，並且強迫他們與父母分開。

阿富汗的勇敢女單車手

世界上仍有女性被勸阻騎單車，甚至遭到家人及社群團體嚴格禁止。但包括像在阿富汗這樣的國家，還是有人不顧一切騎車。在阿富汗，騎自行車的女性會被貼上「不忠」的標籤，並且受到暴力甚至死亡威脅。雖然阿富汗女性在一九一九年就獲得投票權（只晚了英國一年、比美國早一年），但是在二〇一八年湯森路透（Thomson Reuter's Poll）的調查中，這個國家仍成為全世界最不適合女性居住國家第二名，阿富汗的成年女性和年輕女孩因為性別歧視，遭受嚴重的暴力虐待、低識字率、貧窮等其他侵害人權的對待。這是阿富汗五十年來日積月累的結果：先是經歷蘇聯占領，後來聖戰士團體和政府軍隊在八〇和九〇年代爆發內戰，緊接著是塔利班的暴力鎮壓統治。

在塔利班政權底下，阿富汗的女權被逼到直落谷底。立法禁止各年齡層的女性上學、工作、參與政治，也不准她們在沒有男性陪同的情況下踏出家門，並要求女性在公共場合隨時穿戴僅露出眼睛的布爾卡（burqa，罩袍），不遵守規定的下場就是暴力體罰，有些時候甚至被處罰致死，這種情況下，塔利班不允許女性接觸令人聯想到自由、獨立、行動力、愉悅的自行車，也沒什麼意外的了。美國在二〇〇一年出兵阿富汗，試圖剷除塔利班政權，並聲稱塔利班令人髮指地侵犯女權，正是美軍占領阿富汗的動機之一（當然事實真相遠比這個說法複雜多了）。阿富汗某些地區的女權漸漸提升，重新恢復女性受教權，有些女性甚至進軍國會、當上法官、成為商業領袖，女性在公共領域再度獲得能見度。

冒險家兼社會運動倡導人夏儂・加爾平（Shannon Galpin）十多年來不斷造訪阿富汗、宣揚女權運動。不外出旅行時，她和女兒住在科羅拉多州。夏儂在家中與我通話時提到，她記得二〇〇七至二〇〇八年是自由新高點，阿富汗的女權和其他重要權利似乎正準備進一步發展。當時她親身體會到一件事，那就是雖然阿富汗有許多全新開放的自由，但她從沒看過女性騎自行車，騎車依舊是「極具爭議」的行為。可是熱愛登山車的夏儂下定決心，絕不因此放棄在阿富汗某些地區騎單車，她要將其他旅行方式無法提供、美到令人屏息的景色盡收眼底，這也讓她以截然不同的視角，認識這一個外國人多半聯想到戰爭、恐怖主義、貧窮的國家，但事實上這個國家遠不只如此單一，而是充滿著多元文化。

二〇一〇年，夏儂成為第一個騎單車穿越喀布爾北方潘傑希爾山谷（Panjshir Valley）的女性，也是大多數阿富汗人遇見的第一個單車女騎士。身為外國女性，她發現自己不受限於阿富汗女性不得騎車的嚴格社會規範，阿富汗人反而把她當作「馬戲團雜耍大熊的珍奇景象」。要是她跟大多數外國人一樣，選擇與觀光車隊旅行，認為「接近這個美國女性不是恰當行為」的當地男性，大概就不會上前向她搭話。她認為騎單車是一種破冰行為：「不管是哪種限制，都已經不復存在，好奇心已經跨越文化界線。」而一開始敞開心胸想要和她互動的人，最後往往邀請她到家中喝茶。

某次夏儂和一位女翻譯旅行時，正好有機會和某家庭的女性成員毫無忌憚地交談，因為室內沒有男性在場，她們覺得可以暢所欲言。這幾位阿富汗女性向她問起避孕和關於女性健康的問題，然後夏儂逮到機會反問阿富汗女性的生活。塔利班垮臺後，新政府因為認為肢體運動對於女性健康至關重要，開始鼓勵女性參與某些運動項目。足球、排球、板球，甚至跆拳道都落在合理範圍，畢竟都是關起門進行的運動。自行車則依舊是禁忌，因為騎自行車在公共空間進行，而傳統上阿富汗文化還是鼓勵女性打扮端莊，某些地區也要求女性待在家中、避人耳目，因此有些人還是認為女性騎單車太招搖，會淪為男性盡情觀賞的對象。

夏儂相信另一個在阿富汗等宗教保守的國家騎單車深具爭議的理由，就是跨坐在自行車坐墊的動作具有淫亂和性暗示的指涉，騎單車才會被視為一種禁忌*。

伊朗的狀況也大同小異，伊斯蘭共和國的最高領袖阿里・哈米尼（Ayatolla Khamenei）於二〇一六年公布一條伊斯蘭教令，謬稱在公開場合騎單車的女性是一大道德威脅：「騎單車通常會引來男性關注的目光、讓社會變得腐敗，因此有違女性貞操，必須嚴格廢除[8]。」儘管騎自行車會遭到逮捕、沒收自行車，並且被迫簽署聲明，承諾此後不再騎車，但許多伊朗女性根本不理會禁令，仍然持續騎車。二〇一九年，由於擴展自行車路網而知名、單車騎士密度極高的伊朗城市伊斯法罕（Isfahani）當局指出，女性若是漠視這條禁令，將會受到「伊斯蘭懲罰」，而他們正在為女性研發一款「有頂自行車」。

夏儂相信，在婚前時常要求女性進行貞操檢測的阿富汗，儘管其他活動也可能造成同樣危害，仍有不少人認為騎自行車會對珍貴的「處女膜」構成直接威脅。然而夏儂遇到的一個男子卻擁有與眾不同的觀點，他告訴夏儂騎自行車需要極高智商，而這就是女人辦不到的原因。

雖然夏儂知道她在阿富汗騎單車的經驗讓她明白，騎自行車是一件女性做得到的事，而其他地方的女性也都在騎車，然而身為一個外國人，她心知肚明自己永遠改變不了當地人對阿富汗女性也騎得了車的看法。夏儂有所不知的是，當她在潘傑希爾山谷騎車時，西部幾百公里外，一名阿富汗女人也跨上自行車，冒著不被認可和暴力相向的風險，為的就是改變現況，讓女性騎單車成為常態。

雖然面臨諸多不認可的聲音，二十多歲的扎拉（Zahra）自十三歲就開始騎自行車，當時她還

＊二〇一八年《阿拉伯新聞》（*Arab News*）一篇關於沙烏地阿拉伯女性騎自行車的文章下方，就有人留言評論，說現在他們「就等沙烏地阿拉伯隨時被愛滋病淹沒」。

住在伊朗。她的父母在她小時候就過世，所以扎拉是由姊姊一手拉拔長大，姊姊一直把她當男孩子照顧，目的就是希望她擁有大多數阿富汗女孩缺乏的自由與勇氣。這招似乎奏效了，扎拉勇敢挑戰伊朗女性的禁忌極限，包括主動要求上學。

十八歲那年，扎拉搬到喀布爾西北邊的巴米揚省（Bamiyan），塔利班政權從該區退場後，她可以上大學鑽研考古學。騎單車上學的她很快就引起眾人注意。當地男孩會騎單車去大學上課，即使當地沒有公車，徒步往返學校得花上兩個鐘頭，她仍是唯一一個騎車的女性。扎拉不顧危險，她相信「女孩子值得擁有跟男孩子相同的機會，受教育也好，騎單車的權利也罷[9]」。

我和人在喀布爾深造的扎拉通話時，她告訴我剛開始在當地騎單車時，該區的宗教學者氣憤表示應該對她行使石刑。就算這時她決定走路上學也不會有人怪她，畢竟這場硬仗太難打，可是扎拉並未就此放棄。最後她說服眾人，為了繼續上學她必須騎車，大家都知道她就是那個騎單車的女孩，過不了多久其他人也開始響應，想要加入她的行列。薩琪亞（Zakia）是第一個加入的人，她曾在伊朗學騎自行車，但回到母國後覺得不能騎車，就沒再繼續騎了。

薩琪亞的父親經營一間單車行，也很支持女性騎車，但可以理解她缺乏獨自騎車的信心，於是薩琪亞在街上攀談扎拉，兩人很快就開始一起騎車。過沒多久，其他女孩也加入她們的行列，她們決定組成一支隊伍，授課教學、舉行比賽。購買單車是加入的一大障礙，畢竟一部單車要價一個月的薪水，但有一名會員的父親非常支持女兒加入單車隊，便特別借錢買一部給女兒。

這群女孩開始定期聚會，先是聚在一起聊天吃飯暖身、清潔修理單車，再一起上路。她們在車水馬龍的高速公路以單縱隊隊形騎行，經過大卡車和農產品高高堆疊驢子背上的農夫身邊，要是碰到車流稀疏的道路，她們就會換成兩條縱隊，並肩騎車，其他車輛行經時便不得不放慢速度。她們常常行經歷史悠久的洞穴群，也就是六世紀的砂岩懸崖雕刻、後來在二〇〇一年被塔利班炸毀的巴米揚大佛舊址。

二〇一五年，該團隊參加了環巴米揚單車賽（Tour of Bamiyan），這是女性首度獲准加入的阿富汗單車比賽，但她們卻苦於不被社會接受，也持續引起負面關注。當地有些穆拉（Mulah，受過伊斯蘭教教育的男性）為她們貼上「異教徒」和「罪人」標籤，譴責她們的所作所為可恥至極，堅持騎車的下場可能失去「榮耀」。有人告訴她們，要是在沒人看見的地方騎車就沒有問題，但她們因為「公然團體騎車」而可能遭遇暴力對待。她們受到各種名不副實的指責，像是騎車時沒有戴頭巾、穿著打扮不符合規定（會員全體遵守阿富汗的服裝規矩，手臂、雙腿、頭髮都包得密不透風）。

可想而知眾多會員內心是多麼害怕，然而薩琪亞和扎拉仍堅信自己沒有做出任何可恥的事，她們和巴米揚思想先進的省長開會，並且取得他的支持，省長也很樂意提供協助，不過當然他無法保護她們遠離可能發生的突發暴力行為。從那之後就一直和扎拉及她的團隊騎車的夏儂形容，扎拉是她所認識「最堅強的女性之一」，理由已經不言而喻。

五年後，該團體的勢力依舊強大，社會如今普遍接受她們，有些當地人甚至很自豪單車團隊來自該地區。看見她們外出騎車的男孩還告訴她們，他們也想要教姊妹騎車。雖然還是有男性不肯讓女兒姊妹騎車，扎拉仍樂觀表示，阿富汗人會漸漸接受，到時人人都能騎車。

扎拉目前在喀布爾專心當全職學生，於是車隊經理和老師的工作就交棒給薩琪亞。和維多利亞時期的莫布雷學院單車協會會員一樣，她們的隊員輪流使用車隊的六部登山車，訓練課程則是分成上午和晚間時段。週五沒有課時，她們便把自行車送上興都庫什（Hindu Kush）的高山上，也就是阿富汗首座國家公園班達米爾（Bande-e-Amir），展開大約一百公里的長途單車騎行，扎拉開始堅持在小鎮街道騎車之前，很難想像女性也能這樣騎車。

該團體持續鼓勵各年齡層的女性勇敢嘗試，並聯繫串連喀布爾和馬扎里沙里夫（Mazar-i-Sharif）的女子單車隊，規劃賽事活動，但阿富汗仍有太多地區治安堪慮，不適合騎單車。和其他地區相比，巴米揚已算先進自由，戰爭遺留下的地雷數量也沒那麼多。在塔利班再度控制的其他地區，女性連最基本的教育權利都沒有，更別說是騎車上學了。

扎拉騎單車上學、為了學業騎車參訪考古遺址，亦把騎單車當成一種運動，可是阿富汗還是有太多女性無法享受重要的行動自由，尤其是幾乎沒人擁有車、公共交通工具有限的鄉野。

因為歷史因素，在某些國家的文化中，本來就不太有女性騎自行車，但是現在鄉下地區的女性會騎自行車上學、看醫生、找工作。她們靠著兩個輪子改變生活，本來可能因為路途遙遠、徒步上學太耗時而中斷學業，現在她們卻能以更快速、簡單、安全的方式抵達學校。騎自行車不但好處多多，還能改善她們的工作前景，更能掌控自我人生。

夏儂相信自行車是一種實現社會公義的強大工具，如果更多阿富汗女性能夠騎自行車，她們就能體會到類似好處，自行車可能就是促成「成就人生和受壓迫人生」落差的要素。慈善機構世界自行車援助（World Bicycle Relief）報告，他們所捐贈單車的學校之中，女學生的課業表現和出席率都比較好。

雖然如今塔利班在阿富汗再度掌權，阿富汗女權的未來依然難以定奪，不可否認的是，現在安全地區有更多女性受到扎拉等先鋒鼓舞，躍上單車。先前因為男教練遭控貪汙（但他本人否認）而解散的喀布爾女子國家隊，如今也正在重振旗鼓。要是該女子國家隊有天可以代表阿富汗參與國際比賽，甚至是奧運，想來就更沒有合理藉口反對阿富汗女性騎單車了吧。

單車賦予阿拉伯女性力量

位於阿富汗西邊的沙烏地阿拉伯是世界最保守封閉的國家之一，經過幾十年來積極發起的爭取權益活動，在二〇一八年才終於賦予女性開車的權利。沙烏地阿拉伯是世界最後一個開放女性駕駛上路的國家，在一個過去和現在仍不斷限制女性自由、眾人眼中極權專制的國家，這可是女權歷史性的一刻，他們直到二〇一五年十二月才總算賦予女性投票權和參選權。較不為人所知的是，沙烏地阿拉伯的揚善抑惡局（Committee for the Promotion of Virtue and the Prevention of Vice，就是宗教警察）發布的女性騎乘單車禁令，也在二〇一三年遭到推翻。

二〇一二年上映的電影《腳踏車大作戰》（*Wadjda*）探討沙烏地阿拉伯女孩騎單車的禁忌，切入點是與電影同名的女主角瓦琪達迫切想要擁有單車的故事。導演海法・曼蘇爾（Haiffa al-Mansour）是沙烏地阿拉伯第一位在家鄉製作劇情片的女性，若要談追求目標違背性別期許，她可說有切身之痛。電影中，瓦琪達的好友阿布杜拉偷偷教她騎單車，她則是央求當地單車行老闆不要出售她一見鍾情的綠色單車，並承諾存到錢就會回來買下。母親告訴瓦琪達：「在我們這裡，女孩子是不騎車的，如果妳騎自行車，以後就不能生小孩了。」要是她堅持騎車，未來連婚都結不了。儘管如此，瓦琪達還是一心一意追求目標。後來她聽說校內要舉行《古蘭經》背誦比賽，贏家可以獲得一筆獎金，她想到這筆錢可以買單車，便搖身一變成為模範學生。瓦琪達果真贏了這場比賽，可是在她告訴工作職責是導正女學生行為的老師，自己打算怎麼運用這筆獎金時，老師驚愕不已，最後便沒收這筆獎金，以她的名義捐贈給巴勒斯坦。沒多久她父親娶了第二個妻子，不服氣的瓦琪達母親便出錢買下這輛單車，以示抗議。隨著影片邁入尾聲，我們也看見瓦琪達在一場單車比賽中擊敗阿布杜拉，整張臉龐閃耀著喜悅光彩。

雖然沙烏地阿拉伯二〇一三年新的法令規定，像瓦琪達這樣的女孩可以騎自行車，但還是幾乎沒人騎。儘管禁令解除，他們仍然列出一長串條件，例如：女車手必須穿戴穆斯林罩袍或長袍，並只能在指定區域騎車，必須要有男性監護人陪同，再來就是單車不得當作交通工具，只能當成一種娛樂消遣。最後一項規定最能明顯看出這個國家果真是以抑制女性行動自由聞名。

現在，你可以在比鄰波斯灣的東岸城市胡拜爾（Al Khobar）看見女性成群結隊，沿著海濱大道騎車，但她們也是經過多年抗戰才走到這一步。其中一個女車手法蒂瑪・雅布勞斯（Fatima Al-Bloushi），在歐洲參加為期一週的慈善單車比賽之後，於二〇一七年開始在胡拜爾騎單車。法蒂瑪小時候學過騎車，長大成人後卻沒再騎車，如同她認識的大多數小時候學過騎車的女孩。唯獨等到她出國旅行，來到倫敦和阿姆斯特丹等自行車友善城市，她才有機會好好騎自行車。

為了準備即將到來的比賽——比賽中她必須連續七天騎車，每天騎一百公里——法蒂瑪決定在家鄉練習。當時她在胡拜爾從沒看過其他女性騎車，由於不想引人側目，她選擇在一大清早或夜間前往幽靜偏僻地帶練騎。她告訴我，儘管她做的事根本沒有違法，警察還是經常攔下並譴責她，要她簽署文件，誓言她不會再犯，並警告她要是繼續騎車，可能必須走法律程序。這些警官話說得好聽，表示此舉是關心她一個女生單獨在外的安危，但他們才是她在路上唯一碰到的騷擾。法蒂瑪認為他們是出於個人偏見才阻止她騎車，這些帶著偏見的男性正好具有行使法律的權力，更不喜歡她挑戰沙烏地阿拉伯的文化準則。其中一人語帶控訴地對她說：「妳以為自己是誰？妳不在美國，我們還沒走到那種地步，可以任妳這樣自由外出。」

參加同一場賽事的全男性沙烏地阿拉伯隊拒絕接受法蒂瑪加入，他們擔心讓女性加入會惹毛政府機關，於是她後來只得加入國際車手隊。媒體報導一名沙烏地阿拉伯女性（史上第一人）參加比賽時，沙烏地阿拉伯女性同胞寄來的訊息淹沒了她，有人對她說她們也想學騎自行車，有的人則是希望下一場比賽能加入她的行列，來信者多數都是沒自信單獨外出騎車的女性。

法蒂瑪回應眾人要求，成立社團「她的單車」（HerRide），率領會員一週兩次前往市內唯一一條單車道，沿著沒有車輛的山崖濱海道路騎車。隔年，包括法蒂瑪的妹妹雅莎（Yasa）在內，她們一行四人挺進歐洲，參加同一場賽事，這次從瑞典出發，終點站是德國，和幾百名世界各地自行車手共襄盛舉。比賽完成後返國時，法蒂瑪感覺到情勢總算逆轉。女自行車手變成沙烏地阿拉伯王國的日常畫面，至少在吉達（Jeddah）和胡拜爾等相對自由的城市如此。

在沙烏地阿拉伯這個直到二〇一七年，都不將體育項目列入女學生的學校課程綱要的國家，可說是一個非凡進展。原本女性不能獲准參加奧運會，但二〇一二年卻有兩名女性成功闖入沙烏地阿拉伯代表團，讓強硬保守派驚恐不已，二〇一六年則增加至四名女性。健身本來也是專屬男性的活動，許多女性為了保持健康，只能在購物商場兜圈子散步。結果數據資料顯示，沙烏地阿拉伯女性的肥胖率、癌症和其他疾病的比例皆高於男性。就連體育競賽也嚴禁女性觀看，二〇一八年前女性仍禁止踏入體育場。

雖然現行法規略微放寬，高度保守的社會仍對參與運動的女性抱持敵意。反對派的說法和十九世紀末西方國家的藉口如出一轍：體育活動會讓她們女人味盡失，若是放寬嚴格的服裝規定，則可能造成道德淪喪。一名來自吉達的女單車手指出，她在二〇一五年開始和朋友外出騎車時，偶爾會有路人看不過去，打電話報警要求警察前來制止。

想要騎單車的沙烏地阿拉伯女性如今有一個強大後盾，那就是駐美大使瑞瑪・班達爾・沙烏地阿拉伯公主（Princess Reema bing Bandar Al-Saud），沙國史上第一名女性大使。她也曾任沙烏地阿拉伯社區運動聯盟（Saudi Federation for Community Sports）主席，職責是改變體育界，讓體育界更包容女性，無論是行政事務乃至參與體育活動皆然。她也負責把體育教學帶進校園，積極鼓勵女性走上大街，前往空間開放的公園健身運動：「我一直告訴女性，她們不需要他人的許可就可以展開屬於自己的運動計畫，現在也有越來越多人這麼做[10]。」該聯盟目前正在組織女性單車隊。

這場文化改革讓法蒂瑪受益良多，她被派去授課，傳授其他女性單車騎乘技巧，而她也參加訓練營，希望成為全新女子單車隊的一員，有朝一日進軍奧運。

沙烏地阿拉伯人對女自行車手的態度稍微放鬆，納迪瑪・阿布・艾內恩（Nadima Abu E-Einein）功不可沒，她也從中受益不少。她開始在紅海海岸的家鄉吉達鼓勵並教導女性騎自行車。二〇一八年，她規劃沙烏地阿拉伯首場女性自行車賽，也是第二場女性體育賽事。在那之前，她也沒有免疫於社會對女性騎單車的負面態度，所以青少女時期就放棄騎車。二〇一五年，她的姊姊和母親鼓勵她重拾單車，於是納迪瑪開始在ＩＧ上分享她騎單車的照片，和法蒂瑪一樣，她很快就收到想加入她的女性私訊。同年，十六歲的她創辦了沙烏地阿拉伯第一間女性專屬單車俱樂部Bisklita，目前會員人數已從草創期的六人，增加至五百人，會員的年齡和技能廣泛，其中一名會員腦部曾受過傷，平衡感不足，於是得從三輪車開始接觸。

納迪瑪從小就在媽媽身邊學騎車，所以對她而言，協助其他女性騎車是一件很自然的事。她敢拍胸脯說伊斯蘭教沒有禁止她們騎車的教條，剛開始團騎時女單車手是罕見畫面，會有路人對她們嚷嚷，甚至丟東西，但她們和巴米揚的女單車手一樣照騎不誤，於是後來能接受女性騎單車的吉達人也越來越多。

改變還得滲透到沙烏地阿拉伯其他地區，在許多城市和鄉間地帶，女性騎單車時仍然經常受到騷擾。雖然法律並未規定女車手必須隨身攜帶沙烏地阿拉伯自行車聯盟的會員證，不過法蒂瑪發現，要是她亮出會員證，警察就會摸摸鼻子放行。納迪瑪受夠了警方老是攔下她的車隊，於是致信瑞瑪公主，請她要求自行車聯盟發許可證給她們。在等待的過渡期，公主陛下還特別安排當地的體育場供她們使用，好讓納迪瑪能無後顧之憂地教學員騎車。

這種情況還要多久才能改善實在難說，名為二〇三〇年沙烏地阿拉伯願景（Saudi Vision 2030）的活動公布目標，包括就業市場更包容女性、改善社會大眾接觸體育活動的機會。評論家批評這只是出一張嘴的「表面工夫」，根本隻字未提女性平權或完整的社會參與及政治選舉權。

由於沙烏地阿拉伯政體仍對異議零容忍，為了改變現狀，女權運動人士必須付出極大代價。當初為了爭取終結女性駕車禁令而奮戰的女性遭到監禁，根據某些人權團體的說法，有些人甚至飽受凌虐。雖然這項禁令早在二〇一八年便畫下休止符，不少運動人士至今還在蹲苦牢。

專制的監護人制度要求每位沙烏地阿拉伯女性國民，必須取得一位指定男親屬的許可，方能結婚、申請護照、出國、出獄、離開國家照護中心、申請救人一命的流產程序、或是進入家暴受害者收容所。而要是女性遭到監護人虐待，國家幾乎無能為力保護她。這解釋了為何沙烏地阿拉伯會在調查中列為女性處境最不幸國家第五名。

儘管被逮到後可能面臨各種風險，包括監禁、凌虐，甚至是死亡，仍有不少女性逃離沙烏地阿拉伯，不願再活在專制制度的陰影下。二〇一九年，十八歲的拉哈芙．默罕默德．庫南（Rahaf Mohammed al-Qunun）逃離她口中的暴力家庭，潛逃至泰國，在獲得加拿大政府庇護之前，她將自己關在飯店房間，拒絕踏出一步。某位逃離沙烏地阿拉伯專制暴權、投奔自由的女性形容，自由的快樂就是不需要他人批准就能踏出家門、想穿什麼就穿什麼，以及從事許多我們習以為常的事。她目前正在學騎自行車、游泳、溜冰，這些都是她的監護人不准許她做的事。

寫作本書當下，據傳沙烏地阿拉伯大公國計畫鬆綁監護人規定，意思是女性很快就能獲得護照，並且不需要監護人許可就能出國。該國並未承諾完全廢除監護人制度，所以這會對女性權利和行動自由造成哪些影響無從得知。

與此同時，從基層的角度來看，法蒂瑪和納迪瑪等女性至少可以享受近十年前做夢才想得到的活動。她們鼓勵其他女性展開自由、行動、體能的活動，法蒂瑪告訴我，她非常希望能「賦予沙烏地阿拉伯女性力量」，而讓她們騎自行車就是一部分。

當我詢問納迪瑪教導女性騎車的意義，她回答我：「這讓我內心感到充實快樂，如此一來，女性就能擺脫社會限制的恐懼。[11]」過去幾年沙烏地阿拉伯對女性的態度出現正面改變，她深信不疑自行車就是這項轉變的主要推手。

第六章　勇敢站出來，女人！

騎單車倡議女性參政權

二月十三日這天，英國國會預計正式展開一九〇七年度會期。午後三點，倫敦的卡克斯頓大廳（Caxton Hall）聚集了逾四百名為「女性國會」而來的女性，這些全是婦女參政運動人士，也就是婦女社會政治聯盟（Women's Social and Political Union，簡稱WSPU）的成員。這天她們之所以聚集於此，是為了抗議前一天國王演說中刪除婦女參政權的言論。

當聯盟領袖艾米琳・潘克斯特（Emmeline Pankhurst）嘶喊：「勇敢站出來，女人！」大廳內哄堂傳出「現在就站起來！」的回應，聯盟成員分散成數個小團體，占據自維多利亞街綿延至國會大廈的八百公尺，打算在那裡遞交陳情書給英國首相，要求討論該議題。理性服飾宣導人兼單車手哈伯頓夫人負責率領其中一組人和其他倍受關注的WSPU運動人士。

抵達西敏寺時，一整列警察阻擋她們的去路，然而她們不打算原地折返，遊行隊伍試圖衝破人牆、挺進國會大廈。警方騎馬的也好，站崗的也罷，激烈對付她們，奮力揮舞警棍驅散人群，並在粗暴動作之下傷及不少抗議人士。事後某份報紙描述該混亂場景很類似「足球賽爭球[1]」，持續好幾個鐘頭這群女性都不罷休，想方設法突圍警方架設的警戒線。

部分女性挑釁大喊：「我們不走，我們要首相出面！」最後有十五人成功突破重圍，衝到入口處，卻立刻遭到逮捕。後來共有五十一名女性被送到警察廳總部，包括聯盟的領導人艾米琳、西維亞（Sylvia）、克麗絲特．潘克斯特（Christabel Pankhurst）。晚間十點鐘，抗議女子知道進不去，才總算放棄無謂掙扎。

大多數遭逮捕者翌日聽取判決，得知要在哈洛威（Holloway）監獄服刑兩週，法官宣布這項裁決時，表示他是鐵了心終止她們這一連串「唯恐天下不亂、令人倒胃口的活動」。

其中一個遭逮捕的是來自萊斯特（Leicester）的工廠員工艾麗絲．霍金斯（Alice Hawkins）。艾麗絲是衡平法鞋廠（Equity Boot and Shoe）的機工，這間合作社亦栽培出她對社會公義的關懷之心。長久以來她都認為女性應該與男性同工同酬，也應該享有最基本的民主權利：投票權。

艾麗絲和她的丈夫弗瑞德（Fred）都是活躍的社會運動人士，她相信不分社會階級，所有女性都應該成為政治制度的一分子。衡平法鼓勵員工參與政治，並替她支付前往倫敦的旅費，在這方面衡平法與大多數工廠可說是天壤之別，要是請假參加抗議活動，其他工廠的員工八成會被炒魷魚，更別說被抓去蹲牢房。遭到判刑完全沒有澆熄她的社會運動熱情，反而讓艾麗絲的立場更堅定。根據她在哈洛威監獄坐牢期間的說法，她在熱血個性和全力爭取社會公義的驅使下，強力抨擊並未加入女性參政權運動的女囚犯受到的待遇奇差無比，尤其是服勞役刑的女性。接下來七年間，她遭逮監禁的次數更是多達四次。

初次在哈洛威蹲苦牢之後，艾麗絲又回到萊斯特，政治制度的不公讓她更加熱血沸騰，於是她成立了WSPU萊斯特分會，在萊斯特地區積極招募同為工人階級的工廠女員工，並在衡平法鞋廠大廳舉辦首場會議。西維亞・潘克斯特提到婦女參政權活動，艾麗絲則分享她在哈洛威的經驗。不久之後，萊斯特分會開了一間「女性投票權」商店，透過販售自行出版的報紙和其他WSPU刊物進行募款，亦提供會員集會場地。雖然反對該活動的當地男性時常破壞商店窗戶，這間商店仍是萊斯特婦女參政權活動的核心，這一切全是託艾麗絲的福。

你八成在想，以上內容跟這本講述女性和單車的書有何關聯？艾麗絲以腳踏車為助力，經營社會運動。自行車帶領她四處周遊，在眾多工廠大門前召開集會，要是換作步行，她的觸角肯定無法延伸至那麼多角落。她不但在市區宣傳，還到得了萊斯特方圓五十公里內的村莊小鎮，在這些地區，人們或許覺得倫敦的抗議及逮捕新聞遠在天邊，完全與自己無關，再不然就是感到陌生（中產和上流階級的WSPU演說大概也給人相同感受），可是艾麗絲可以利用她參與抗爭的親身經驗，和這些與她惺惺相惜的工人階級女性產生共鳴。

每週日，艾麗絲會和萊斯特WSPU的活動召集人桃樂絲．裴思克（Dorothy Pethick）前往鄰近村莊的綠地和市集廣場，宣揚支持女性投票權的訊息，舉行演講、集會、發放《女性投票權報》（*Votes for Women*）報紙等活動刊物。她們常碰到政府機關和當地男性的反彈，卻仍不屈不撓。該組織的騎單車推廣理念運動造成最直接的影響，就是很快便在距離萊斯特二十三公里的拉夫堡（Loughborough），成立專屬該城的WSPU分會。

女性參政的「星火」開始燎原

艾麗絲絕對不是唯一的單車婦女參政權活動人士：WSPU和許多熱血會員的基因裡亦存在著自行車精神，而WSPU的領袖是婦女參政權運動的幕後推手潘克斯特家族，也很理所當然。

艾米琳的女兒、西維亞的姊姊克麗絲特是一名熱血單車手。打從十三歲起，她就央求她的大律師父親買自行車給她。這一家人住在交通繁忙的曼徹斯特，所以他起初很擔心女兒的安危，不過最後還是拗不過她軟硬兼施的請求，在一八九六年克麗絲特十六歲那年為她買了一部單車。雖然這家人有經濟壓力，父親還是為寶貝女兒買了一輛高級的拉奇惠特沃斯牌（Rudge-Whitworth）自行車。至於西維亞，或許是因為她的纏功不如姊姊，也或許是因為她比姊姊小兩歲，後來只獲得品質明顯較低劣的單車，是當地獨立工黨的「同志」利用煤氣管組裝而成的作品。這也許也解釋了為何西維亞沒有像姊姊一樣瘋狂愛上自行車，她詭異的煤氣管裝置明顯「礙手礙腳[2]」，根本不可能跟得上活動自如的姊姊。儘管如此，出於姊妹情深和同志情感，只要有時間西維亞仍會騎車。

克麗絲特似乎不太諒解妹妹為何如此笨手笨腳，經常頭也不回地一股腦兒往前衝刺。根據西維亞的說法：「她就這麼從我眼前消失無蹤，攀上某座山頭，有時比我提早一個鐘頭回到家。我還記得有次我倒頭栽，摔了個狗吃屎，爬起來時渾身痛到忍不住顫抖，走了好長一段路才能再爬回坐墊[3]。」西維亞形容和姊姊騎車是「貨真價實的折磨」，她臉紅氣喘地死命追趕，直到「心臟彷彿差點爆炸」，克麗絲特卻只是不耐煩地嚷嚷，要她「動作快一點」。

姊妹倆後來加入當地的曼徹斯特單車俱樂部「號角單車俱樂部」（Clarion CC），對西維亞來說可說是一大解脫，畢竟團友並不會將她丟在山腳下：「團隊中總是有動作比較慢的女騎士，男士也很樂意助我們一臂之力，推我們上陡峭山地[4]。」該俱樂部有一個很適合他們的座右銘，「團隊精神就是生命」。沒多久她們也加入其他暱稱「小號手」的會員的行列，每週日騎車至鄉間，遠離灰頭土臉的工業城曼徹斯特。該俱樂部每週舉行出遊活動培養出的友誼，以及無數雙樂意幫忙修補破胎的手，讓全俱樂部最年輕的會員西維亞愛上單車。

潘克斯特家族向來熱心參與政治，在組成WSPU之前與獨立工黨關係密切。曼徹斯特號角單車俱樂部是社會主義週報《號角報》的單車社團分支，該報社創辦人羅伯特．布萊奇福特（Robert

Blatchford）因為強硬地寫了幾篇專文，控訴曼徹斯特工廠勞工所忍受的惡劣生存環境，慘遭上一間任職的報社開除，於是在一八九一年自行創辦《號角報》，報導政治不公和勞工飽受剝削的真實狀況。

當時是單車熱潮的高峰，《號角報》在一八九四年於伯明罕成立該社的第一個單車俱樂部。截至一八九七年，全英共有七十間分部。不同於其他俱樂部，號角單車俱樂部幾乎一開始就收女會員，也支持理性服飾。除了每週日的團騎，號角單車俱樂部的活動還包括野餐、單車旅行、露營之旅。

夏令營大受歡迎到好幾百名號角手爭相報名參加。由馬匹拉動的露營拖車負責將器材送至營區，包括一個撐開後尺寸變成兩倍、當作餐廳和娛樂廳的大帳篷。工黨領袖凱爾．哈第（Keir Hardie）在一八九六年的營地待過一晚，幫忙洗碗（算是歡迎之舉，畢竟號角單車俱樂部的性別平等並未滲透至所有層面，女性還是主要負責餐飲等事宜的角色）。根據西維亞待在露營區的經驗，新鮮空氣、運動、社交活動並非露營唯一的樂趣，年輕人也能來一場浪漫的旅行邂逅，和心儀對象打情罵俏。

一八九七年，西維亞和克麗絲特加入的隔年，號角單車俱樂部在柴郡巴克羅希爾（Bucklow Hill）出租一間「實驗性質的合作社木屋」，當作鄰近地區會員的聚會場所。艾米琳．潘克斯特是該場地的其中一位贊助人，宿舍可容納六十人，其他人則可在空地紮營。

曼徹斯特號角單車俱樂部也為會員舉辦露營假期，許多會員是紡織廠員工，低薪員工沒有旅行經費，諸如此類的露營旅行則提供他們迫切需要的放鬆，暫時遠離令人灰頭土臉的工廠勞動。波頓（Bolton）棉花廠的紡織助理愛麗絲・弗里（Alice Foley，後來成為深具影響力的工會成員）是曼徹斯特號角單車俱樂部會員，她省吃儉用每週工資，只為了購買自行車，與該俱樂部一起騎車。單車俱樂部也歡迎貧民區的孩子加入單車俱樂部的露營活動。西維亞・潘克斯特曾因為失去一個貧窮背景的孩子心痛萬分，她形容這孩子是全俱樂部最美麗、人見人愛的女孩，並歸咎她的死是出於「當時工人的低薪貧苦，是工人階級家庭生活困頓的尋常悲劇[5]」。

西維亞的父親李察・潘克斯特（Richard Pankhurst）在一八九八年驟逝時，曼徹斯特號角單車俱樂部會員以單車陣仗加入出殯儀式。在那之後，對潘克斯特家的女兒來說，週日的單車騎乘和夏令營很快就成往事雲煙，現在的她們全心全意將重心放在女性解放議題上，並於一九〇三年成立WSPU。舉家搬遷倫敦後，克麗絲特和西維亞經常為《號角報》撰寫婦女參政權社會運動的專文，協助該報成為最多人閱讀的女性議題報紙。這對姊妹擔任號角手，騎著單車四處發送報紙、在行經村莊小鎮舉行演講，散播社會主義訊息，為以單車散播消息的WSPU奠定了根基。如我們所見，號角單車俱樂部萊斯特分部的會員艾麗絲・霍金斯也在一九〇九年的東米德蘭（East Midlands）活動上善用相同策略。

許多WSPU會員早就是單車愛好者，並把騎單車列為最愛的休閒娛樂之一。騎著貼有婦女參政權標語的單車上街遊行、提升民眾對該議題的意識，可說是再自然不過的發展。但後來在一九〇七年將自行車變成該組織全國活動要素的，卻是蘇格蘭的婦女參政權運動人士芙蘿拉・卓蒙德（Flora Drummond）。

芙蘿拉是負責策劃WSPU遊行隊伍的人，深諳視覺效應的重要性。由於她習慣身穿軍事風格的服裝、騎馬參加遊行，因而獲得「將軍」的封號。芙蘿拉發現在鄉下地區，單車比騎馬更實際，也能有效傳達婦女參政權運動訊息。一九〇七年她組成一隊人馬，也就是後來廣為人知的「WSPU單車童軍」（WSPU Cycling Scouts）。在芙蘿拉率領、擔當「隊長」之下，她們每週六都在倫敦斯隆廣場（Sloane Square）的宮廷劇院（Court Theatre）外頭會合、展開遊行，於街頭散播訊息。身穿代表婦女參政權運動的紫、白、綠色制服的她們，以WSPU的旗幟裝飾單車，肯定在造訪的小鎮鄉村民眾心底留下深刻印象。一九〇九年後，有些人的坐騎無疑會改成艾斯威克單車製造公司（Elswick Cycle Manufacturing Company）與女性議題媒體聯手，特地為WSPU生產的單車。這款單車漆上婦女參政權運動的色彩，並印有一枚由西維亞親自設計、搭配工會圖案的徽章：自由天使，亦即背後一對翅膀、吹奏小號的女性人形。一九〇九年的女性特展（Women's Exhibition）特別販售這部婦女參政權運動坐騎。這部單車具有適合穿長裙騎乘的低車架、彈簧軟墊座椅、預防裙襬捲進的車輪防護裝置，以及曲線優雅的手把。

和號角手相似的是，單車童軍會在她們行經的社區舉行臨時會議，在街上邊騎單車邊按車鈴，吸引群眾前來，最後停下車，再由其中一位童軍站上箱子演說，接著單車童軍再發送《女性投票權報》和其他文宣手冊，結束後繼續跳上單車前往行程表的下一站，一路引吭高歌婦女參政權歌曲。

WSPU鼓勵全英國的分部組織屬於自己的單車隊。例如在與世隔離、小村莊林立、位於山上的湖區（Lake District），有名會員提出，若婦女參政運動人士有意結合單車旅行和婦女權運動，將可全額免費享受單車假期，這不但給予婦女運動人士絕佳的推廣機會，同時還能和姊妹淘探索美麗的英國湖區。

在政府不斷打回票的情況下，婦女參政運動的手法也變得越來越激進，而自行車也持續展現它的功用，最明顯的就是當作逃逸工具。一九一三年所謂的「郵筒暴行」中，婦女參政運動人士朝英國皇家郵政（Royal Mail）郵筒內傾倒墨水或易燃液體（有時甚至使用內管），在破壞或點燃郵件後，迅速踩著單車逃逸。

一九一三年三月十九日，員警目擊兩名女性在凌晨一點鐘快速踩著單車，穿越薩里埃格姆（Egham）的漆黑街頭。她們騎了幾公里、正要穿越斯坦斯（Staines）火車站橋墩時，被另一名警察攔下，訓斥其中一人騎車沒開車燈，這名女車手自稱菲利斯・布雷迪（Phyllis Brady），點亮車燈之後，兩個女子便獲准放行。

菲利斯的本名其實是奧莉芙・比米什（Olive Beamish），她後來被捕下獄的罪名比沒開腳踏車燈嚴重多了。奧莉芙和她的朋友艾爾西・杜瓦爾（Elsie Duval）之所以在黑夜掩飾下踩著單車快速穿越薩里，是因為她們不久前才在英國授勳陸軍軍官遺孀白夫人（Lady White）的崔維森宅邸（Trevethan）犯下縱火案。這棟房屋已空置三年，所以無人受傷——這也是所有婦女參政權縱火的先決條件。她們在前車籃中放置用來焚燒崔維森宅邸大階梯的汽油，由於兩名縱火犯還在點火之前打開所有窗戶，以確保達到最嚴重破壞，火勢迅速吞噬整棟建築。她們在花園裡留下手寫標語：「女性投票權」和「終止凌虐獄中同志」。

不到一個月後，艾爾西和奧莉芙在克羅伊登（Croydon）遭逮。這次一樣是凌晨一點鐘，遭逮原因則是持有裝滿易燃物質的皮箱。這兩位也效法其他因婦女參政權而入獄的人，在哈洛威監獄的期間進行絕食抗議*，當強迫餵食無效，她們是頭兩位套用「貓捉老鼠法令」暫時獲得釋放的囚犯，這項法令允許釋放有死亡風險的囚犯，警方則跟蹤她們，取得情報，在她們恢復體力後再次逮捕她們回獄中完成刑期。可是這兩名女性卻在釋放之後潛逃，艾爾西逃離英國，直到戰爭爆發才折返，至於奧莉芙則是繼續她的激進運動，直到隔年都沒有再被捕。

在利物浦棉花交易所（Liverpool Cotton Exchange）地下室埋下一顆炸藥的伊迪絲・瑞比（Edith Rigby）獲判沃爾頓監獄（Walton Goal）九個月的勞役刑，她也是「貓捉老鼠法令」的漏網之魚，後來在一九一三年七月於利華休斯勳爵（Lord Leverhulme）的鄉村住宅縱火。她的成就包括一八九〇年代成為第一個在家鄉普雷斯頓（Preston）穿燈籠褲騎單車的女性，還因此遭到蛋洗、遭擲腐爛蔬菜，跳上單車潛逃也很合理。為了避人眼目而穿上工人制服的她，一路騎到利物浦碼頭，登上前往愛爾蘭的渡輪，最遠逃到高威（Galway）。伊迪絲的行蹤不明，就連她的丈夫都不清楚她在何方，大家普遍相信她這幾個月都沒被警察捉到，很可能躲到一九一四年七月第一次世界大戰爆發，政府宣布赦免婦女參政運動囚犯的那一刻都沒被逮捕。在那之後，伊迪絲幾乎都以男裝打扮，可以理解為何她覺得這一身裝扮實際多了。

一九一四年四月，也就是戰爭爆發前幾個月，兩個年輕女子騎著單車，抵達一間海濱旅館，展開薩福克（Suffolk）的單車假期。她們前兩週的停留無巧不巧和一連串鄰近地區發生的縱火案撞期，每一起案件都帶有WSPU的正字標記，包括火災現場發現、聲明「除非女性獲得投票權，否則休想安寧」的留言。

四月十七日週六清晨四點鐘，大雅茅斯（Great Yarmouth）大不列顛碼頭（Britannia Pier）的一間亭子發出轟然巨響，碼頭一轉眼就深陷火海，除了鐵製大梁，所有建築物架構皆付之祝融。這時兩名女單車騎士正好留宿洛斯托夫特（Lowestoft）的旅社，不過她們已先預告旅社老闆當晚會外出找朋友，不會回到房間。雖然她們的訂房資料留下的名字是希爾妲・拜倫，但這兩個女子其實是WSPU成員希爾妲・柏奇（Hilda Burkit）和芙羅倫斯・坦克斯（Florence Tunks）。

＊和其他因為參與社會運動而遭到監禁的女性一樣，艾爾西獲頒刻有維多利亞十字勳章格言「勇氣可嘉」的WSPU絕食獎章。

她們繼續騎著單車旅行，選擇在縱火目標周遭住宿，並沿途對農夫的乾草堆縱火。最戲劇化的大結局發生於四月二十八日，縱火目標是費利克斯托（Felixstowe）的巴斯飯店（Bath Hotel），當時飯店因為整修而未開門營業，單車縱火犯則是翌日就遭到逮捕。希爾妲判刑監禁兩年，較年輕的芙羅倫斯則是獲判九個月。同年七月底戰爭爆發，這兩人最後和其他獄中的婦女參政權運動人士一起赦免釋放。

第一次世界大戰爆發時，WSPU暫停中止所有激進活動，反將焦點放在女性參與戰爭。要是她們做得了男性的工作，就更有資格爭取平權，讓拒絕給予女性參政權的人啞口無言。戰爭結束之時，一九一八年人民代表法（Representation of the People Act）表明給予三十歲以上符合資格的婦女投票權（在英國大約占了整體女性的四成），十年後普通選舉權登場。

單車掩護反納粹行動

雖然女性已獲得選舉權，自行車在女性抗爭中所扮演的角色並未隨之謝幕。第二次世界大戰之中，自行車仍是為自由而戰的實用工具首選。

納粹占領時期，荷蘭運用自行車抗爭並不令人意外，還可說是既諷刺又合宜，畢竟希特勒不喜歡自行車。希特勒在一次世界大戰期間擔任單車信差的經驗，讓他對單車極度反感，他向多數德國道路下達單車禁令，在納粹統治期間，荷蘭亦先後冒出一堆反單車法。許多荷蘭人民刻意藐視全新規定，包括德國汽車行經時必須讓行，以此當作日常的小小抗爭行動。儘管希特勒痛恨單車，汽油供應量銳減時，他還是通過沒收荷蘭（及丹麥）自行車的官方法令，充公當作德軍的交通工具。接著一九四二年某項法令要求猶太人將自行車交給政府機關，荷蘭人竭盡所能不交出自行車，將車子藏在任何地方，甚至埋在自家庭院裡，有的人最後只因為這個小小的反抗行為遭到槍斃。

荷蘭的四百萬部自行車中，估計光是德國占領軍就沒收一半。由於糧食配給短缺，人民只好在鄉下搜刮食物，找到什麼就吃什麼。由於公共交通工具或私人汽車仰賴的汽油短缺，自行車成了他們不會餓死的唯一希望。一九四四至一九四五年的冬季，德國人封鎖荷蘭各城的糧食供應，結果造成嚴重饑荒，總計一萬八千人死亡。

一九四五年同盟國解放荷蘭時，與其被當戰俘逮捕，許多德軍選擇騎著偷竊而來的單車逃回德國。正因德軍沒收充公和竊盜的行徑倍受爭議，這幾十年來荷蘭球迷每逢遇上德國足球隊，都會以整齊劃一的節奏吶喊：「單車還來！」二〇〇九年，其中一名前任德軍還想方設法找到當初被他偷走單車的荷蘭車主，好償還這筆積欠已久的債。

兩個成功在戰時保住單車的荷蘭姊妹，就善用她們的自行車對抗納粹占領，而且還不是公然藐視反單車法那麼簡單而已。

一九四〇年德國侵占荷蘭時，芙蕾迪（Freddie）和圖烏斯・奧維斯蒂根（Truus Oversteegen）分別是十四歲和十六歲，姊妹倆住在阿姆斯特丹西邊二十公里的哈倫（Haarlem），由共產黨員的母親拉拔長大。母親教導她們要「為了受壓迫者挺身而出，對抗不公不義[6]」。後來她們為當地共產黨發放反納粹傳單，將違禁品文宣放在自行車籃子，並四處塗鴉破壞納粹宣傳海報，完事後腳底抹油騎車逃跑。這家人的小公寓是荷蘭和德國猶太家庭的避風港，可是充滿左翼同理心反而讓他們成為明顯的查緝目標，無法收留難民太久。一九四一年，哈倫的地下反抗組織詢問姊妹倆的母親，是否願意讓她們參與高危險機密工作。等到奧維斯蒂根姊妹開始特訓，才發現該組織準備派她們出任多麼驚人的任務。

當時也有其他女性參與反抗任務，職務多半是信差或發送反納粹文宣，據說年輕時的奧黛麗・赫本（Audrey Hepburn）也是其中一人，踩著自行車在家鄉阿納姆（Arnhem）發送抗爭傳單。許多參與者遭到謀殺，包括一九四五年五月在阿姆斯特丹遭到槍擊的雅尼克・范・哈德維（Annick Van Hardeveld），她在騎車將訊息傳達給四名反抗鬥士的過程中被殺，如今人們在她過世的地點立了一座紀念碑*。

對哈倫反抗軍的指揮官而言，姊妹倆的年紀和性別是最大優勢，誰能比兩個在哈倫街道騎單車的女學生更無害？沒人猜得到她們的前籃裡攜有槍枝，所以她們天生就是反抗鬥士的料。最早她們的任務是運送槍枝，後來進階到埋炸彈，破壞鐵路線和橋梁，並用車籃運送器材，然後迅速逃離現場。即使反抗軍指派她們去暗殺納粹軍及他們的荷蘭內應，她們的純真外表始終是一層完美的保護膜。經過用槍特訓後，她們已經可以邊騎車邊開槍射擊目標，通常由圖烏斯騎車，芙蕾迪瞄準射擊。當然圖烏斯也有需要開槍的時機，通常是在酒吧引誘納粹軍官，然後向對方提議到附近森林來一場浪漫散步，最後在森林裡射殺對方。

這對姊妹也以單車後座載送猶太小孩到指定的安全住所，並常身穿紅十字會的制服，利用護理師的身分優勢行動自如。（在占領期間的法國，護理師芙烈德．波尼—萊特〔Friedel Bohny-Reiter〕也巧妙運用自行車，將生病的猶太嬰兒從集中營送往醫院接受治療。）有一次奧維斯蒂根姊妹穿上德軍制服，將一名猶太孩子救出荷蘭集中營。但是她們並非每次出任務都成功：一九四四年，圖烏斯騎車經過一群德軍身旁時，英國飛機正好朝他們開火，子彈殃及坐在單車後座的猶太孩子，孩子不幸身亡，她得繼續載著孩子前進，騎到一座農場後才得以安葬他。

戰爭期間，內胎和其他單車零件都很缺乏，她們居然有辦法讓自行車維持正常運作，堪稱奇蹟。許多荷蘭人最後只好使用庭院水管代替輪胎，或是硬著頭皮騎乘僅有鐵圈的車輪。

＊英國打破紀錄的單車競賽選手伊芙琳．漢米爾頓（Evcelyn Hamilton）說，她曾在占領期間於巴黎為反抗軍傳送訊息。環義自由車賽和環法自由車賽冠軍吉諾．巴塔利（Gino Bartali）也利用他的特訓當掩護，幫忙傳送協助許多猶太人逃離義大利的訊息。很多參與反抗的男女都在法國境內，利用單車運送禁止文件，可悲的是，其中一些人最後因為抗爭運動被送至奧斯威辛集中營。

最不得了的是兩姊妹竟然挺過戰爭，儘管納粹將她們列為通緝要犯，懸賞大筆獎金，她們依舊逃過追捕。她們的反抗軍同志哈妮・薛夫特（Hannie Schaft）倒是沒那麼好運。她刻意將那一頭鮮明的紅髮染黑，企圖掩飾偽裝，但髮根終究洩露了她的真實身分，最後薛夫特遭捕，並在戰爭結束前幾週遭到處刑。

芙蕾迪和圖烏斯拯救生命、協助擊潰敵軍的英勇作為，讓這兩位姊妹在二〇一四年獲頒動員戰爭十字勳章（Mobilisation War Cross）。

「屬於自己的自行車」

與此同時，另一個青少年反抗軍也舉起武器，勇敢對抗納粹占領。十八歲的西蒙・席古恩（Simone Segouin）來自巴黎西南方九十公里、距離沙特爾（Chartres）不遠的小村莊。一九四四年，她加入共產黨反抗組織「法國自由射手和游擊隊」（Francs-Tireurs et Partisans）的行列，並取得假名妮可・米內（Nicole Minet）及非常重要的假身分文件。西蒙為該組織進行的首場任務就是竊取德軍行政人員的單車，那部車很可能也是德軍從荷蘭偷來的。粉刷上新漆後的單車已看不出原貌，就這麼順理成章成為她的偵查工具，讓她用來為反抗組織送信、執行跟監等任務。八月份，西蒙參與了逮捕二十五名敵軍、解放沙特爾的成功作戰。慶祝大會上，有人看見戰地攝影師羅伯特．卡帕（Robert Capa）到處尾隨她，為西蒙拍攝一組她手持施邁瑟（Schmeisser）MP-40衝鋒槍的經典照片，並於隔月刊登《生活》（*Life*）雜誌。

沙特爾大獲全勝後的那幾天，西蒙繼續參與解放巴黎的行動。場景換至巴黎，另一個與她同名的法國女子，作家兼哲學家西蒙．波娃（Simone de Beauvoir）騎著一部偷來並重新上漆的自行車，在戰爭期間四處遊晃，算是她個人對納粹占領的小小反抗。她並沒有參與任何戰爭，但在自由解放貌似無望的情況下，她的自行車就成了個人的「自由機器」。

一九四〇年六月納粹攻占巴黎前，西蒙．波娃從沒騎過自行車，母親不讓她騎車的理由是，單車對她的階級而言是很不得體的行為。可是等到戰爭尾聲，自行車卻成了她的救生索。在納粹大舉入侵前，西蒙．波娃於六月十日這天加入巴黎大逃難的行列，最後她卻在月底折返巴黎，選擇盡可能過著戰前的正常生活，繼續教書、寫作，和其他留在巴黎的藝術家及知識分子來往。回到巴黎後，親密友人（可能曾經是情人的）娜塔莉．索侯金（Natalie Sorokine）贈與她一輛單車。為了度過民生潦倒的戰爭時期，娜塔莉四處行竊自行車，並用竊盜賺來的錢在黑市買糧食（前提是還買得到糧食）。

自行車在納粹占領的巴黎可說是彌足珍貴，畢竟納粹已徵用所有汽車，大眾運輸系統班次銳減，巴黎人沒有其他交通工具。至於不會騎自行車的人，他們會選擇「單車計程車」：也就是一部拼拼湊湊製成的人力車，將設有篷蓋的箱子架在輪子上，再由自行車拉著乘客前進。娜塔莉在藝術家阿爾伯托．賈克梅第（Alberto Giacometti）的庭院修理她順手牽羊的車輪後再行出售，並且利用其中一部單車教西蒙．波娃騎車。

娜塔莉若不是個好老師，就是她的學生學習能力很強。西蒙在日記中寫道，等到第一堂課結束，她已經可以平衡、自行跳上車、轉彎。到了第三堂課，她已經炫耀自己能在巴黎各地公園「真正騎行」，雖然意外難免：「有次我撞到一隻狗，還有一次撞到兩位溫柔的小姐，害她們氣得七竅生煙，但大多時候我騎車的技術都很出色[7]。」

她努力適應納粹占領時期的黑暗現實，引領盼望情人和「靈魂伴侶」尚–保羅．沙特歸來。當時沙特被徵召入伍，後來則成為戰俘，西蒙在這段期間的日記和信件中興奮提及她的自行車歷險。她在寫給沙特的信中述說，騎著單車探索巴黎是一種「至高無上的幸福」，在這種令人寢食難安的時刻，騎單車就像在圖書館閱讀黑格爾般撫慰人心。到了八月，她已和娜塔莉騎乘無數公里，遠離城囂、探訪森林古堡，最遠甚至騎到諾曼第：「我不斷踩著踏板，純粹的體能消耗讓我心無旁騖[8]。」

但這兩位女子之間的關係並不是一直都像騎車那般美好。娜塔莉所到之處都想要「引起軒然大波」，做出在聖水器中洗手等行徑，無時無刻挑戰西蒙不在乎他人想法的習慣。不過西蒙對於騎車的渴望貪得無厭：「我只想踩著單車持續前進，這是我全新發現的人生樂趣，與其買汽車，我寧可要一輛屬於自己的自行車[9]。」多虧偷車賊娜塔莉，「擁有自己的單車」的夢想很快就實現，西蒙也沒有絲毫良心不安地收下了。

身為女性主義經典著作《第二性》（*The Second Sex*）作者，西蒙・波娃，在書中敘述「女性」其實是一種社會建構的概念，她也理所當然地強烈反對童年時期那套中產階級和父權至上者聲稱「好女孩」不騎單車的說詞。她形容騎單車的自我就是一個「放蕩姑娘」，也許這說法是在嘲笑她母親那一代不認可騎自行車，認為這是墮落淫亂開端的保守觀念，不過她也可能只是想表示自己身體健康、精力旺盛。作為一個描寫女性不自由的作家，可以理解她非常滿意這種在巴黎街頭穿梭自如，輕如鴻毛、身體自由及獨立的感受。騎單車也算是一種個人的反抗，讓人暫時逃離一逮到機會就限制人身自由的納粹專制占領政權。

倒也不是說她遇到的戰時經驗有多難熬，比起圖烏斯和芙蕾迪等人，西蒙・波娃的日子愜意輕鬆許多，大部分時候都在她最愛的花神咖啡館（Café de Flore）桌前創作，她在這段期間累積的小說亦讓她成為國際級文壇巨星。她也有在高中教書、圖書館研究哲學的自由，晚上則和畢卡索、朵拉・瑪爾（Dora Maar）、喬治・巴塔耶（Georges Bataille）、尚・考克多（Jean Cocteau）等其他知名左翼人士參加派對，飲酒跳舞。她還可以去戲院看電影、觀賞戲劇、甚至滑雪旅行，進行多數巴黎人求之不得的娛樂活動，並藉此讓人短暫忘卻現實，不失是一種在戰時的重重限制中保持理智的方法。

但她對於戰時巴黎的恐怖景象沒有免疫，西蒙的日記和信件字字控訴她和巴黎同胞必須容忍的驚悚景象，甚至隨著戰事演進愈顯惡劣：近乎饑荒的狀態、停電、老鼠肆虐生活空間、冰天凍地，無止境的暴力威脅、在戰爭中失去朋友。騎單車是她逃離恐怖現實的方法，尤其是在占領區外踩自行車的時候。

我很好奇自行車的體驗如何形塑西蒙・波娃的思想和創作，作家和藝術家的創作歷程向來常與走路有關，例如梭羅（Henry Thoreau）就說過「當雙腳開始移動，我的思想便跟著流動[10]」等名言。有關走路益處的科學研究亦足以證實這個觀點：一份史丹佛大學進行的研究發現，外出走路的學生腦海發想的點子比坐在桌前的學生更具創意*。有人認為騎自行車不具有相同效果，畢竟速度太快、太耗體能，單車騎士無法進行創意思考。但我並不苟同，我發現若我正好為了某個問題糾結，只要暫緩休息、外出騎車，更好的全新解決方法就會不請自來。雖然我沒有刻意思考工作，可是點子和聯想往往會躍入腦海，讓我從不同角度看待同一件事物。有時我甚至得停下車，趁忘記之前在路邊記下剛才迸出的想法。遠離書桌似乎能讓我的思維變得寬廣，雙腳不停踩踏的重複動作加上戶外活動，也讓我的思緒蔓延、想法重整。當然，不能夠失心瘋地滑手機、看社群網站的貼文當然也有幫助。維吉尼亞・吳爾芙提到她在南唐斯（South Downs）散步時，說：「我喜歡有足夠空間，讓思緒瀰漫，滲透其中[11]。」每當我在一條靜謐道路上，以平穩順暢的節奏騎車時，我也有相同感受。

戰爭是一段讓西蒙・波娃的思考能力特別有效率的時光，而且這正好是她騎單車最頻繁的時期。我傾向相信是單車啟發了她的思想，也許這就是她解開黑格爾晦澀難懂到有名的《精神現象學》（*Phenomenology of the Mind*）的原因。西蒙在一九四〇年開始研究這本巨著，這時剛好也是她開始騎單車的時期。最初她說自己「幾乎一頭霧水[12]」，但就在無數個鐘頭待在圖書館，以及騎乘幾百公里的單車後，她漸漸開竅、「醍醐灌頂」。

一九四〇年九月，西蒙和她的朋友畢昂卡到布列塔尼展開單車假期，探索松樹林和沙丘之美，大啖龍蝦、鬆餅，她很開心整整兩週都沒有碰到德國人，讓她們暫時忘卻戰爭。藉由腳踏車逃離占領時期的現實，成為西蒙在戰爭期間不可或缺的定期消遣，這就像是「甜美的自由」。

隔年八月，她又展開另一場單車假期，這一次是和沙特，度假的用意比較傾向政治性質，這兩人和幾個巴黎知識分子圈的好友一起出發，當時剛組成後來曇花一現、效果不彰的反抗團體：「社會主義自由黨」（Socialism and Liberty），該團體大部分時間都在辯論、探討哲學，而不是積極採取抗爭行動，因此成員都不清楚他們的用意和策略為何，再說這個組織也不夠祕密。娜塔莉在巴黎時，一邊騎車一邊不分青紅皂白地從車籃拋出傳單，另一名成員則是在地鐵站忘記一只裝

---

* 二〇一四年由馬里莉．奥培索醫師（Marily Oppezzo）及丹尼爾．施瓦茲教授（Daniel Schwartz）於史丹佛大學進行的四場實驗顯示，一個人在走路過程或走路後的創意點子增加六成，實驗對象不一定要在戶外走路才有正面成效，踩跑步機也有同樣效果[13]。

有敏感文件、洩露該組織身分的皮箱。

儘管組織紊亂凌散，沙特還是希望網羅更多朋友加入。他心裡想到的人選住在所謂的南法「自由區」，由於當地由賣國的維琪（Vichy）政府掌權，事情並沒有那麼簡單。為了避人耳目，他們得先將單車和帳篷送往南部，再從巴黎搭火車到位於東南部的勃艮第（Burgundy）的蒙索萊米納（Monceau-les-Mines），也就是占領地帶和自由區的邊界。他們買通一位女子擔任他們的「偷渡仲介」，協助他們跨越邊界。西蒙、沙特、偷渡仲介得選在夜色籠罩之時，鬼鬼祟祟潛行，踏入月色朦朧的田野、森林。安全通過後，他們在邊界上的客棧留宿，結果發現那裡全是跟他們一樣祕密潛逃、跨過邊界的人。以上就是這對情侶首度祕密潛入維琪法國的過程，接下來幾年間他們反覆潛入維琪，每一次都是對德國政權的違抗，西蒙也因而稍有重獲自由的感受。

他們在羅亞爾河畔的羅阿訥（Roanne）與自己的單車重逢後，便將行李繫綁在車架上出發，一路行經葡萄園和橄欖園，遠眺南邊猶如寶石般耀眼的地中海美景。出發沒多久，沙特那早就補丁累累的輪胎再度爆胎，沒人知道怎麼修理，後來是一個路過的好心技師救了他們，還向西蒙示範該如何修補破胎，她很快就熟練地修補起他們的破胎。

沙特常常不顧一切衝向山頭，西蒙批評他忽左忽右的騎車風格，指控他在平路上「騎車時漫不經心[14]」，思緒時常飄到他方，最後衝進路邊溝渠，他辯稱自己這種時候都是在忙著思考。這兩人都很喜歡飛速下坡的快感，第一次單車旅行時共騎了幾百公里，行經許多山路，並沿著隆河河畔，穿越鬱鬱蔥蔥的塞文（Cévennes）和阿爾代什（Ardèche）山脈，再一路向南，騎到陽光燦爛的普羅旺斯，比起走路，「瞬息萬變的景色令人為之迷醉[15]。」在騎了一整天的車之後，他們每天晚上都會搭帳篷，這讓西蒙感受到戰爭爆發後就不曾有過的無憂與幸福。

他們的抗爭活動倒是沒那麼成功，他們拜訪的朋友都不願加入組織，而本身已經加入格勒諾布爾（Grenoble）當地抗爭團體的作家柯萊特・奧德里（Colette Audry），則是給了他們一個明智的良心建議，她認為他們「把間諜活動交給專業的來就好[16]」。他們在北上回程去找柯萊特的時候，行經濱海阿爾卑斯山脈的陡峭坡地，西蒙發生了一場嚴重意外，嚴重到除非單車是真愛，否則她恐怕永遠不想再跳上座墊。

橫越阿爾卑斯山脈、前往格勒諾布爾的路途包括環法自由車賽必經、高達兩千兩百五十公尺的阿洛斯谷（Col d'Allos），對大多數單車手來說都是深具挑戰的一段路，即使派出具有優勢的現代輕量級單車都不輕鬆。西蒙和沙特的自行車沉重得多，更別提他們還攜帶行李，單車也沒幾個檔位可換。上坡對西蒙來說不是問題，真正出問題的是下坡。停下車吃過午餐、幾杯葡萄酒下肚後，他們遂踏上令人興奮的下坡滑行，一路挺進格勒諾布爾。可是酒精讓西蒙精神不濟，碰上兩名反方向而來的單車騎士時，她將單車手把一轉，轉至錯誤方向，多虧她的煞車無力，後來單車在石頭路上打滑，飛往峭壁的方向。等到她總算醒來，她發現自己僥倖逃過一劫，沒有翻落懸崖，但身上不是幾個小瘀青而已，害她驚嚇到渾身顫抖。震盪衝擊慢慢消退之後，她堅持改搭火車前往格勒諾布爾。等到西蒙總算有機會對著鏡子查看傷勢有多嚴重時，她明白了為何剛抵達時柯萊特沒有馬上認出她來：「因為我掉了一顆牙齒，一隻眼睛腫得睜不開，整張臉孔也脹成兩倍大，皮膚刮傷，嘴唇中間最多只塞得進一顆葡萄[17]。」這也間接解釋了為何火車乘客看到她時全嚇了好大一跳。至於為何沙特當下沒有提醒她，倒是無人知曉。回到巴黎之後的幾週，她擠出下巴的一顆膿瘡，這時那顆消失不見的牙齒又「神奇」冒出。

儘管與死神擦身而過，她也坦承自己的模樣著實「嚇人」，但這些仍然不足以阻止她次日再度跳上單車坐墊，跨過邊界，完成最後幾百公里的路程。她以意外發生前的欣喜語氣描述最後幾天的旅程，尤其是點綴著秋季色調的勃艮第葡萄園景致。陽光灑透秋季迷霧的畫面讓她內心充滿「猶如孩子般的幸福感受[18]」。就算身無分文，也沒有食物，都破壞不了她的好心情。受傷經驗並沒有讓她就此失去單車旅行的興致，每年一度前往南法已成為這名作家在戰時急需喘息的珍貴出口。

在另一名偷渡仲介的率領下，這對情侶與二十名單車手跨過邊界回到巴黎。他們不在的期間，巴黎的情況變得更嚴峻，德軍血腥鎮壓下，一連串共產黨起義，幕後主使全都被關進集中營，這時西蒙覺得自己「無能為力[19]」，也不敢再妄想希特勒的納粹德國被擊潰的一天，這和她興奮踩著自行車、豔陽高照的漫漫長日有天壤之別。可想而知，隔年夏天他們仍然想要跳上單車坐墊，展開長途旅行，盡可能在戰爭期間遠離德軍掌控。法國出版社加利瑪（Gallimard）有意出版西蒙創作的小說時，他們也很期待藉此機會慶祝這個好消息。

這一次他們從庇里牛斯山脈的巴斯克地區（Basque）出發，從據傳更容易潛入的據點橫越邊界、進入自由區。自由區另一端的客棧人滿為患，旅客絕大多數都是指望逃到西班牙的猶太人，當然這些人都並非出於自願，而是情勢所逼。和阿爾卑斯山脈一樣，對單車手來說庇里牛斯山也別具挑戰。西蒙坦承，這趟從庇里牛斯山區東部一路通往馬賽的旅程（要是直線前進，總長就是六百五十公里，偏偏他們不是採用這條路線），還有回程的某些路段都「相當累人」。要是沒有填飽肚子時更尤其如此，她在日記中回憶，大部分時候午餐都只有水果和番茄，晚餐往往則是清湯和難吃蔬菜，對於要跨越高山和山口的人來說，並不是很理想的能量來源。換作是現代，要是側邊包沒有裝備充足的能量飲和高蛋白棒，並保證一天結束之際有豐盛晚餐，恐怕沒有單車手甘願展開如此艱辛的旅程。

前往馬賽的途中，他們踩著單車穿越我曾經居住的地區，也就是阿列日省（Ariege）和鄰近的奧德（Aude）。西蒙和沙特在戰爭爆發前夕愛上這裡，當時法國部隊已進駐卡爾卡松的城堡區。這對情侶在中古世紀的街道散步、藤架下喝葡萄酒，最後甚至延後回到巴黎的時程，一部分是拖延時間，不想回去面對現實，一方面則是想探索卡塔爾城堡（Cathar castles）和庇里牛斯山麓丘陵環繞的美麗村莊。他們努力說服彼此，這個恬靜的田園風光不會受戰爭侵擾，並承諾彼此戰後還要再回來。面對眼前的黑暗時期，他們緊抓著希望不放，盼望等到占領結束的那天。

我曾騎車經過他們探訪的寧靜小鎮，忍不住好奇從他們的時代迄今，這個地帶改變了多少。我可以想像他們在路邊停下車，從葡萄園抓下一把葡萄，西蒙則說「這樣我們就不怕餓到前胸貼後背了[20]」。我也想像得到他們夜裡在乾草棚過夜的畫面，或是西蒙在路邊彎下腰，修補他們破損磨耗嚴重的內胎。儘管餓肚子，他們仍然不考慮縮短行程。根據西蒙的形容，飢餓感可想而知成了一種「難以擺脫的感受」。她一心一意想要繼續旅行，而沙特也沒有出言反對，她認為這是因為他不想「剝奪我的快樂」。

重新跨過邊境回家的前幾天，他們因為花光盤纏而陷入絕境，再也買不起之前他們賴以維生、少得可憐的糧食。當他們總算餓到前胸貼後背、體力不支地抵達某位朋友家，沙特只吞了三口湯就昏厥過去，接下來整整三天臥病在床。西蒙則是在這趟旅途中消瘦七公斤，於是他們在朋友家待了一個月，恢復體力。

一九四二至一九四三年的冬季格外悲慘：他們在鄉下恢復健康後準備返回巴黎，發現先前留宿的飯店扔掉他們所有的個人物品，而暖氣燃料不足之下氣溫降至史上新低，西蒙別無選擇，只好留宿骯髒到無法想像的飯店，糧食少得可憐不說，食物中還時常有蛆蟲和象鼻蟲蠕動。儘管如此，只要能繼續旅行，再嚴峻艱苦她都忍得下來。隔年夏天，西蒙被指控和娜塔莉・索侯金關係不正常，而遭到任教的高中停職處分，於是她再度帶著帳篷和自行車，踏上一個人的旅途。

西蒙・波娃在《第二性》中提到，阿拉伯的勞倫斯（T. E. Lawrence）青少年時期曾騎單車環遊法國，還提到年輕女孩是不可能踏上諸如此類的冒險。她描述勞倫斯的旅程可以用「自由和探索的醉人感受」來形容，而在這過程中他「學會將全世界當作自己的領地*」。一九四三年，三十五歲的她下定決心親自體驗這種感受。西蒙．波娃回到她和沙特第一次夏季單車歷險到訪的羅阿訥，每天清晨六點鐘就起床前往山區騎車，不斷地破胎同樣令她不堪其擾。這趟旅途比較容易取得糧食，她在信件和日記中鉅細靡遺描述無限享用的美食。

縱使再怎麼享受一個人的冒險，她依舊很思念稍後承諾將在中途與她碰面的沙特。在一封寫給他的信中，她再次提及只要能看見他「在她前方騎車的背影[21]」，就讓她的心臟「幸福得快要爆裂」。三週之後，西蒙已經自起點騎乘幾百公里，這兩人總算在于澤爾克（Uzerche）重逢。波娃描述他們身穿黃色情侶雨衣躲雷暴、沙特抹掉眼鏡水氣的過程格外趣味盎然。某次遇上傾盆大雨時，沙特的《緩刑》（*The Reprieve*）手稿還自單車袋吹落，漂浮在泥濘水窪裡來不及撈起，墨汁模糊成一片。旅途大多時候都陽光普照，風光明媚，有美食相伴，和前一年冬季有天壤之別。

回到巴黎的路程比上一次順利。一九四三年秋季，西蒙的小說《女客》（*She Came to Stay*）出版，作品暢銷熱賣。即便是知名小說家，還是很難在戰時得以溫飽。一九四四年初，同盟國對巴黎占領區連續轟炸，巴黎糧食嚴重短缺，西蒙常常跳上單車，在鄉間搜刮覓食、以物易物，但

---

*一九〇八年，十九歲還是學生的勞倫斯騎著自行車環繞法國三千兩百公里，目標是盡己所能看遍重要的中世紀遺址。

是這麼做不無風險，就算當時巴黎周遭已經脫離納粹掌控，她在鄉間小路騎車時還是常常聽見爆炸聲響，有次經過巴黎北部克雷伊（Creil）遭到轟炸的斷垣殘壁時，她甚至聽見空襲警報，西蒙頭皮發麻地「以最快速度奮力踩著自行車，越過鐵路橋梁：這個地方寂靜孤獨得教人驚心動魄[22]」。一九四四年六月諾曼第登陸，德國占領總算劃下句點。八月二十五日德軍讓出巴黎，但在那之前不免經過一場腥風血雨，波及不少無辜民眾，包括外出購物不幸在街上被槍殺的家庭主婦，最後西蒙和其他巴黎同胞總算重新奪回他們心愛的城市。

隔年夏天，二次世界大戰紀念日後的幾個月，西蒙躍上沙特贈送的全新單車，「踏上屬於自己的小旅行[23]」，這一次的目的地是塞文山脈，正如她的前輩勞倫斯形容，旅途充滿「自由和探索的醉人感受」，戰爭的恐怖陰影亦猶如逐漸消退的潮水逝去。這一年法國女性獲得投票權，整整晚了英美二十五年。

由於找不到相關記載，我不曉得西蒙・波娃之後是否還繼續騎車，這時她亦以文壇巨星的身分前往美國，展開長期教學之路。我唯一確定的是，在黑暗的戰爭時期，自由通常恍如記憶般遙遠，自行車就是她重獲自由的方法，無論是在法國境內騎乘幾百公里，抑或在巴黎四周短程騎行，或者只是在圖書館或高中、她最愛的咖啡館之間往返，也許正是她的雙腿踩動踏板，才激發了她女性主義和存在主義創作文思泉湧，讓她躍升二十世紀最優秀思想家的行列。

第三部

踩單車上路

第七章　大逃離

騎單車「流浪」須知

「倘若只在花園或購物街走路，我們會成為什麼模樣[1]？」熱愛戶外活動的作家梭羅在一八六二年的散文〈漫步〉（Walking）中提出這個疑問。幾十年後，人們受到相同情懷的鼓舞，旅遊潮和觀光熱在十九世紀富庶的西方國家蓬勃發展，單車客開始運用自行車，探索遙遠的旅遊勝地。

海外單車假期大受歡迎，經營旅行社的湯姆斯．庫克（Thomas Cook）開始推出單車旅遊行程，不過勇敢無畏的單車騎士還是偏好自由行。一八九〇年代，《單車旅遊俱樂部報》滿滿都是會員在國內與海外旅遊的圖文分享，該俱樂部的英國會員數量四倍增長，使得不少人也跟上潮流。

該雜誌的女性專頁編輯莉莉亞絲・戴維森從過來人經驗得知，學會騎車的女性無不「渴望更長時間的逃離，為的是長途旅行帶來的快樂，而且永遠不必轉身回頭[2]」。她鼓勵讀者品嘗「探險家初次發現新大陸，自行探索新世界」的快樂。有錢有閒的人聽從她的忠告，花上數週甚至數個月騎乘自行車，走遍只有在書畫裡看得見的美景及國度。有些人成為開路先鋒，成為第一個在某地區騎單車飆馳林道的女性，其中一人還在一八九四年獨自踩著單車環遊世界。可是大多數人不認為非要大老遠跑到其他地方，才能有冒險的感受。

現代大眾運輸和私人交通工具親民平價又唾手可得，世界就近在咫尺，可是單車長途旅行始終是一種歷險。你可以騎單車探索全新疆域，這是汽車無法取代的體驗。在一座城市騎單車，往往是從A點抵達B點最安全、最有效率的方法，可是長途旅行的重點是「旅行」。

在科技驅動的現代生活壓力底下，跨洲或環遊世界的長途單車旅行成了一種流行解藥。回歸最基本單純的生活層面，只需要踩動踏板，看看自己能騎多遠、眼前的道路可以帶你前往何處，簡單地活在當下，反而更有活著的感覺。有人純粹是為了尋找出口，抑或期望找到自我，有人則是渴望挑戰個人紀錄或是測試個人極限。

茱莉安娜・布赫靈（Juliana Buhring）是第一個以最快速度騎單車繞行全世界的女性紀錄保持人。你或許心想，這麼一來她就不能仔細飽覽景色，不過她描述這趟創下紀錄的單車旅行時，卻形容這就像是一種「置身電影重要情節的經驗，你完全活在所處環境當中，觀察和吸飽周遭每一種感受[3]。」

當我自己騎單車旅遊，我可能無法仔細飽覽周遭的一切，然而我的確得隨時保持警覺清醒，這是搭乘大眾運輸工具不可能達到的感官全開，讓我能高度意識到周遭環境，即使是我已經很熟悉的路線。好比我偶爾從倫敦騎車回到薩默塞特（Somerset）探望家人的路線，穿越伯克郡（Berkshire）和威爾特郡（Wiltshire）的幽靜小巷時，儘管我早已熟識每一個轉彎，一路上也能預料到哪裡會出現重要地標，包括在山上的青銅器時代雕刻白馬圖像優芬頓白馬（Uffington White Horse），但是這一路上總是有前所未見的風景。有時單純是將季節變遷的細節盡收眼簾：四月開遍林地的藍鈴花，五月山楂樹綻放花蕊、冒出灌木樹叢的野櫻草。如果我會開車，我知道以上都是M4高速公路上看不到的畫面。即使有時得忍受惡劣天候或自行車故障等問題，但我依然敞開感官、更親密地穿越這些風景。有時氣候確實惡劣，但是騎乘過後的熱水澡、豐盛晚餐，抑或恢復精神的一杯酒，都會比其他旅行方式更值得而美味。

如果我是活在一八九〇年代法國的女性，想要加入法國的單車旅遊俱樂部，就得事先獲得丈夫的首肯。雖然這在英國不是加入俱樂部的條件，女性還是很少在沒人陪同的情況下獨自行動，要是打算這麼做，就可能被警告各種危機四伏的狀況。一位維多利亞時期的作家兼單車客哈蔻特．威廉森（Harcourt Williamson）太太認為，獨自騎單車的女性會「陷入某種可怕危機[4]」，尤其是「流浪漢」，也就是當時人稱的怪物（bogeyman），這些人可能「飢餓難耐到什麼都做得出來，或是生性殘暴」。正所謂人多勢眾，有些女性會雇請單車導遊，由女單車導遊一手包辦所有單車旅行的大小事宜，從路線規劃乃至住宿、基本的單車修理都交給她，收費則是讓她免費參觀歷史遺址及如詩如畫的風景。膽子較大的人則加入女士單車客協會（Lady Cyclists' Association），與其他單車愛好者結交為友，相約騎車出遊。女士單車客協會手冊也會列出歡迎女單車騎士的沿途住宿。

一八九二年和四名女性友人出遊、前往德國進行單車旅行的美國單車客瑪莎（Martha），就很需要這本手冊。她們一抵達德國漢堡，就遇到質疑她們的海關官員，她們大費周章解釋才成功說服對方，船艙內的單車真的是她們的。連續幾天在飯店內重新組裝鐵馬後，她們將以帆布捲起的行李固定在單車手把上，踏上前往萊比錫的道路。這四人輕裝上陣，僅攜帶一套換洗內衣褲、梳子、化妝品、德英辭典、地圖。想必她們讀過瑪麗亞・瓦德的《女士自行車手冊》，只見她們氣定神閒地修補破胎和掉鏈。

瑪莎描述，「商人、跑腿的小孩、麵包師傅、肉販、賣水果的阿姨、各種年齡的小朋友全都睜大雙眼瞪著我們，許多人甚至驚訝到合不攏嘴」，她們顯然成為「所有人的觀察對象[5]」。另一個隨團成員好奇「這些人是否以為我會飛越他們的頭頂」，但結果證實旁觀路人絕無展開獵巫行動的念頭，等到人潮總算散去，這群女騎士又能自由通行。

在這場旅途中，她們完全沒看到其他騎單車的女性，在告知一名客棧老闆她們來自美國時，老闆說「這下全說得通了——美國人什麼都敢嘗試」。她們沿途遇見的德國人都很親和友善，提供她們遮風避雨的地方、留宿一晚的暖床，還不斷端上食物飲料。這群單車旅客也沒有錯過德國的啤酒屋和酒館，灌下葡萄酒、大啖肉腸後又繼續上路，挺進萊比錫。

並非所有女性都覺得有結伴出遊的必要，莉莉亞絲・戴維森在她一八九六年出版的《女單車騎士手冊》中自信滿滿，女性在英國和歐洲其他地方「單獨騎車很安全，不必擔心會遇到騷擾或麻煩」，但很多人都覺得這個說法沒什麼說服力，因為他們長久以來聽說的情況正好相反。莉莉亞絲於一八八九年出版《女性旅遊建議》（*Hints to Lady Travellers*），目標讀者群設為「有違天理地被關在家、成天足不出戶」的女性，她不斷鼓勵女性單獨旅行，搭火車甚至登山攀岩。她承認在之前十年間，身分與她相近的女單車先鋒在國內騎單車旅行時，經常遇到「麻煩、令人掃興的評論、無禮對待」，但後來情況已經改善。到了一八九〇年中期，落單女遊客「旅行過程中，也許從頭到尾只會受到善意與禮貌對待……即使身穿理性服飾的人也一樣」。但她也警告通往城市的大馬路上，單車騎士可能會遇到找麻煩的流浪漢。

對莉莉亞絲來說，女單車騎士在鄉間最常見的危險不是人，而是動物，就連母雞都可能是「女單車騎士的噩夢」。若要解決狗追逐單車騎士的問題，她建議讀者隨身攜帶一條可以驅逐狗兒的長鞭。對於一個在鄉下騎車時長年被狗追逐的車手，某次甚至惹毛一群鵝，我可以理解為何她認為這個問題有那麼嚴重。不過通常狗或鵝都追不上我，所以我尚無隨身攜帶長鞭的習慣。

由於可能碰上更可怕的動物，像是野熊和狼，有些單車旅遊者會自備更致命的武器。一八九七年，瑪格麗特・瓦倫汀・勒・隆恩（Margaret Valentine Le Long）從芝加哥騎車到舊金山的單獨旅行途中，就自備一把借來的手槍。她其實不打算使用武器，於是手槍一直裝在不易取用的工具袋內。

瑪格麗特的親朋好友都想方設法讓她打消獨自旅行的念頭，不惜以「四肢骨折、餓肚子、渴死、遭到牛仔綁架和印地安人剝頭皮的警告[6]」嚇唬她。後來她的旅遊故事刊登於《郊遊》（*Outing*）雜誌，訴說著她五月份不畏懼地從芝加哥一路往西的經歷。在中西部的伊利諾州和愛荷華州遇上強風後，她進入科羅拉多州和懷俄明州的山區，及內華達州與猶他州的沙漠，探訪巫藥弓渡口（Medicine Bow Crossing）、響尾蛇要隘（Rattlesnake Pass）、魔鬼之門（Devil's Gate）、汙婦牧場（Dirty Woman's Ranch）等名稱充滿畫面的景點，也去了移民拓荒者遺留下的荒廢鬼鎮。她在偏遠農場乞食，借宿客床，有時得搬著單車經過岩石和河水。在沙漠時為了避免脫水，她還從鐵路員工掩埋的儲水桶中喝水。至於在其他地方，她則曾和漁夫共享鱒魚、與獵人分食羚羊肉排，走錯路也是家常便飯。

她曾經碰到一群阻擋去路的牛，只見牠們用牛蹄扒著地面、發出低聲吼叫，低頭準備衝刺，這時手槍總算派上用場。她閉上眼，前後共發射五槍，再次張開雙眼後，感激地發現已經驅散牛群。

雖然瑪格麗特的旅遊是一場特殊的歷險記，她的服裝觀念還是趨於保守，選擇比傳統短一些的裙子，而不是燈籠褲。她認為正是這套服飾讓她在旅途無往不利，倍受禮遇和善意對待。雖然總算抵達舊金山後，她承認自己確實蓬頭垢面、衣衫不整，模樣並不比她害怕碰見的流浪漢好。

莉莉亞絲要是知道了恐怕也有同感，畢竟她很清楚社會對女性外表的傳統期許和重視。由於掛在手把的袋子早就裝滿盥洗用品和少許必需品，她建議女性事先郵寄備用服裝。她描述某個她所熟識的女單車遊客「準備了兩套連身裙，所以每晚停留在剛抵達的地點後，就能換下一身單車服裝[7]。」必需品則包括針線、縫補手套的絲緞，以及鉤子和扣眼。

謝天謝地，我們再也不需要只為了保持「文雅」而事先在國內郵寄長裙。現代女性多半選擇輕巧簡便的單車服，我個人覺得隨身攜帶所需一切，單車行李中只打包必需品，可以帶來一種滿足感，也是一種保持輕便的有益練習，對於衣櫃常常爆炸、打包行李時傾向塞到關不起來的人而言，可說是好處多多。雖然有時我也很希望自己還有空間多塞一雙鞋。

十九世紀末海拔兩千公尺的單車壯遊

美國傳記作家兼藝術評論家伊莉莎白．潘內爾（Elizabeth Pennell）在一八八〇和九〇年代長途自助單車旅行前，並沒有花心思郵寄備用服裝，反而選擇一件調整型裙子，騎車時勾起裙襬，下車時放下裙襬，以避免自己「被當作從馬戲團逃跑的『怪胎』猛盯[8]」。事實上她和丈夫騎車時，反而是丈夫那一身單車緊身褲和及膝馬褲格外引人側目。

伊莉莎白認為單車旅行是一種自由解放的旅遊體驗，對女性來說尤其如此：「女性可以體會到肢體活動、不被人低估、長時間處於開放空間的喜悅、冒險和改變的興奮。她們也會從中獲得獨立和力量的愉快感受，用唯一可能欣賞鄉野風光的方式好好享受，而不是光速地從一座小鎮被載到另一座小鎮[9]。」女性單車旅客擺脫令人窒息的室內生活後，便會感受到「身體健康的完美狀態」。

這位先前是修道院女學生的「新女性」並不想當家庭主婦，自稱連一顆水煮蛋都不會煮的她，居然成為知名美食作家，她個人的旅遊書則是搭配藝術家丈夫約瑟夫・潘內爾（**Joseph Pennell**）精美的手繪鋼筆插畫。夫妻倆婚後立刻揮別美國，他們偏好住在歐洲，接下來的三十年間往返法國和倫敦兩地，只要一有機會，他們就出發旅行。

描寫潘內爾夫婦第一場單車旅行的《坎特伯里朝聖之旅》（*A Canterbury Pilgrimage*）於一八八五年出版。有別於喬叟（Chaucer）筆下從倫敦出發、踏上古老朝聖之路，來到坎特伯里大教堂的旅人，潘內爾夫婦以雙人三輪車的形式展開這趟旅行，夫妻倆的第一部三輪車是在一八七〇年代於費城購入，然而這卻是他們截至目前最漫長艱辛的旅程。伊莉莎白是重度旅遊狂熱者，而單車是最能滿足這種癮頭的完美交通方式：「世界就是一部集結了美麗與浪漫的偉大著作，你可以在騎著單車時，一章章、一部部逐步征服這部作品[10]。」後來她將其中一篇遊記獻給阿爾卑斯山俱樂部（the Alpine Club），希望能夠說服該俱樂部的登山成員，騎單車是看見世界更高明的做法。

潘內爾的第二趟雙人三輪車之旅也是受到文學啟發。作家勞倫斯・斯特恩（Lawrence Sterne）利用他在一七七〇年代（搭乘馬車）的旅行路線，編成他最後一部小說《傷感之旅》（*A Sentimental Journey through France and Italy*）。這次他們跟著和斯特恩的小說旅行，這對夫妻的敘事最後也一樣在抵達義大利前劃下終點。

他們依據十七、十八世紀的壯遊傳統規劃路線，一路上飽覽重要建築和藝術作品。最早期的壯遊和不起眼的雙人三輪車有天壤之別，通常是貴族家庭的兒子（有時是女兒）耗費數月甚至數年光陰，親自到訪令人興奮期待的歐洲文化象徵，藉此完成古典藝術教育。當時人們的旅遊方式是搭乘私人馬車或驛站馬車，在崎嶇道路上行進，而現代人開車只需要十分鐘的距離，在仰賴馬力的年代可能艱辛、耗時許多，那時的普通人一輩子離家最遠不超過二十四公里。

十九世紀的大眾交通系統上路後，鐵路、客輪、平坦道路都讓富裕中產階級有出國旅遊的機會。（工人階級仍然無法出國旅遊，他們沒有多餘工資或有薪假，只能在週日或國定假日偶爾外出郊遊。）跟伊莉莎白一樣，剛崛起的富有旅客族群都爭相要求參觀之前只在書中讀過、朝思暮想的景點，出版商則開始印製介紹建議路線和沿途必看景點的旅遊書。

身為自由作家和經濟獨立、富有的潘內爾夫婦，可以一口氣花上好幾個月踩單車，在歐洲周遊列國。伊莉莎白的遊記中偶爾透露出端倪，顯露出他們養尊處優的背景，每當旅遊景點不符合他們期望或遇到有損個人身分地位的事，他們就會端起高姿態、出言批評當地人。他們覺得自己被當成低階人民對待，但那也是因為他們選擇的交通方式先給人這種錯誤印象。某間飯店只在他們的房間附上一盆盥洗用水，與此同時，飯店卻提供一群搭乘馬車的遊客私人更衣室。晚上他們窩在廚房裡吃煎蛋餅，其他人則在餐廳用餐。

當然也有對不同國家的刻板印象，譬如他們就常懷疑法國人故意抬高收費，還發現他們的三輪車很容易引來好奇目光，他們所到之處都有群眾聚集。與其說是一種讚美，他們認為這種舉動令人困擾。在夫妻倆的「傷感之旅」中，很明顯的是，他們對人的興趣比勞倫斯・斯特恩少許多。

幾年前，我沿著他們前往義大利的路線進行為期一週的單車旅行，也就是從巴黎塞納河畔的地區，南下塞納爾（Senart）及楓丹白露（Fontainebleu）森林，橫越羅亞爾河谷（Loire Valley）前往里昂。就像伊莉莎白和約瑟夫採用斯特恩的馬車路線，我跟隨這對夫妻一百三十年前的三輪車轍前進，與他們不太一樣的是，我得和汽車爭道，但謝天謝地，現代路面平坦易行。事實上，我旅途的單車道多半和潘內爾夫婦是同一條路線，行經同樣的河川和運河。

但是我們的旅行速度差異很大。多虧二十一世紀別具優勢的單車設計，也多虧我沒有一身維多利亞時期的裙裝累贅，我只用一天就騎完他們耗費數天的距離。

不過我們一樣也有行李的困擾。潘內爾夫婦固定綁在三輪車的行李崩落，最後只好選擇找一間鐵匠鋪修理，我的遊伴則是碰上行李架螺栓壞掉，於是我得騎車到最近的村莊，尋找現代版的鐵匠鋪幫忙修補。結果我找到一家寶獅汽車（Peugeot）的舊廠房，經過一番語言不通的雞同鴨講之後，我總算在這家汽車維修廠成功買到零件，再次和遊伴上路。

騎乘這條路線時，雖然伊莉莎白大讚內穆爾（Nemours）風景優美，但是他們對當地居民的評價沒這麼熱情：「關於這些人，我看還是別提了……當地居民還滿討人厭的，僅止於此。」她嚴厲批評沒來由拒絕服務他們的當地餐廳，法國餐廳的開放時間是出了名的嚴謹，所以他們可能只是太晚進餐廳。相反地，當我們經過這座城鎮，攤販聽說我們那天騎了多長的路程後，說什麼都不肯收我們飲料的錢。跟他們不同的是，我們的旅途沒有因為「瘋狂騎車」拒絕停車，而被羅馬警察逮捕、畫下休止符；潘內爾夫婦為了繳納罰款最後還得賣掉三輪車。

一八九〇年代初期，潘內爾夫妻從三輪車換成兩輪安全自行車，對於指控伊莉莎白沒有幫忙出力踩腳踏車的約瑟夫，可說是一大解脫。這對夫妻的兩輪單車之旅的首站是匈牙利，這段經歷後來收在《前進吉普賽國度》（*To Gypsyland*）中。但是這一次他們的目的不是飽覽西方文化的精髓，而是尋覓「真實的羅姆吉普賽人」。有了單車之後，他們就能到達所有「距離鐵路遙遠又念不出名字的偏遠未知村莊」，登上外西凡尼亞（Transylvania）的高山，「跨越寡無人煙的荒野山隘，只看見放牧黑臉綿羊的牧羊人。」儘管沒日沒夜地搜尋，最後他們仍然無功而返，事實證明他們深深著迷的漂泊吉普賽人比他們想像的更遙不可及，他們唯一找到的吉普賽人早已放棄放牧生活，到小鎮村莊定居，當起農場勞工。這讓潘內爾夫妻不禁陷入他們過度浪漫又不切實際的想像，好奇著像這樣自由自在踩著單車的他們，是否才是真正的吉普賽人，「自由得有如森林中漫步的小鹿／汩汩河水的魚兒／穹蒼飛翔的鳥兒！」

夫妻倆的下一場旅途更講求體力：跨越九座瑞士阿爾卑斯山峰的五週之旅。伊莉莎白心想，她肯定是首位完成這項創舉的女性：「聽說我創下新紀錄，應該是真的吧，而且是一個值得驕傲的紀錄。我攀過九座隘口，其中六座不到一週就完成，我像是碼頭工人般不辭辛勞……任何騎車的女性，或是會騎車的女性……而且是不怕吃苦的女性，都能明白這場歷險帶來的快樂[11]。」她是否真的破紀錄無從查證，但是據她所言，這一路上她都沒看見其他女單車手跋涉高山隘口。

伊莉莎白在跨越義大利科莫湖（Lake Como）的船上，碰到這趟旅程中唯一看見的女車手，她一眼就能判斷對方體能不如她。根據伊莉莎白的描述，第一個碰到的女性是「一位身穿燈籠束腳褲、手鐲多到數不清的德國胖太太[12]」，她甚至懷疑對方騎得了單車。身穿裙裝騎車的伊莉莎白單靠外貌和「神態」就判斷對方沒有單車手的能耐。另外兩名是美國旅客，這兩個女子告訴伊莉莎白，她們的自行車已藉由火車運送到隘口，伊莉莎白聽到後恐怕鬆了一口氣，畢竟這兩個人威脅不了她的紀錄，反而還說因為讀過她寫的書而認出她來，助長伊莉莎白的信心。伊莉莎白說她遇到數不清的男單車手，包括美國人在內，可是卻沒有一個是英國人，她以為英國人老愛自吹自擂他們的體能，所以想來覺得諷刺。

她從不羞於誇耀自己的運動細胞，吹噓有天他們在午餐前就騎上兩個隘口，還聲稱她寧可在跨越隘口時喪命也不肯輕言放棄：「可能有人會說我騎太快，但我來這裡並非只為假裝單車愛好者、寫明信片抒發情緒，我來這裡是為了騎車征服阿爾卑斯山[13]。」撇開個性和偏見不說，她「想成為第一個騎單車跨越阿爾卑斯山、名垂青史[14]」的女性（也就是她自己），這種企圖心值得鼓掌。發揮冒險犯難精神、出版外國旅遊書籍，本來都是男性做的事。

說到伊莉莎白騎乘的坐騎，就不得不承認她果真成就非凡。她的低框架淑女車重量甚至比約瑟夫的單車沉重，而這兩人都沒有輔助上坡的變速器，她得推著單車登上陡坡，漫漫長日都在無止境蜿蜒、穿入雲霄的道路上跋涉。也怪不得有些單車手會雇請馬車，幫他們把單車送上山。

下坡也沒有比較輕鬆，因為他們使用的煞車系統缺陷不少，也就是以皮帶將輪胎煞住的裝置（有別於現代的煞車系統，並非控制車輪）。他們常常不得不倒著踩踏板，以上伊莉莎白都是穿長裙進行，她承認體力消耗常讓她忍不住發脾氣，但沒有什麼能遏止她達成目標。颳風下雪、冰霜峭壁、立有木頭十字架警告先前旅客失足殞落的髮夾彎，都沒讓她停止踩動踏板的雙腳，即使下坡時她的心臟差點衝出嘴巴也罷。他們在最惡劣的天候中登上兩千一百公尺高峰聖哥達山（St Gotthard），約瑟夫承認這是他第一次差點放棄，伊莉莎白則拒絕向路過的貨運馬車搭便車——

「我要獨力完成，我來這裡不是為了請別人幫我完成任務[15]。」說女性是「嬌弱性別」的古老諺語還「真是有道理」。

雖然伊莉莎白不認同自行車競賽，但她也不喜歡其他車手超車。一位瑞士單車手上坡超她的車後不慎摔倒，她的嘴角幾乎藏不住笑意。而這名車手求救時，她當作沒事般騎過他身邊。他們遇見代表法國將自由女神餽贈美國的巴黎人，和他交談長達一個多鐘頭，後來看見他摔車，他們卻頭也不回地離去，獨留他一人在爛泥中掙扎。

多虧蒸汽火車和湯瑪斯・庫克的旅遊行程，瑞士是當時最多人造訪的歐洲國家，荷包滿滿的中產階級飛奔前往，參觀盧梭和威廉・華茲華斯（William Wordsworth）筆下遠近馳名的阿爾卑斯山峰。騎馬、搭乘馬車、步行、騎單車的遊客「絡繹不絕」，「擠破頭」只為觀賞雄偉高山，將瑞士降格為「歐洲遊樂場」，對此伊莉莎白嗤之以鼻。

總是悠哉漫步的觀光客最讓她厭倦，潘內爾夫婦竭盡所能避開和群眾來往，伊莉莎白還說她寧可在辛普朗山口（Simplon Pass）和修道士粗茶淡飯，也不要「和每個夏季夜晚都多達五、六十名的聖伯納（St. Bernard）觀光客一起大吃大喝[16]」。根據她個人的觀點，德國觀光客是「公害」。她也不太喜歡瑞士人，抱怨瑞士海關官員「為了無聊小事擾人」，瑞士貪婪的觀光業者亦讓她深感被剝了一層皮。

也許她是有些勢利眼吧，不過她也時常妙語如珠、辛辣詼諧，一想到她會怎麼看待我們的

「自拍文化」就讓人忍不住發抖。我讀過她的觀察，她說「曾經為了大自然的壯麗流淚，卻因此淚眼婆娑看不到大自然美景[17]」的旅行團，現在幾乎連風景都不看一眼，寧可「任由情緒隨著插圖風景明信片奔騰」。

這是伊莉莎白最後一本單車遊記，也許她已經完成自我設定目標，又或許出版社認為二十世紀初的單車熱逐漸退燒，出版不再具有優勢而喊停。我只知道縱使沒有再出版創作，潘內爾夫婦之後仍然持續享受單車旅行。

踏上人煙罕至之路

雖然十九世紀的觀光客一窩蜂衝到歐洲旅遊勝地，但某些大膽無畏的旅客選擇到更遙遠的國度。旅客多半是來自英美兩國的上流社會女性，有錢到可以在非洲、亞洲、中東一口氣旅遊好幾個月，甚至好幾年。某些人的驅動力是冒險，或是想讓世人見識女性的能耐，其他人則是希望為世界知識貢獻心力，研讀考古學、社會風俗，抑或探訪各地的動植物，不過有些人的作風還是比較偏向殖民者。

英國自然主義者、攝影師、作家伊莎貝拉・博兒（Isabella Bird）就是勇敢無畏的探險家。雖然健康欠佳，她仍單獨旅行至美國、夏威夷、澳洲，之後甚至前往亞洲、中東、北非。她以醫生身分加入傳教士行列，拒絕側坐騎馬，於一八九二年成為皇家地理學會的首位女會員。一八七三年她橫跨科羅拉多州洛磯山脈一千三百公里時，《泰晤士報》（*The Times*）誤稱她穿褲裝時，也讓她感到不滿。

英國探險家和人種誌學者瑪麗．金斯利（Mary Kingsley）為了深入了解如何在她想探索的偏僻荒野中求生，單獨旅行到非洲，並開始與當地人生活，她蒐集野生標本，亦在諸多出版著作中紀錄當地部落的習俗。瑪麗不認為自己是「新女性」，也不覺得婦女參政權的問題是重點，仍然穿戴十九世紀的傳統英國長裙、帽子、洋傘穿越叢林。

瑞士旅行家伊莎貝爾．艾伯哈特（Isabelle Eberhardt）和她恰恰相反，為求行動自如，選擇換上一身柏柏爾（Berbers）男性裝束，避免在一八九〇年代的穆斯林國家阿爾及利亞引人側目。

芬妮．沃克曼（Fanny Workman）是另一個希望以歷險家身分名留青史的女性，她希望個人的重要發現獲得認可，並且對日趨發展的，世人足跡罕至國家的文學貢獻一己之力。

一八五九年出生於麻州富裕家庭的她，接受的是美國菁英學校教育，後來就讀歐洲的女子精修學校。她在青少女時代曾經創作，訴說女孩為成為登山運動家和探險家而逃家的故事，後來這些故事成了她個人人生寫照，成為維多利亞時期的家事女神從來不是她心目中的人生成就。二十多歲時芬妮攀爬美國東北部的最高峰，和歐洲不同，美國登山俱樂部願意收女會員，芬妮也受益於這種進步心態。但光是這樣還不足以滿足她的探險欲望。

許多擁有類似野心的女性並沒有實現夢想的經費，可是芬妮和丈夫威廉・沃克曼醫師（Dr William Workman）是家族財產受益人，他們有環遊世界的本錢，可以將孩子丟給女家庭教師。追尋夢想的路上，夫婦倆成為世界知名的登山運動家和單車手，最後芬妮和前輩伊莎貝拉・博兒一樣，也受邀加入倍受尊崇、以男性為主的皇家地理學會。

在其中一篇單車遊記的獻詞中，威廉讚美芬妮「遇到困難，甚至是面對險境時，她仍保持勇氣、韌性、熱情[18]」，而且「永遠不變」。由於芬妮是旅遊的主要策劃人，因此無庸置疑和他一樣是冒險家。儘管如此，她從未因為造訪荒郊野地和艱辛旅行換下長裙。

沃克曼夫婦的單車旅行熱最早要從他們購買的兩部羅弗安全自行車講起，有一段時間定居德國的這對夫妻利用單車探索鄰國，像是法國、義大利、瑞士，接著踏上人煙罕至的道路。四歲兒子死於肺炎後，他們將女兒託給保母和家庭女教師，接著便在一八九五年出發，展開他們第一場長途單車之旅，一整年下來幾乎沒有停下騎車的腳步，橫跨西班牙四千五百公里、阿爾及利亞兩千四百公里。事後多由芬妮擔任主筆，紀錄兩人上述旅行的點點滴滴。

跟前輩伊莉莎白・潘內爾一樣，芬妮也賜給自己一個封號，她自稱是首位騎單車環繞西班牙的女性，根據推測，阿爾及利亞應該也是，而且是以上兩國最長途單車旅行紀錄。（芬妮這時也已是首位攀登白朗峰的女性，只要是比賽她向來不落人後。）

夫婦倆遊歷西班牙，過著「堂吉訶德般的通行稅道路歲月[19]」，每日平均騎乘七十二公里，有時為了一張安穩過夜的床，甚至可騎行一百三十公里。在崎嶇山區騎著被行李壓得沉甸甸的安全自行車，絕對不輕鬆。雖然很費力而且幾乎天天破胎，他們還是認為自行車是最理想的交通工具，「讓我們完全避開一般礙手礙腳的旅客，可以輕鬆自如地穿越各個國家，隨時隨地、隨心所欲地停下腳步[20]」。他們不是單純想到達某地點，而是近距離享受美景風光和人文歷史，不過他們看待當地人的態度並沒有自己想的那麼開放，也傾向批評對方。

西班牙讓他們夢想中的冒險家形象成真，因為他們認為西班牙「不夠先進文明[21]」，從這番說法不難看出他們刻薄的美國上流人士心態和當時盛行的思想。他們講述故事的口吻和潘內爾夫妻截然不同，少了點幽默笑料及文學用典，更多著墨於個人經歷等細節描述，從考古遺址乃至當地居民的風俗習慣皆有，由此可見芬妮渴望受邀加入專業旅遊家和地理學家行列的野心。

民眾對於他們的西班牙之旅非常感興趣，該國報紙常常報導他們的旅行進度，雖然這對夫婦自稱西班牙語流利，卻出於不明確的理由，接受訪談時惜字如金，不肯透露細節，記者只好自行猜測。西班牙人對這對騎單車旅行的美國夫妻相當好奇，沃克曼夫婦覺得民眾看待他們的方式「驚奇又畏懼，彷彿他們是火星人[22]」，不過他們八成很享受這種感受，只是嘴硬不說罷了。

雖然他們在西班牙遇見一些當地自行車愛好者，這對夫妻發現自行車主要流行於「上流階級」的人，也就是與他們身分相當的人。換句話說，他們可能是唯一買得起單車的人。當地單車俱樂部成員會中途與他們會合，陪他們騎進自己的城市，在自家招待他們，拒收他們一毛錢，翌日再一起外出騎車。怪不得他們比較願意向單車俱樂部透露行程細節，而不是向媒體披露。

並不是人人見到他們都很開心。他們抱怨曾遭小孩扔石頭、趕出村莊。挺進南部時，他們明顯發現路上不常看見自行車。當地人的態度通常是好奇，而不是敵意，動物則是被嚇得到處亂竄。本來拉著推車的驢子一看見他們就腿軟崩潰，有一頭驢子甚至拔腿狂奔，將背上的主人甩到路面。怒氣沖沖的驢子主人起身後，順手撈起一支長刃農具，憤怒地衝向沃克曼夫婦。他們見狀馬上掏出左輪手槍遏止對方前進，並且趁隙逃跑。

他們途經瓦倫西亞（Valencia）的路上，又發生一場驢子鬥毆事件，驢子主人氣得掏出一把三十公分長的刀，想要威脅他們，夫婦的旅行紀錄寫道：「這下我們似乎真的無路可逃，閃閃發光的刀鋒幾乎近在眼前[23]。」幸好男子的友人拉住他，他們才能趁機逃跑。飽受驚嚇的他們曾經認真考慮放棄這趟旅行，但逃過一劫之後，他們再也沒碰上類似的事件。他們的總結是，瓦倫西亞人是「全西班牙最不友善又懷恨在心的人」。但這對單車夫婦檔在西班牙嚴厲批評的不只瓦倫西亞人，他們甚至批評其他地方的人「文明倒退」，例如阿拉貢（Aragon）的「婦女瞪大牛眼緊盯著我們[24]」，至於「不分年齡的男性小孩，常常上前觸摸我們的自行車，說什麼都不肯鬆手，一下子按車鈴，一下子撫摸輪胎，或是按壓坐墊，彷彿我們的自行車是任他們把玩的娛樂展示品。」

身分相同的外國旅客也難逃沃克曼夫婦的毒舌：他們在格拉納達（Granada）的阿爾罕布拉宮（Alhambra）遇見「沒有文化修養的旅客」，可能是批評他們缺乏文化修養，看不懂西班牙的摩爾式建築奇觀。

在巴賽隆納，儘管身著端莊長裙，芬妮發現她還是引來不必要的側目。在街上遭到男性騷擾之後，芬妮警告讀者這座城市「不是適合女車手造訪的地點[25]」。在阿爾及利亞，她一樣引起動物的激烈反應，芬妮一口咬定當地馬兒和驢子肯定討厭看見女性騎單車的畫面，而成群結隊的狗（她形容是「骨瘦如柴、模樣狀似惡狼的野獸[26]」）則是只愛追逐她，而不是丈夫威廉所說的：「可能那群狗自以為是保安隊，覺得騎自行車的女性格格不入，行為需要矯正。」

對芬妮這個曾於一九一二年在喜馬拉雅山上手持婦女社會政治聯盟發行的報紙《女性投票權》拍照的女性來說，夫妻倆每次騎車遊歷到一個國家，芬妮也理所當然地關注當地女性的狀況。當法國殖民者告訴他們，阿爾及利亞北方的卡比利亞（Kabylie）女性很自由時，芬妮不由得懷疑：「我們必須深入認識，了解卡比利亞男性如何看待女性，卡比利亞女性又是如何看待自我，才能下結論[27]。」可是她的結論與法國人大相逕庭，部分是因為她發現卡比利亞法律允許男性「必要時」可以殺妻。此外，她指出卡比利亞女性無法正常接受教育，還被賣給其他家庭當新娘，從十二歲起「就不斷擔起繁重家務」。對於接受高等教育的芬妮來說，這簡直難以想像，更別說她能夠不做家務或勞動，選擇過一個進修學習及冒險的人生。她的最終結論是，阿爾及利亞女性看著歐洲女性時，內心都忍不住百感交集，「既羨慕又絕望。」

她可能不夠資格批評這些女人的生活處境，然而無庸置疑的是，芬妮致力推廣女權和女性教育權。她手裡抱著鼓吹婦女參政權報紙的照片，後來被當作她講述個人登山成就的書籍封面。她也是第一個在巴黎索邦大學（Sorbonne University）任教的女性，最後還在遺囑中將財產捐贈給四所美國女子學院。

一八九七年十一月，這對夫妻踏上他們規模最浩大的旅程。接下來的兩年半，他們橫跨東南亞兩萬兩千四百公里，行經緬甸、斯里蘭卡、爪哇、印度，從一個國度搭乘汽船前往下一個，道路無法通行時則改搭火車，這一路上他們探訪了東南亞最知名、當時卻幾乎無人探訪的考古遺址及寺廟。

他們描寫的旅程重點主要都放在印度的這一段。芬妮再次思忖女性的生活，諸如她在海德拉巴（Hyderabad）結識的女性都是當地統治者的妻子，平日遵守深閨制度，只待在女性專屬的室內，終日足不出戶。她們欠缺身體、經濟、社交等方面的自由，讓抱持西方女性主義意識形態、認為女性應擁有行動自由、獨立自主的芬妮格外反感。她認為她們的狀態就是男女不平等的產物，更期盼「印度男性的靈魂開悟，理解自己對待嬌弱女性是多麼不公不義，盼望有天他們能夠覺醒，女性則能自由發展個人天賦[28]」。

大部分情況下，沃克曼夫婦對於旅途中的困境似乎總是泰然處之，例如晚上找不到床鋪，直接睡在火車站裡的木頭長椅。他們有一個僕人，每隔幾天就會搭火車和他們會合，有了僕人的協助打理，他們便能輕裝上路，只攜帶幾樣必需品即可，糧食則是裝在午餐盒內，並在猴子虎視眈眈的目光下，以及一大群野生長尾小鸚鵡飛越頭頂時用餐。他們和僕人約好見面時，僕人就得為他們煮飯、尋找住宿，角色很類似貼身男僕，而要是做不好工作，這對夫妻抵達時沒有飯吃，或是沒有備好睡床，僕人就等著主人以傲慢的姿態伺候。

除了在悶熱潮溼的氣候下全天騎車，食物和水分攝取不足，他們還得面對連續破胎的困擾，一天甚至可以多達四十次。他們在遠離鐵路路網的偏僻地帶騎車時，僕人連續幾天都不能與他們會合，於是夫妻倆得將必需品全部帶上身，包括兩人總重四十五公斤的用品，全得固定在自行車上。官員時常警告他們最好避開饑荒地區，免得餓肚子的居民恐怕會攻擊他們，他們卻不當一回事。同樣地，他們也不擔心前面路上可能碰到大象的傳聞，儘管先前已有單車和動物事件作為借鏡，但是他們的步槍在坐墊袋裡收得好好的，絲毫派不上用場。

這段旅行在北印度畫下休止符，也為芬妮的冒險家生涯揭開全新章節。為了避開夏季高溫，他們拋下自行車，前往喜馬拉雅山的高海拔山口，兩人深深愛上這裡，往後十四年間總共折返八次。芬妮在喜馬拉雅山重拾她往昔最愛的活動：登山，不斷挑戰危險的攀登，並且創下女性攀登高度紀錄。身為登山運動員的芬妮，展現出完成長途單車旅行的剛毅決心，她不但是首位攀登某幾座喜馬拉雅高峰的女性，沃克曼夫妻也是第一對首次挑戰其中幾座山峰的外國人。他們為兩人成功征服的一座高山，也就是超越五千九百公尺的喀喇昆崙（Karakoram）高峰，命名為布洛克沃克曼山。另一座山峰則是以已逝愛子的名字，取名為齊格弗里德霍恩山（Siegfriedhorn），不過後來這兩座山皆已重新更名。可惜的是，儘管這對夫妻創下諸多亮眼紀錄，也是聞名四海的登山客，對待當地挑夫的態度卻似有欠同理心。

芬妮在夫妻倆為期兩個月的長途旅行中領頭，前往喀喇昆崙山的羅斯（Rose）及錫亞琴冰川（Siachen），這段路程總高度超過四千五百公尺，在當時是最難到達又無人探索的地帶。這趟旅程最後害他們錯過女兒的婚禮，一名嚮導更因為失足墜落冰川裂隙而喪命，芬妮自己也險些在這場意外中丟了小命。

威廉就是在這場征程中幫忙佇立六千四百公尺高峰的芬妮，拍攝下手持《女性投票權》報紙的照片。照片中的芬妮穿著她最愛的釘靴和長裙，雖然她熱血聲援女權，卻從不肯大方讚揚其他女登山客的佳績。一九〇九年，美國同胞安妮・佩克（Annie Peck）自稱成功攀登祕魯七千公尺後，芬妮還浪擲一萬三千美元，特地找來一組法國勘測員，請他們證實祕魯高峰沒有那麼高。勘測員花了四個月得出結論，讓芬妮直到一九三四年都維持六千九百三十公尺的登高紀錄。

先不論她的好鬥不服輸，芬妮無庸置疑是當時最英勇無畏、不屈不撓的探險家之一，無視於普遍盛行的偏見，執意跳上單車，最後證實了女性絕對可能達成這些成就。

第八章　踏上迢迢道路

單車成為長途旅行的首選交通工具

一九二八年復活節，瑪莉露・傑克森（Marylou Jackson）、威爾瑪・傑克森（Velma Jackson）、伊索・米勒（Ethyl Miller）、雷歐亞・尼爾森（Leolya Nelson）、康斯坦絲・懷特（Constance White）身穿燈籠褲、頭戴棒球帽，騎著單車抵達華盛頓哥倫比亞特區時，記者已在現場守候。這五位來自紐約市的非裔美國單車手從老家出發，過去三天踩著單車來到首都，中途行經費城及德拉瓦州威明頓（Wilmington），足足跨越四百公里。抵達這趟旅途的終點站哥倫比亞特區前，她們每晚都待在基督教女青年會（YWCA）的青年旅館。儘管已經騎了一百六十公里的自行車，她們仍然抽空在哥倫比亞特區觀光。

其中兩個女團員從事運動相關的職業，一位是哈林區基督教女青年會的體育教學主任，她們也很可能是該城的單車俱樂部會員。這五名女子告訴一名記者，是「長途戶外運動的熱愛[1]」驅動她們展開這場單車之旅，她們也希望其他女性嘗試打破這項騎乘紀錄。翌日，復活節星期一的當天，她們又跳上火車，重回紐約市的生活與工作。旅遊成癡的康斯坦絲．懷特不久後離開哈林區，遠行至俄羅斯，接著穿越歐洲，並因為愛上一名女子而在歐洲多待了一陣子，最後兩人一同回到美國定居。

我不曉得當時有多少女性視她們為榜樣，但八十多年後，她們的單車之旅持續激勵他人跳上自行車。二〇一三年，一個黑人單車組織也完成了這五個女子的騎乘路線，但她們採取反方向路線，用意是讓美國單車手的形象更多元，並且鼓勵其他人加入她們的行列。

到了二十世紀初，富有中產及上流階級已不再流行單車旅行，改玩起汽車*。這個趨勢反映在《郊遊》雜誌的單車專欄，原本版面滿滿都是騎單車環遊世界的驚奇故事，單車專欄卻在世紀交迭之時消失，由汽車專欄取而代之。

不過康斯坦絲和她的朋友證實，仍然有人（其中不乏女性）持續獨自累積單車里程數。這些人都是迫不及待探索世界的年輕世代，如今觀光娛樂不再是有錢人獨享的特權，新一代的旅客登場。單車在歐洲成為倍受歡迎的娛樂消遣，二〇至五〇年代末則是單車旅行的黃金年代。

一八九〇年代，歐洲的每週平均工時超過六十個鐘頭。到了一九一〇年，英國的每週平均工時只有五十三個鐘頭。時間來到一九三〇年代，該數字降至四十三個鐘頭，其中不少工人為女性，英國女員工的數量占了三〇年代中期整體勞動人口的三分之一。儘管性別的薪資差距巨大，仍然存在諸多不平等現象，然而和前幾代相比，當時的女性已有投票權，也享有更多自由。還得再等上另一個世界大戰，世界才能接受女性穿褲裝的事實，不過當時人們看待女性服飾的態度已較上個世紀寬鬆。

一九二九年華爾街股災（Wall Street Crash）之後，全球經濟衰退低迷，意思是大多數人都買不起汽車。一九三一年，十個英國家庭中只有一戶擁有汽車，倒是有不少人勉強負擔得起自行車。對某些人來說，自行車是通勤上班的省錢首選。三〇年代在約克（York）工廠上班的凱塔紐奧（Cattaneo）太太形容，週末和單車俱樂部外出騎行即是她的人生亮點：「我們買了這部自行車後遊山玩水，我這才曉得何謂假期、四處體驗人生是怎麼一回事……因為我有了這部自行車，所以不會一直想著錢。我們會在週日出遊，探訪各地的咖啡廳，只要付四便士，咖啡廳就無限供應茶飲……我很喜歡我的自行車，也很期待每週日的降臨。」[2]

數不清的人閒暇時間越來越多卻預算有限，而他們也跟康斯坦絲一樣熱愛戶外運動。只要跳

＊這時汽車的售價越來越便宜：一九〇九年福特T型車的平均售價是八百五十美元，到了一九二〇年代初，甚至降至兩百六十美元。

上單車坐墊就能逃離日常生活的繁瑣辛苦，尤其是城市居民。有些人的自行車騎乘距離驚人，甚至打破紀錄，遠行至人煙稀少的地點。在鄉下騎單車旅行的全新興趣，在歐洲成了兩次世界大戰期間常見的戶外運動，雖然在美國沒有歐洲來得流行，也頗受歡迎。青年旅館開始在歐洲和北美遍地開花，在景色迷人的地點為健行者和自行車手提供便宜住宿。正如十八世紀末浪漫派詩人描繪鄉間興起的風潮，此時又掀起一陣單車流行熱潮。現代的IG年代也是，使用者頻頻上傳風景優美的自拍照。週末旅行確實在英國蔚為流行，流行到一九三七年某讀者投書《自行車》雜誌抱怨自行車旅行變得太熱門，「人山人海」的單車手毀了一幅幅美景。

自行車的價格變得合理，專為旅行設計的輕量級自行車讓新一代長距離車手更輕鬆上手，推波助瀾單車旅行。自行車備有各種變速器，可以適應各種小山丘甚至是高山，潘內爾和沃克曼夫婦英勇騎乘沉重的安全自行車、跋涉史詩級的旅遊景點之後，這可說是眾人樂見的單車大進化。美國的自行車反而逆向操作，變得越來越沉重，速度也更為緩慢，當時流行的是全新重型自行車，模樣比較類似擁有寬輪胎的摩托車，許多自行車款式都超過二十公斤，足足是歐洲自行車的兩倍重，也許這可以解釋為何美國的單車旅行風潮沒有這麼熾熱。

英國單車旅遊俱樂部的會員人數再度暴增，歐洲的單車旅行俱樂部亦然。該俱樂部安排了火車旅行，讓自行車手能帶著自行車旅遊，享受一整天在鄉間騎車的時光。單車雜誌內頁全是理想化的英國風景插畫，充滿法蘭克．派特森（Frank Patterson）等藝術家的作品，遠離現代化設施和戰爭的風光景致，令人想起大家可以理解、緬懷不已的純真年代，縱使這樣的時代打從一開始就不存在。

隨著社交規定越來越寬鬆，未婚情侶可在無人陪同的情況下出遊，這一點也反映在單車廣告上，只見廣告中的年輕白人異性戀情侶檔開開心心地騎單車旅遊。一九三四年海克力士牌（Hercules）自行車廣告中，一對青少年情侶檔熱情擁抱，底下則是一張單車照片，以及暗示和另一半騎海克力士單車一日遊的文字，最後則是「在朦朧月色下騎車返家」，推銷用意大同小異，無非是在告訴你：買下這部單車，你就把得到妹。不過好笑的是他們停下來吃午餐時，女友「喬安」還是得幫忙倒茶。其他廣告中，小情侶手牽手在小巷內騎車，再不然就是坐在沙灘上盯著地圖，自行車則擱在身邊。

一九四九年的英國愛情喜劇《男孩女孩騎單車》（*A Boy, a Girl and a Bike*）描繪的就是約克郡（Yorkshire）的單車俱樂部，俱樂部的社交生活則圍繞著每週在約克郡谷地（Yorkshire Dales）舉辦的團騎，以及在高沼地附近進行的夏令營活動，演出主角是迷人的赫娜・布萊克曼（Honor Blackman），以及英國版的瑪麗蓮・夢露，亦即年輕時代的黛安娜・道爾斯（Diana Dors）*。

＊這部電影描述一個年輕多金的男子愛上赫娜・布萊克曼主演的角色，並為了親近她而加入單車俱樂部，他的家人知道後大驚失色，只因他居然迷上工人階級的活動，這一點亦彰顯出當時上流階級早已不再熱中騎單車的現實。

轉眼間情侶雙人自行車大受歡迎，某雜誌還刊登廣告，宣傳從伯明罕騎到英國首要私奔地的格雷特納格林（Gretna Green）的雙人賽，看誰成為第一對騎車抵達終點，並且在當地結婚的情侶。單車報紙或雜誌時常張貼單車主題婚禮的照片，只見照片中賓客將單車高高舉起，讓踏出教堂的新郎新娘鑽過下方，這些新婚夫妻大概也是在單車俱樂部結識彼此。

要是新婚單車手有了孩子，不代表他們就得揮別自由自在的單車歲月，可能只需要舉家外出騎車時帶上孩子。熱愛單車的父母懂得發揮創意，夫妻騎乘一部雙人協力車，後面拉著拖車或側邊加裝邊車，車內裝著年幼還無法騎車的嬰兒和學步幼童，很類似現代阿姆斯特丹和哥本哈根等城市接送小孩的親子車，現在這種親子車在倫敦也越來越常見。我甚至見過單車上架著一部嬰兒車的照片，但這種潮流禁不起時間考驗，理由應該顯而易見。要是孩子年紀較大，夫婦則會選擇三人協力車，這樣一來全家人都能共乘一部車。也有適合大家族的單車，一九六一年有部英國百代（Pathé）電影公司拍的影片就在講述福斯特家族（Foster），這個來自林肯郡（Lincolnshire）的十人大家庭騎乘一部四人協力車，另外拖曳一個裝有兩名年幼稚子和露營裝備的拖車，其他孩子則跟在隊伍最末端，騎乘協力車和普通單車。

自行車潮流有起有落

一九三八年，二十四歲的比莉．弗萊明（Billie Fleming，婚後隨夫姓多維〔Dovey〕）是一名祕書和打字員，也是熱血的單車愛好者，希望能激勵其他女性開始騎自行車，並以長距離騎乘佳績成為家喻戶曉的人物。十八歲那年，某任男友教她騎車，那之後比莉立刻就「深深愛上」單車，最後甚至決定整整一年，每天都騎車，環繞英國一周，因為如此一來，她就可以一直騎車了。她寫信給單車品牌拉奇惠特沃斯（Rudge-Whitworth）尋求贊助，該廠牌毫不遲疑地點頭，並賜予她「健美女孩」的封號，加碼一輛自行車和足以騎上三百六十五天的盤纏。那年她只用了三檔，就騎了四萬七千三百六十五公里，創下女子長距離自行車騎行世界紀錄，而比莉將這項成就歸於自己「年輕健康、準備好接受任何挑戰[3]」。不可思議的是，這一整年她的車只遇過一次破胎。

她這一整年的例行公事就是不分晴雨天天騎車，晚上則是演講，推廣騎單車的健康益處。她的小坐墊袋中只裝了一套換洗衣物和少許工具。吉百利（Cadbury）巧克力每個月都寄巧克力給她，換得她偶爾現身廣告。後來《自行車》雜誌見證人簽署的驗證卡系統，證實她沒有造假騎乘距離。驗證卡顯示她每天平均騎乘一百三十公里，要是她決定當晚想躺在自家床上休息時，單日最高紀錄可以騎到三百公里。雜誌也定期檢查她的計程器，以確保沒有出錯。

比莉活到一百歲高齡，所以騎單車的健康益處並非胡謅。直至今日她依舊鼓舞人心，也有許多人嘗試打敗她的紀錄。一九四二年，澳洲的帕特・霍金斯（Pat Hawkins）聲稱騎乘超過八萬六千四百公里。自行車組織檢查她的紀錄時，發現數字兜不攏，於是推翻她的說法。不可思議的是，直到二〇一六年才有人打破比莉的紀錄，瑞典車手卡莎・泰連（Kajsa Tylen）接下挑戰，一口氣從該年的元旦騎到跨年夜，一整年總共騎了五萬一千七百公里。

要是沒有爆發二次世界大戰，比莉就會接下第二項挑戰：環遊美國，並可能在美國看見女車手數量超越前十年，即便她們騎乘的距離完全比不上她。由於適逢經濟大蕭條，在民不聊生的時刻許多人選擇騎車上班（或找工作），因而刺激自行車銷售量，不久後自行車產業亦下定決心專攻女性市場，鼓勵她們為了保持苗條體態開始騎車。

一九三四年，好萊塢演員瓊・克勞馥（Joan Crawford）身穿褲裝毛衣、坐在置放於滾筒上的男性自行車，也是三〇年代的室內健身設施，為雜誌封面拍照，理所當然推了自行車產業一把。瓊告訴雜誌，她和當時的丈夫小道格拉斯・范朋克（Douglas Fairbanks Jr.）為了保持身材開始騎自行車。十二年後，她又拍攝了一組騎乘美國生產的施文（Schwinn）自行車照片，再次讚揚騎乘自行車的健康好處：「我推薦想要藉由運動保持健康與身材、尋找樂趣的人騎乘施文單車。」

在三〇和四〇年代，騎乘自行車、拍攝照片的女演員包括凱薩琳・赫本（Katharine Hepburn）。她從三歲半就開始騎自行車，所以不需要贊助商端著代言費上前，她才肯在華納兄弟

（Warner Brothers）的空地或拍片現場偷閒騎車，而未來幾十年她仍會持續騎車。有了好萊塢名人光環加持，女性很快就迫不及待跳上兩輪車，結果三〇年代的女性市場從百分之十提高至百分之三十三。美國各城的百貨公司開始進貨最新型的自行車，美國東西岸的度假中心讓客人租用單車，女性可以和在洛杉磯威尼斯海灘（Venice Beach）騎車的瓊一樣，沿著度假中心的木板路騎車。然而這股潮流曇花一現，沒多久大部分美國生產的自行車都只製造兒童腳踏車。

自行車在戰時依舊很受歡迎，但通常是因應民生需求，畢竟當時汽油取之不易。戰後的百廢待舉讓單車旅行在歐洲再度掀起風潮，因為人們想要以經濟省錢的方式度假。可是單車旅行的全民活動十分短暫，到了五〇年代中期，歐洲路上的汽車數量已是前十年的三倍。在一九六〇年的美國，每三人就有一輛汽車，到了一九七〇年，每兩人就有一輛車。

一般而言，單車旅行和騎乘自行車（自行車賽除外）的趨勢逐漸退燒，而這也反映在單車旅遊俱樂部會員的人數上。一九三九至一九六九年之間，俱樂部的人數減半，沒多久單車就成了一種因為買不起汽車才騎乘的工具，長達數十載都背負著這種惡名，除了荷蘭和丹麥等國家，畢竟這幾個國家擁有讓騎行單車跟走路一樣簡單的基礎建設，因此人民至今依舊將騎單車視為日常生活的必須活動，至於其他地方，繼續騎車的人還必須與數量比十年前更多的汽車爭道，況且不是人人都願意在路上面對暴增的車流量。

大多數西方國家都不再迷戀自行車時，單車熱潮卻在六〇年代延燒至世界其他角落，最明顯的例子就是亞洲。中國街頭出現大量自行車，讓中國獲得「自行車王國」的封號。一九四八至一九五八年間，中國的自行車數量雙倍成長至一百萬輛。截至九〇年代，數量衝至六億七千萬輛高峰，後來隨著汽車價格越來越親民，單車數量跟著暴跌，這是西方早已見識過的景氣循環。

從敦克爾克騎車到德里

單車旅遊不再流行的一九六三年，一名來自愛爾蘭鄉下的三十一歲女性獨自從敦克爾克（Dunkirk）騎車到印度德里（Delhi），展開六個月穿越歐洲、伊朗、阿富汗、巴基斯坦、印度，四千八百公里的旅程。黛芙拉・墨菲（Dervla Murphy）在十歲生日時收到一本世界地圖冊和一部二手單車，不久後就決定了她的目的地及籠統規劃的旅行路線。一名住在旁遮普邦（Punjab）的筆友喚醒她對這「神奇國度」的興趣，於是她決定將目的地設為印度。

獨自旅行的概念深得黛芙拉的心，她本身已會獨自登山、在黑水河（River Blackwater）裡游泳、到沃特福（Waterford）老家的鄉下長距離騎車。黛芙拉接下來的人生都會以單車和徒步的方式探索世界，而且多半是獨自進行。當她俯視自己踩動全新單車踏板的雙腳，腦中不禁浮現一個想法：「如果我這麼持續騎下去，就能一路騎到印度[4]。」怎料她的計畫停擺二十多年才落實，但這段期間她卻從未放棄。就好像有些人將上大學、結婚生子視為未來的人生大事，對黛芙拉而言，騎單車到印度就是她部分的人生規劃。

下了這個決定後的四年，黛芙拉不得不輟學，在家照顧患有類風溼性關節炎而行動不便的母親。先前那個熱愛冒險的孩子，後來成為母親的主要照顧者超過十八年，受困於「家庭牢籠」。由於幾乎完全無法讓母親單獨在家，大多時候她都踏不出家門。可想而知，這對於一個熱愛戶外活動、並在雲遊四海時補足精力的人來說，如此劇烈的改變及全新責任帶來的龐大壓力，讓她覺得自己「完全動彈不得、悲慘至極[5]」，而她只一心「嚮往自由自在的生活」。

隨著母親的健康狀態持續惡化，黛芙拉寶貴的自由時光也逐漸「消逝無蹤」，她只能覬覦其他同儕視為理所當然的自由。父親驟逝之後甚至更難熬，只剩下她能照顧母親，所幸有朋友在旁支持，也多虧了她一逮到機會就跳上單車，才安然撐過這段時期。

黛芙拉的母親在婚前也會獨自旅行，所以她很清楚女兒很需要同樣的自由，督促黛芙拉一有空閒就踏出家門，探索世界。在個人自由一點一滴流失的那些年，單車旅行就是黛芙拉的救命索。第一場旅行是在一九五一年夏天，前往威爾斯和英格蘭南部騎了三週的單車，留宿青年旅館——對於某個人生絕大多數都窩在利斯莫爾（Lismore）方圓五十公里的人來說，這可說是一趟「別開生面」的旅行。

某些鄰居得知她獨自一人旅行後不免「嚇呆」。在五〇年代的愛爾蘭鄉下，這絕對不是女孩會做的事。在風氣保守的、信奉天主教的鄉下，女兒應該犧牲自我，所以在某些人眼中，比起為了照顧母親休學，年輕女子獨自進行單車旅行反而令人震驚。除此之外，這趟旅行足以說明她單日就能輕鬆騎乘一百六十公里，在在證明了她渴盼已久的四千八百公里旅行勢在必行。

隔年她又逃離家庭生活五週，前往比利時的法蘭德斯（Flanders）、德國、法國，又是一場心靈修復之旅，不過回程中卻差點在巴黎被一對有意脅迫她賣淫的情侶綁架。儘管如此她依舊無所畏懼，兩年後踏上西班牙之旅，這次騎乘路線是截至目前最人煙罕至的地點。即使單車沉重加上馱籃笨重，她仍然一天之內在山路地形騎了將近兩百公里。愛上西班牙的她隔年又回來了，回程還將紀念品十二大瓶白蘭地用睡袋捲起綑好，跨越庇里牛斯山。在單車超重的情況下，一顆車輪壓壞到無法修補的程度——可說是輕巧打包行李的實用教訓。

黛芙拉的歐洲旅行只是煽風點火，助長她想前往印度的念頭，但是她欠缺一項最必要的元素，也就是說走就走的自由，這也不斷折磨必須在家照顧母親的她。「窒息沉悶」的日常家事令她寸步難行，有時她甚至不能在白天外出，導致陷入憂鬱症的漩渦。母親的健康狀況惡化，嚴重到黛芙拉必須睡在她的房裡，以便隨時起身照顧她。

一九六二年母親過世時，三十歲的黛芙拉雖然傷痛欲絕，卻也可以讓人理解她「重獲自由時激動不已[6]」的心情。她形容自由的感受猶如「輕微電擊」流經她體內，她覺得自己繼續足不出戶，總有一天會發瘋。

一九六三年一月，是黛芙拉自有記憶以來史上氣候最惡劣的寒冬，她終於躍上自行車，自敦克爾克天寒地凍的道路出發，一路往東，自十歲起在利斯莫爾山頂就萌生的計畫總算要實現了。黛芙拉的自行車是幾年前購入的阿姆斯壯卡德（Armstrong Cadet）男性車款，她將單車命名為羅茲（Roz），靈感來源是堂吉訶德那匹長年受折磨的坐騎羅西南特（Rocinante）。Roz的西班牙文是**Rocín**，意思是勞役馬，很適合一部不辭辛勞載著主人穿越無數公里、踏上各種冒險的自行車。羅茲必須在惡劣路況甚至稱不上道路的荒郊野地承受強烈衝擊，有時黛芙拉還得靠鐵絲和絲線固定單車。羅茲承受的重量並不輕，總重十六公斤，外加行李的十二公斤負荷，黛芙拉沒有選擇，只能親自背起行囊，有時甚至得背上好幾公里，感受穿越崎嶇難行的地形時沉甸甸壓在身上的重量。

出發前她花了一個月研究路線圖，規劃前進德里的最佳路線，並且將備胎提前寄送至預計行經城市的領事館，畢竟四千八百公里將會耗損不少輪胎。她深信不疑羅茲的變速器可能熬不過亞洲的惡劣路況，於是移除多餘檔位，只使用一檔，這個決定令人相當錯愕，畢竟她接下來還得攀爬諸多高山。她決定隨身攜帶一把二五口徑手槍，並且勤加練習操作，出發後不久，她就會感激這個帶槍的決定了。

等了二十一年總算踏上旅程的她，最後又被迫多等一週，因為當時歐洲正歷經八十年來最強寒冬，冰雪遲遲不融，於是她後來索性出發，勇往直前執行計畫。緊接而來的那幾週，穿越法國、義大利和當時的南斯拉夫時，急凍天候讓她差點反悔踏上這個旅程。在暴風雪和大洪水之中騎車的她必須忍受手腳凍瘡，抵擋著將她從羅茲上吹倒的狂風前進，她試圖循著風雪以及被薄冰覆蓋的道路前行。與其說是逍遙自在地騎車，看看踩動踏板的雙腳能帶她到多遙遠的東方，這趟旅程反而變成一場求生冒險，澆熄了她總算踏上印度之旅的喜悅，但無論旅途有多麼難熬，這都是一個完成之後值得分享的故事。

即使冬季裝備齊全，滑雪帽、頭套面罩、四層手套加身，黛芙拉仍不得不承認她並非所向披靡，最後因為完全無法騎車攀越高山，只好搭火車跨越阿爾卑斯山進入義大利。東歐腹地遼闊寬廣、白雪靄靄的山路結冰，堅持騎車可能得冒著滑倒墜落山崖的風險，於是她最後還得「可恥地」伸手搭便車。對於一個在正常情況下有能力獨立上山的人來說，這情況分外令人沮喪。雖然跟之前的原因不同，但黛芙拉現在也不能自由自在地獨自登山。

倒也不是說在這種環境搭車就絕對安全，她搭乘的貨車在穿越塞爾維亞的路上打滑、撞上一棵樹。雖然撞到後僅有頭部輕微受傷，黛芙拉仍離開貨車駕駛，前往鄰近村莊尋求協助。前往村莊的路上，她遇上三隻骨瘦如柴的野狼襲擊，其中一隻緊咬著她的夾克肩部，另一隻則是緊巴著她的大腿褲管，第三隻則已經準備好撲上來。她苦心練習從口袋掏出點二五口徑手槍射擊的時間總算沒有白費，黛芙拉敏捷地朝兩匹在她身上的狼開槍，另一匹則是趁機逃跑。她好奇自己是否在做夢，畢竟頭部受創後產生幻覺也並非不可能。後來警方告訴她，所謂的「野狼」可能只是野狗。無論如何，在白雪籠罩的偏僻森林發生情節猶如格林童話的恐怖事件，確實值得逢人就提，這也是黛芙拉率先收入《單騎伴我走天涯》（*Full Tilt*）的其中一篇故事，書中充滿這趟驚豔旅途的種種事蹟，描述的多半是旅遊經過，而非終點。

過程才是旅行的重點

我在二〇一八年底時想起了那些狼，我從羅斯萊爾港（Rosslare）的渡船頭，騎了幾天的車穿過愛爾蘭東南部，前往利斯莫爾探訪當時已八十七歲的黛芙拉。愛爾蘭是沒有野狼，卻有不少狗，尤其是喜歡在地盤上追逐單車騎士、汪汪亂叫的小狗。雖然很困擾，還不至於有被拖行致死的危險，算不上是大問題，真正的問題是我沒有做好萬全準備，本來想像可能只是幾天輕鬆愜意的單車騎行，來回路程大約兩百九十公里而已。

和黛芙拉不同的是，我沒有審慎評估即將展開的旅行，選了一部我從未騎乘旅行過的自行車，只因為這部車的擋泥板和堅固輪胎較適合冬季的愛爾蘭鄉間小路。單車旅行的首要規則是先確定坐騎狀態良好，而我這部自行車自上一次服役後，已在陰雨綿綿的倫敦周遭騎乘數百公里，急需好好清理保養一番。幸好我不是騎車到印度，因為下了渡船、準備裝上行李架時，我發現無法將行李架安穩裝上坐墊，只好將行李架移至一個會干擾騎車的位置。

騎了四十公里、經歷第二次破胎，我認知到輪胎將成為致命傷。再一次仔細檢查後，我才發現輪胎磨耗嚴重，小小裂縫中鑲嵌著可能刺破每顆全新內胎的小碎石或玻璃。由於第一天破胎不斷，蹉跎了短暫的隆冬日光，我必須沿著沒有車潮（謝天謝地）的沃特福林蔭大道（Waterford Greenway），在伸手不見五指的漆黑之中騎車，完成當日最後四十公里。原本應該是快速零壓力的騎行，卻因為我沒有專為幽暗鄉間小路設計的車燈、看不清眼前幾公尺的路況，騎行進度無比緩慢。不用說都知道，這不是最適合單車旅遊的情況，但至少沒有下雨，這在十二月份的愛爾蘭可說是極為罕見。回程時我中途改道，去了一間單車行換輪胎，最後才在沒有破胎的情況下愉快輕鬆地完成最後一段路。

這段經歷讓我想起莉莉亞絲・戴維森於一八九六年提出的忠告，她認為女性應該在上路前學會修補破胎，也深信這項手藝值得女性耗點體力，即使她認為修補破胎其實是「狼狽的單車活兒」[7]，要是有男性出手相助，她無法想像哪個女人會想親自補輪胎。黛芙拉儘管騎過成千上萬里路（或許正因如此），她很支持這個觀點，還開玩笑地對我說：「這不就是男人的責任嗎？」

在第一次長途旅行以及後來騎乘的偏遠地方，黛芙拉常常遇到路人提供協助，她也安心地將內胎交給對方修理。前往利斯莫爾的路上，我讓一個遛狗的當地熱心男性幫忙修理破胎，這時我已經厭倦了一切都得自己來。然而在萬般無奈下，好比人在鳥不生蛋的阿富汗沙漠地帶，黛芙拉有能力自己修車，只不過除非必要，她還是會選擇交由他人處理。對於某個以獨立自主定義人生的人來說，可說是相當意想不到的事。

讓別人修補破胎當然是在一個國家旅行時與當地人交流的好機會。幫我修理破胎的師傅很健談，熱心地與我分享當地地標及他的騎車經驗。在利斯莫爾老市集一棟古老石製建物中，我和黛芙拉坐在她的書房裡，燒木柴的壁爐溫暖著我們，她的寵物狗則是在腳邊呼呼大睡，這時黛芙拉告訴我，她的旅遊方式完全得仰賴當地人，畢竟她騎乘的道路距離觀光路線太遠。當地人也常邀請她到家中作客，供應她一席過夜的暖床和餐食、推薦她必訪或應該避免的地點，這些情報在人煙罕見的地方都分外重要。

以上都是黛芙拉夢想多時的體驗，透過當地人了解一個國家，而這也是憑藉自行車才可能享有的旅遊經歷，高速行進的汽車、火車、長途巴士就不太可能了。作家兼社會運動人士雷貝嘉・索爾尼（Rebecca Solnit）形容現代生活漸漸傾向窩在「各種不同居家空間[8]」，人們則與周遭世界及人群斷了聯繫。索爾尼熱愛走路，和騎自行車一樣，走路是一種必須在公共空間進行的活動，「未經篩選的隨機經驗能讓你發掘連自己都不知道你正在尋覓的東西，除非一個地方帶給你驚喜，否則你無法認識真正的它」。她個人的觀點是現代人過度仰賴科技，最後可能錯過許多美好事物。她描述走路就是一種存在，不只是從A點抵達B點那麼簡單。對黛芙拉來說旅行的意義也一樣，無論是騎單車或走路，過程才是重點，而她個人的旅行也是，充滿出乎意料、毫無規劃的驚喜，亦不被時間和行程綁住。

有了羅茲在側，她可以騎乘一大段距離，印度之旅中她大概每天騎乘一百三十公里，但她在這些國家時也能深刻體驗周遭環境、與她在路上遇見的人互動。對黛芙拉來說，另一件同樣重要的事，就是她能完全掌控整趟旅程，身為獨自旅行的人，她什麼時候想停下來、想在哪裡休息或繞道都不成問題，她擁有獨立自主權，可以敞開心胸接觸全新體驗和文化，也完全符合黛芙拉的天性。有人曾經問她是否去過中美洲，她的回答是沒有，但她其實忘了自己曾在離開祕魯的路上途經中美洲，只是當初不是騎自行車，也不是徒步，所以對她而言並不算是旅行，可能當作完全沒去過。

單車旅行家兼作家安妮．穆斯托（Anne Mustoe）在一九八三年搭乘公車旅行橫跨印度時，也得出類似結論。當她望出窗外，瞥見一個男人騎著單車跨越塔爾沙漠（Great Thar Desert）時，「內心頓時燃起一絲羨慕……我也想在那條路上自由自在地騎車，品嘗真實的印度，而不是透過玻璃窗框凝視印度[9]。」兩年後，這名五十四歲的女校長仍然深信不疑，這就是最好的旅行方式，讓她有時間以自己的步調思考、觀察、消化，於是展開一場從西向東的單車世界旅行。和黛芙拉一樣，安妮也認為最豐富的經驗來自她和陌生人的互動。多虧自行車是一種「不分階級」的交通工具，她以「彼此互信的基礎」和陌生人相遇。等到第一場為期十五個月的兩萬公里旅行結束，安妮已徹底愛上單車旅行，餘生繼續踩動兩顆輪子探索世界，包括另一場環遊世界的旅途，而這次她選擇由東出發、騎向西方。二〇〇九年她踏上人生最後一場單車旅行，最後於敘利亞生病逝世，享年七十六歲。

對黛芙拉而言，旅行不是等著它發生，不應該是被動，而是應該主動採取行動。這種旅遊的觀念比較接近中世紀的「travailen」詞源，該詞源自travailler，具有工作、勞動或吃苦的意思，畢竟在那個時代，旅行向來是一種苦差事。雖然以黛芙拉的情況來說算不上吃苦，而是一種付出，以及從中獲得的豐富閱歷。有時她會逼自己突破體力極限，即便如此，旅行還是讓她興高采烈。相較之下，跳蚤、床蟲、沙蠅、蚊子、蠍子和大黃蜂的叮咬、脫水、中暑、痢疾、肋骨斷裂都只是小問題。她騎乘羅茲沿著伊朗的沙漠之路前往阿富汗的途中，曾向一位美國工程師表達這種想法。這名好心的工程師停下吉普車，問她：「你以為自己在這天殺的沙漠路上做什麼？」並堅持要她把自行車固定在吉普車後方，要她以搭便車的方式通過邊界。可是黛芙拉婉拒了，她解釋騎單車是她心甘情願選擇的旅遊方式，羅茲、穹蒼、大地讓她幸福洋溢，最後他說她是「瘋子」，悻悻然開車離去。

話雖如此，在一九六〇年代初單獨騎車經過伊朗、阿富汗、巴基斯坦、印度的女性並不常見。這比嬉皮踏上這條路提早許多年，即便是嬉皮年代，我也不認為有那麼多（若說真有）人騎單車旅行。例如喀什米爾山口等不易到達的地點，也就是多年前芬妮・沃克曼率先展開登山征程的同一個山區，黛芙拉則恐怕是第一個騎單車攀越這幾座高山的女性。有些偏遠社群的人表示從未見過單車，更別說是騎乘單車的女性，所以一路上常常有人上前搭話，請她示範騎車，而她也讓當地人嘗試。

落單女子獨自踏上旅程在當地相當少見，所以伊朗的阿富汗大使館拒絕發給她通行簽證，理由是女性單獨旅行並不安全。他們以為她選擇騎單車是因為負擔不起其他交通方式，於是提供她免費前往喀布爾的接駁。事實上，一位騎乘摩托車的瑞典女子遭到謀殺之後，他們就禁止所有落單女遊客進入阿富汗。但是黛芙拉沒有因此退卻，她告訴大使館人員，歐洲也會發生女性遭到謀殺的事件，最後成功說服美國大使館的資深官員，請求他們發給她簽證，並說好她會自行承擔進入該國的風險。

等到她總算進入阿富汗，阿富汗便成了她整趟旅途最喜愛的國家。令人難過的是，這個國家總是淪為俄羅斯和美國你爭我奪的角力戰場，於是她只好改變路線，避開戰爭衝突地區。她在阿富汗不斷聽說外國人遭到謀殺的故事，可是她發現當地人既熱情又友善，雖然物質匱乏，他們卻不吝分享自己擁有的事物。即使惡劣路況導致羅茲破胎，逼她不得不搭乘大眾交通工具，並在公車上不慎被一名乘客的步槍槍托擊中，肋骨斷裂，但她對阿富汗依舊熱情不減。

獨自旅行的現代女性總是經常被詢問是否會害怕，也常聽說獨自旅行有多不安全，在在暗示女性比男性脆弱，女性獨自旅行會被貼上輕率魯莽、孤單無依的標籤，換作男性卻是富有冒險精神。耐力運動員兼冒險家珍妮·托夫（Jenny Tough）長年累月獨自在遙遠偏僻的地點騎乘自行車和跑步，常常有人問她是否擔心自身安危。她在玻利維亞安第斯山區跑步七百公里，村裡的人都警告她這樣做很危險，甚至可能遇害身亡。越來越多人警告她要謹慎當心時，懷疑的想法逐漸爬上心頭，但是她每天起床後依舊繼續跑步，證明了害怕並不是實際有效的作為[10]。

當她在摩洛哥的阿特拉斯山脈（Atlas Mountains）跑步，幾乎每天都有警察尾隨在後，反覆告訴她單獨在外有多不安全，很類似阿富汗大使館擔心黛芙拉的人身安全，試圖阻止她進入該國，摩洛哥警方也試著說服珍妮，要她別走相同路線，並主動提供載她一程，堅持她每晚待在村裡，「以策安全」。在自詡「自由人」的柏柏爾人國度裡，她說她從未覺得這麼不自由，目不轉睛的關注讓她身心備感壓力。

我在谷歌搜尋「女子單獨旅行」時，第一個跳出「也有人問」的搜尋結果就是「女性獨自旅行安全嗎？」反觀男性，獨自踏進荒郊野外卻從來不成問題，還被視為是一種男性的成年儀式，好比冰霜爬滿落腮鬍、為了活著穿越南極而不惜吃掉自己愛犬的粗獷男子，或是在亞馬遜迷途後與無人知曉的部落共同生活的勇敢探險家。這些故事全都刻寫在人類歷史，要是換成女性踏上類似冒險，卻乏人問津、倍受冷落。根據完成絲路單車之旅的作家凱特・哈里斯（Kate Harris）觀察，展開諸如此類旅途的女探險家通常被套上一種形象，那就是她們是因為遭遇情緒危機，才會選擇踏上「尋找自我」的旅程，諸如此類的形象讓女性歷險家跳脫不出《享受吧！一個人的旅行》（*Eat Pray Love*）的框架，她們是為了逃避，而不是為了冒險才探索世界，因而為她們的旅遊經歷賦予一種女性化特質。

男性可以是粗獷無畏的獨立探險家，但也想展開冒險的女性時常抱怨，她們的旅遊計畫卻得遭他人拷問，可能被告誡各種單獨旅遊的危險，如果她們有孩子還得面對道德批判，這點千真萬確。黛芙拉沒有這種閒工夫，她告訴我，人們覺得將她的第一場旅行說成偉大成就，實在「可笑至極」，因為「跳上自行車出發去印度並沒什麼大不了」。倒也不是說她並無遇到困難或險境，諷刺的是，身為單獨旅行的女性，她遇到的幾次威脅都發生在她進入阿富汗，這個讓大使館擔心危機重重、想方設法阻止她進入的國家之前。第一次危機發生在伊朗邊界的土耳其，她半夜在跳蚤為患的住宿床鋪上驚醒時，發現身上的棉被已被掀開，一個堂堂六尺高的庫德男子聳立於她的床前，而這一次再度考驗她快如閃電的反應，她連忙從枕頭下抽出手槍，朝天花板發射子彈，嚇得男人逃之夭夭，之後居然沒人前來查看，大半夜室內怎會傳出槍響。

在伊朗邊境的亞塞拜然還發生一件更驚險的事件，這個國家因此成為她唯一不考慮單獨折返的地點。首先，手持鐮子的歹徒試圖偷走羅茲，但她舉槍發射幾枚子彈嚇阻，這群人便嚇得作鳥獸散。第二次則是一名警察將她鎖在大院，企圖性侵，她在書中提到自己使用的招數讓他一時痛到爬不起來，還說這個方法「不宜刊登」，她則趁機從他扔在地上的褲子裡翻出鑰匙逃跑。即便有諸如此類的英勇行徑，對於他人稱讚她選擇獨自旅行是很勇敢的創舉，黛芙拉還是不敢恭維，她反而說自己之所以挺過艱難險境，全是靠自我保護而不是勇氣。她不是悲觀主義者，除非當真發生災難，否則她不會相信壞事發生，這項個性特質也大有幫助。

深受維多利亞時期女性探險先鋒啟發的她，身為女旅行家，她從不認為有什麼事是她不能做的，她告訴我伊莎貝拉．博兒讓她更有共鳴。黛芙拉認為伊莎貝拉「全心全意投身旅行、享受旅行」。伊莎貝拉早在將近一百年前穿越中東和印度，不過黛芙拉來到這兩個國家時，仍有許多當地居民認為女性單獨旅行是很陌生的概念，直到今日有些人還是這麼認為。伊朗人錯以為黛芙拉是男性，於是給她男宿舍鋪位。這大概是因為她蓄著一頭短髮，腳上套著美軍捐贈的實用靴子及襯衫，讓人產生這種誤會。對於黛芙拉而言，雌雄難辨反而是一種解脫，當地人只把騎乘羅茲的她當成「一個普通人」，她也因此免於性別、國籍、階級標籤等論斷。比利時與法國籍探險家亞歷山德拉．大衛—尼爾（Alexandra David-Neel）的情況也很類似。她在一九二四年冬季展開壯遊，穿越喜馬拉雅山、進入西藏禁城拉薩時，發現巧扮乞丐和佛教僧侶為她帶來自由，因為當時要是她暴露真實性別，恐怕就進不去了。

對黛芙拉來說，男女難辨的外表在伊朗地區格外吃香，畢竟反對女性解放的暴動正在當地上演，宗教領袖拒絕當時的伊朗國王施行的全國現代化計畫之後，女性遭到謀殺的事件頻傳，在這個女性不自由的國家，被誤認為男性反而是一項資產。

即便真實性別被識破，外國人身分還是讓她排除在諸多限制外，尤其是行經觀念較為保守、女性會受到行動自由規範的地區。她的異邦人身分很特殊，可以同時與男女暢談，包括必須遵守嚴格深閨傳統、足不出戶的女性。美國作家兼社會運動人士夏儂．加爾平四十年後在阿富汗騎車時，描述自己的外國女性身分讓她被視為「中性人」或「榮譽男性*」。雖然偶爾會有阿富汗男性試著和她調情，某次甚至有人一口咬定她是淫亂的西方女性，對她伸出鹹豬手，但是大多情況下，她依舊可以和男性平等對話，女性也一樣，而這也幫助她更深入了解這個國家。

六〇年代初，許多黛芙拉在旅行過程以及愛爾蘭老家遇見的人都感到好奇，為何一個三十出頭的女性不待在家相夫教子，質疑她老處女身分的聲量越來越大。可是自從青少女時期，黛芙拉就知道自己並不想過那樣的生活，還形容這是「我理想中逍遙人生的相反寫照」。

黛芙拉年近四十歲時懷孕，懷胎三個月的當下仍不放棄旅行，一路跨越土耳其，後來則是獨力拉拔女兒長大，對於一個形容自己天性「孤僻」的人來說，其實並不意外。黛芙拉並不在乎他人想法，還告訴我即使成為人母，她始終沒變，仍然渴望旅行和寫作，當女兒瑞秋漸漸長大，她們便一起旅行：瑞秋五歲時，她們踏遍印度南部。瑞秋九歲時，母女倆橫跨祕魯安地斯山脈兩千五百公里。瑞秋十四歲時，她們周遊馬達加斯加島，在她的老家引起軒然大波。

瑞秋成年後，黛芙拉再次打包馬鞍袋，踏上更漫長的單人旅行，包括帶著登山車從肯亞到辛巴威騎乘四千八百公里。儘管當時她已經六十多歲，她的旅行計畫依然頗具挑戰性。一名奈洛比機場的官員憂心忡忡問起她的自行車，還告訴她「老人」應該搭車旅行，黛芙拉這次則是心甘情願地把這種不必要的掛慮歸因於非洲社會重視老人的傳統。

黛芙拉的單車旅行生涯因為關節炎劃下句點，不過她告訴我，她仍收到男女老少的來信，告訴她《單騎伴我走天涯》激勵他們踏上屬於自己的長途單車之旅。科技改變了現代人單車旅行的方式，以往黛芙拉並不會因為無法和老家的人取得聯繫而煩惱，現代旅人卻鮮少長達數個鐘頭都不和親朋好友聯絡。事實上，要是一個人消失幾個鐘頭，反而會讓人覺得奇怪。如今已經沒有人像黛芙拉使用紙製地圖規劃路線，大多數人沒有衛星導航恐怕會迷路。黛芙拉認為自己的旅行方式多半仰賴陌生人的熱情好客，譬如邀請她至家中作客，可是這到了現代也不大可能了，雖然還是有人透過「沙發客」（Couchsurfing）等應用程式旅行，和世界各地願意免費收留自己一晚的主人配對交流。儘管不及以往的隨性，科技仍讓陌生人能以更輕鬆簡單的方式進行具有意義的交流。

現代人的旅行仍然充滿不可預測和意義非凡的相遇，尤其是單車或徒步旅行，我在利斯莫爾的短暫旅行，也有一場令人難忘的美好相遇。準備重新上路、搭乘渡船回到威爾斯之前，黛芙拉邀請我和瑞秋及她的外孫女一起享用午餐。她一邊準備湯品，一邊推薦我騎車登上鎮外的山頭，從那裡飽覽小鎮風光。那座山頭確實是可以將沃特福郡和黑水河盡收眼底的超棒地點，可惜的是我忘了問黛芙拉，那裡是否就是她多年前發願，未來要騎車到印度的那座山頂。

* 譯注：意指給予非男性的人唯獨男性可享有的權益。

第九章　環遊世界

女單車手挑戰環遊世界

二〇一二年十二月二十二日，一組摩托車遊行隊伍騎進義大利那不勒斯的平民表決廣場（Piazza del Plebiscito）時，圍觀民眾在一旁守株待兔，可是到場觀眾並非為了這群騎乘哈雷機車的男性而來，而是為了一睹在他們後面抵達的女單車手。儘管已經體力透支，這名女車手雀躍不已，因為她將創下金氏世界紀錄，成為史上第一位跨過終點線、成功環遊世界一周的單車手。不同於黛芙拉・墨菲，這場旅行的重點是在緊湊的時間限制內抵達終點，世界各地的媒體齊聚一堂，為的就是捕捉這歷史性的一刻。

單車手茱莉安娜・布赫靈在一百五十二天前離開家鄉那不勒斯，踏上創造世界紀錄的旅程時，幾乎沒人把她的野心當成一回事。她的教練認為她至少要再特訓一年，才能接下這項艱鉅挑戰。儘管幾十年前早有男性打破該項紀錄，卻沒有贊助商願意提供資金給她。雖然原因可能是他們對於女性是否能創下同樣紀錄持保留態度，但事實上更可能是不確定一個三十一歲、八個月前才開始騎自行車的女子是否真有能耐。茱莉安娜只有朋友的支持，其他一切靠自己，她單獨騎自行車離開那不勒斯，先是往西挺進里斯本，接著來到美洲，整整五個多月都在騎車。

茱莉安娜也許是第一個騎自行車環遊世界的女性紀錄保持人，但她不是第一個嘗試的人。將近一百一十八年前，有位二十四歲的女性於一八九四年騎車離開波士頓，踏上單車之旅第一段路前往紐約時，包括婦女參政活動人士和婦女基督徒節制會成員在內的群眾，皆到場向她道別。和茱莉安娜一樣，這位拉脫維亞猶太裔移民二十四歲的安妮·柯瓊夫斯基（Annie Kopchovsky）也是意外的人選，她在出發前幾天，才首度坐上自行車。

在那之前，安妮都在當地報社出售廣告版面，與丈夫麥克斯及三個不滿五歲的孩子住在波士頓的公寓。她大概不是人人心目中可能打破世界紀錄的女車手，然而安妮告訴媒體，兩名波士頓富商想要打賭女人能否在十五個月內騎單車環遊世界，她因此雀屏中選。當時，英國男車手湯瑪斯·史蒂芬（Thomas Stevens）是成功於三十二個月內環遊兩萬一千六百公里的紀錄保持人，他在十年前騎乘一部便士與法尋單車完成這項環遊世界的挑戰。如果安妮挑戰成功，他們就會提供她一萬美元的獎金，在那個年薪僅約一千美元的時代，這筆獎金稱得上是鉅款。

維多利亞時期是發明、探索、冒險的時代，也是一個競爭的年代，不少人爭相當第一，或以最快速度完成各種五花八門、眼花撩亂的創舉，像是攀登無人挑戰的山峰、搭乘熱氣球獲得最高飛行紀錄等。於有限時間內完成環遊世界之所以熱門，部分可歸因於作家朱爾．凡爾納（Jules Verne）創造、受到空前歡迎的虛擬角色霍格先生（Phileas Fogg）。最有名的案例莫過於膽大無畏的《紐約世界報》（*New York World*）調查記者伊莉莎白．柯克倫（Elizabeth Cochrane），她利用假名娜麗．布萊（Nellie Bly）寫作，並於一八八九年打破紀錄，在七十二天內利用各式各樣的交通工具，蒸汽火車、輪船、騎馬和人力車，完成環遊世界的創舉。當時遠在家鄉的讀者每天都迫不及待閱讀她的旅遊報導文章。這是深具歷史意義的一刻，因為大眾旅遊縮小了世界的距離，世界變得前所未有地唾手可得。

在那個連女性到當地公園騎車都無法接受的年代，安妮是第一個嘗試以自行車環遊世界的女性。但是她並不是當時唯一獨自踏上環遊世界單車比賽的人，在安妮踩著單車揮別波士頓時，德國移民之子美國探險家法蘭克．廉茲（Frank Lenz）已經出發兩年。這段期間《郊遊》雜誌持續刊登法蘭克描寫旅程的報導文章，安妮出發前的那一個月，他正好抵達伊朗的大不里士（Tabriz），不久後卻無消無息，一年後證實了他在當地侮辱一名土耳其領袖，最後遭到庫德族暴徒殺害身亡。

根據安妮的說法，為了領取這筆獎金，她得在十五個月內回到波士頓，她也表明還有一個打賭條件，那就是她得在這趟旅途中獨力賺得五千美元，而且無功不受祿，早在她跳上自行車前，她就努力落實這個目標。她深知廣告的力量和價值，於是就像她在報社的工作一樣，安妮開始出租自行車和自己身上的廣告空間。第一個上門的贊助商是倫敦德里利西亞礦泉水（Londonderry Lithia Spring Water），安妮答應廠商會在她的自行車上懸掛該品牌產品的廣告板，並為自己重新取名為安妮・「倫敦德里」，彷彿連她的身分都有價格，而這個「倫敦德里」價值一百美元。一路上她接下許多類似的贊助，單車上因為掛滿各種產品及服務的廣告彩帶和看板而沉甸甸的。安妮在全球引起轟動，吸引每個到訪國家關注，而她也盡可能確保自己出現在報紙版面。安妮很清楚宣傳的重要性，也深諳宣傳手法，即使需要稍微誇大或造假，甚至扭曲誇飾也在所不惜。

安妮展現出卓越非凡的判斷力、膽識、自我宣傳的天生推銷員特質，但她從一個原本在波士頓公寓內照顧孩子、生活難以溫飽的母親，搖身一變成為離家一年多、世界第一位環遊世界的女車手，並在全球家喻戶曉，在當時還是相當不得了的現象，聽起來更類似朱爾・凡爾納的故事情節。所以實在很難理解為何九〇年代末之前都沒人記得這號人物，非要等到她的姪孫彼得・祖特林（Peter Zheutlin）決定研究她的故事、為她撰寫傳記，世人才又記起安妮。彼得和其他近親一樣，之前都沒聽說過他們這位卓越的祖先，由於一名研究員碰巧讀到封存已久，關於安妮騎車環遊世界的報紙文章，為了徵求更多資訊而主動聯絡彼得，彼得才開始挖掘安妮令人眼睛為之一亮的故事。他發現這是一趟「大膽前衛，考驗膽量、自我宣傳以及運動技能的旅行[1]」。

雖然彼得形容安妮不理睬社會期許，可謂「新女性化身」，是展現成功決心、敢做敢當的女先鋒之一，但他認為她部分的故事前後不一致。第一點就是打賭這件事，他認為恐怕從來就沒有打賭一事，或許這可以解釋為何兩個男人會決定由安妮出任這個任務的謎團，因為打賭的富商壓根不存在，整場比賽也是安妮誇大的自導自演。事實上她在訪談中解釋富商打賭規則時，許多說法亦前後兜不攏，這應該就足以當作證據。可是在我的看來，這樣反而讓她的冒險更精采，畢竟她不是靠兩個男人成為巨星，而是靠自己發想出兩名富商，並運用策略奪取全球關注，策略也明顯奏效了。

由於沒有真實賭注，安妮可以彈性調整十五個月任務的規則。時間限制似乎是唯一不可妥協的條件，和現代金氏世界紀錄設下的條件有天壤之別。茱莉安娜·布赫靈在二〇一二年致信金氏世界紀錄組織，告知對方她有意成為首位女性紀錄保持人時，他們在回信中洋洋灑灑列出她必須遵守的諸多規則，第一項規則就是她的騎乘距離必須至少四萬公里（超越赤道長度），其中兩萬九千公里一定要在自行車上完成，這條路線只能是由東往西或由西往東的方向，並且必須行經兩個對徑點，她也得將衛星導航追蹤器裝在自行車上，好隨時追蹤行蹤與進度。此外，茱莉安娜和一九三八年試圖在一年內打破紀錄的比莉·弗萊明一樣，必須沿途向當地人索取簽名證明騎乘里程數，當作進一步佐證。

茱莉安娜出發前幾週，金氏世界紀錄通知她，後來他們更改規則，就算是不騎自行車的時候，計時器也不會停止，這意思是她搭飛機的時間也會算進最終總時數，所以她得在最短時間內進出機場、再次騎車上路。他們也決定將參賽者的時間限制改為一百五十天，而且不分男女，這個有關時間的決定很奇怪，因為雖然有男性嘗試挑戰，但截至當時尚無男性創下該時間紀錄。在這個時間規則內，她必須每日騎乘兩百公里，比她特訓時的騎乘距離要來得長，而且完全沒有休息日。當她詢問為何他們決定這個數字，金氏世界紀錄似乎無從解釋。但就在她出發前五天，他們再度聯繫她，說明後來決定將女性的總天數上限改成一百七十五天，不過茱莉安娜還是決定挑戰男性紀錄。

這時茱莉安娜下定決心，將她舒適易騎的旅行自行車，換成一輛輕巧的碳纖維公路車。這部全新公路車的總重量不及七公斤，茱莉安娜以希臘神話英雄貝勒洛豐（Bellerophon）的坐騎，也就是擊敗怪獸客邁拉（Chimera）的白馬，將這部自行車取名為珀伽索斯（Pegasus）。她的行李化繁為簡，只攜帶一套換洗單車服及幾件必需品。

安妮的旅行倒是沒有那麼輕便自在，她那部恐怕是波士頓教皇公司贊助的哥倫比亞淑女車重量不輕，足足二十公斤。這部單車擁有低車架，意思是她想穿普通長裙和馬甲都不是問題，但是單車加上衣服的重量讓長途騎車難上加難。除了她那有著珍珠槍托的左輪手槍，她已先寄出裝有換洗衣物的行李，最後輕便上路。安妮的第一個目的地是紐約市，而她似乎沒有時間壓力，泰然自若地在那裡待了足足一個月，接受訪談，吸引民眾關注她的單車之旅。

一八九四年九月底，騎乘一千六百公里的三個月後，她總算抵達芝加哥。來到風城之後，她對自己的計畫意興闌珊。剩餘的路途還很漫長，而沉重自行車令她精疲力竭，於是最後宣布放棄挑戰，決定在回到紐約市的路上創下另一項新紀錄。就在這時，另一間公司史德林單車（Sterling Bicycles）插手，她才重新燃起野心勃勃的計畫。史德林贈送她一部重量只有哥倫比亞淑女車一半的男性自行車，交換條件是她必須為他們的品牌打廣告。和升級單車後的茱莉安娜一樣，接下來安妮的進度變得更愜意快速。她也捨棄裙子和馬甲，改穿燈籠褲，並且徹底愛上這種裝扮，還向媒體大肆歌頌理性服飾的優點。

可是安妮還碰到另一個棘手問題，她發現最初規劃的往西路線漏洞百出：她無法在冬雪降臨前順利跨過山區抵達舊金山，唯一選擇就是折返東部，撤銷原定路線的一千六百公里，回到紐約市搭船前往歐洲，並放棄挺進西岸、然後前往亞洲的計畫。唯一的安慰是她知道有了這部史德林單車，回程不會太累人。

對於任何自行車手來說，天候可能就是最難搞的挑戰。要是原定行程已經排得緊湊，壞天氣很可能搗亂本來安排縝密的計畫。但是就安妮的情況來看，她最大的敵人是規劃不良，而不是難以預測的天候。

指望創下環遊世界單車旅行紀錄的騎士當中，絕大多數都選擇往東，畢竟這是應付盛行風向的好方向。幾經思量後，在仲夏從歐洲出發的茱莉安娜決定，要是她往東前進就可能碰上亞洲的梅雨季節，於是改選逆風而行，一路往西。她從義大利南部出發進入法國，頂著四十度高溫穿越西班牙森林大火後的一片狼藉，然後抵達里斯本，搭乘飛機前往美國。離開波士頓後，她可以強烈感覺到先前他人不斷警告的強風，更別說還有豪雨、丘陵、數不盡的破胎。

跨越美洲時，有人對她說方向選錯了——但這個忠告很多餘，畢竟現在才改向已經太遲。她形容不斷逆風而行的感覺是「士氣不斷受挫，感覺體力快被榨乾，最後只想尖叫流淚，沮喪崩潰地拍打自行車手把[2]」。我非常清楚這種感受，更別說我還沒像她一樣嘗試騎單車環遊世界：我曾住在全法國風勢最強勁的省分，騎車時偶爾就像奮力踩著設定最高強度的飛輪，但要是碰到順風，騎車的感覺也很接近翩然飛舞。等到茱莉安娜抵達平坦的中西部，風勢已強到她無法承受，於是她選擇重新規劃路線，繞道前行，以避免遇到強風正面襲擊，她的旅行里程數也因此增加。

屋漏偏逢連夜雨，她始終躲不過亞洲的豪雨。穿越印度的半路上，茱莉安娜碰到颱風襲擊，連日來都在狂風暴雨中騎行，這時馬路已不再是馬路，而是混雜著垃圾和噁心穢物的泥巴浴，她和珀伽索斯從頭到踏板都覆蓋著一層髒泥。為了避免生重病，這時她再次被迫改道。

然而即使安妮改道，也避不了惡劣天氣。她抵達法國時是十二月初，最後在冰冷雨水中離開巴黎，等到她抵達羅亞爾河畔，雨水已變成冰雪。但安妮不必在惡劣天候中孤軍奮戰：有一群粉絲與她接力從巴黎騎車到馬賽。出發前她在巴黎待了好幾週，四處接受訪談和演講，參加自行車展、協助推廣不同產品，基本上就是累積人氣。她離開巴黎時，全法國幾乎無人不知這個騎著史德林自行車一路往南的美國女人，許多單車手亦熱心陪她騎乘一小段路。抵達馬賽時，她受到英雄般的熱烈歡迎，群眾在街頭列隊迎接這個他們耳聞已久的傳奇女子，到了這個時候，安妮已是自行車界名人。

不像當時的其他國家，法國女性穿上燈籠褲騎自行車並不會引來太多意見，法國人也對這個環遊世界的自行車手欲罷不能。儘管成名讓安妮感到輕飄飄，但她肯定認為自己受盡苦難。當地單車俱樂部的自行車手像是她的左右護法，陪她騎著單車進入馬賽時，安妮只能用單腳騎車，另一腳則是纏滿繃帶、靠在單車手把上。安妮向媒體披露她在亞維儂附近碰到路上行搶的強匪，被對方打斷一條腿。她的姪孫彼得倒覺得這個故事可能不是真的，受傷起因或許只是在里昂附近發生不那麼聳動的意外。

安妮沉浸在成為鎂光燈焦點的喜悅，這種感受肯定和她在波士頓沒沒無聞的人生差了十萬八千里。她以嶄新頭銜打造出一個全新身分，而她編織的故事也是其中一部分。虛擬故事讓她荷包滿滿，她能以名人身分出售簽名照、宣傳廣告商品，從香水到輪胎無一不賣，而她也因此成為廣告新寵兒，在自行車掛上更多廣告橫幅。人們付錢請她暢談自己的旅遊經歷，而為了讓聽眾如痴如醉，她說故事時也不惜加油添醋。

茱莉安娜的挑戰和安妮截然不同，並不需要她一邊騎車環遊世界，一邊賺進五千美元。她出發前試著找品牌贊助她部分費用，卻沒有贊助商願意出面。她希望自己騎了一段距離之後，人們就會明白她不是隨便說說而已，到時就有人捧著她極度欠缺的資金上前，無奈最後希望還是落空。等到她完成紐西蘭的騎乘，旅行預算已花光，又遭遇其他低潮：衛星導航功能失常，意味著她白騎了不少公里的山路，同時還得遭受風吹雨淋、渾身冷得打顫。

就在她準備放棄、打道回府的時候，網路救了她一命。就像以前人們透過報章雜誌刊登的故事及專訪，追蹤安妮從波士頓出發的環遊世界之旅，二〇一二年也有越來越多人關注茱莉安娜的行蹤，在網路上追蹤茱莉安娜的衛星導航追蹤器、她的臉書訊息及影片，一聽說她可能放棄挑戰，很多人便無所不用其極為她進行群眾募資，協助茱莉安娜繼續騎車，其他人則在半路和她會合，幫她送食物飲料，不少都是女性。朋友及朋友的朋友負責接待她過夜，盡自己所能協助她繼續騎車。和安妮不同的是，茱莉安娜不用自編自演：她的旅行過程發生太多事，不需要自己捏造。

茱莉安娜的衛星導航追蹤器已經說明，她選擇的路線及距離不可能造假。安妮則只有一個記錄里程數的單車碼表，回到波士頓的路上，她聲稱自己騎了一萬五千公里，當然她折返波士頓那段路上亦累積不少里程數，以及在一月二十日從馬賽出發，七週內抵達日本的距離。她聲稱自己在這段旅途中穿越了北非和中東，跨越喜馬拉雅山、橫渡中國。冒險故事不只如此，她還告訴記者和座無虛席的演講廳聽眾，她在抵達中日大戰*前線時遭到拘捕，另外也曾在孟加拉獵虎、目

*譯註：指一八九四年中國清朝與日本之間的甲午戰爭。

睹俄羅斯西伯利亞的監獄，還在往東的路途中被子彈擊中肩膀。

仔細檢視諸多報章媒體報導之後，彼得．祖特林下了一個結論，那就是安妮從法國前往日本的旅途經歷多半純屬虛構。她不可能一整路只騎乘那部史德林自行車，同時在這麼短的時間內遭遇她自稱的困境和驚險記。怪不得她的故事常常相互矛盾，每個訪談者聽到的版本都不同。

無庸置疑的是，她從馬賽搭乘的汽船就是她一八九五年三月在橫濱抵港的同一艘船，雖然這降低了荒誕冒險旅遊故事的可信度，卻沒有違背「賭注」條件，畢竟安妮解釋賭注時，從沒有明確解釋富商規定她必須騎乘多少公里。無可辯駁的是，她確實在法國和幾名車手一起騎了幾百公里的路，他們可以證實這個說詞，不過她確實也有搭乘幾段火車，很可能是跳下汽船後，在船隻停泊的港口騎著單車兜繞。然而等到她抵達舊金山，完成最後一段路，她那些引人入勝卻相互矛盾的故事卻開始讓她吃到苦頭，報章媒體已經不再相信她所說的故事。

回到波士頓的路上，對安妮逐漸嗤之以鼻的記者開始懷疑她一路上訴說的歷險故事。她選擇一條挑戰性高的非直線路線，往加州海岸南方前進，接著再往東跨越亞利桑那州和新墨西哥州，最後朝北挺進芝加哥，途中橫跨乾燥沙漠及高山。她引來大批群眾特別付費，前來聽這個傑出勇敢女子的演講，雖然媒體已經報導她是搭乘火車抵達，但是艾爾帕索（El Paso）的聽眾仍然聽不膩她的瘋狂事蹟。

雖然她確實搭乘好幾段火車，但至少她還是騎了一些距離，和幾頭豬隻（或一名農夫，全看你讀到的是哪個版本）相撞後，帶著骨折的手肘現身。她在出發十五個月後，胳膊打著石膏回到波士頓，先不說她的骨折原因為何，這個年輕媽媽仍然創下歷史紀錄，成為史上第一個騎單車環遊世界的女性（或者只有其中幾段路是騎自行車），並在這過程中成為家喻戶曉的巨星。無論打賭的事是真是假，最後安妮還是贏了，她的旅行說明一個事實，那就是女性大可不必只安於人妻人母的角色。

值得注意的是，她換名字也為自己創造出一個全新身分。身為安妮・倫敦德里的她從未提及自己的婚姻狀態或留在家鄉的孩子，這是一個非常聰明的策略，可以避開長期拋家棄子的無情苛責，今天要是換作她的丈夫麥克斯騎單車環遊世界，我懷疑會有人批評他罔顧父職，男性天生就有踏上歷險之旅的權利，這種雙重標準到今天依然沒變。

我們只能暗自猜測安妮選擇離家這麼久的動機和感受，但是不用懷疑的是，從人生各種層面來看，十九世紀末的美國女性選擇還是較為侷限，從行動自由乃至家庭規劃皆是。安妮主動出擊，選擇展開屬於自己的獨立冒險，而不是只默默做好本分、符合社會期許，認命地在波士頓當一個工人階級、擁有三個孩子的猶太媽媽。她選擇以自行車環遊世界的意義重大，象徵著維多利亞時期的嚴厲性別規範終於劃下句點，也為女性推動更多自由。只可惜世人遺忘她的故事太久。

女性騎車上路所遭遇的挑戰

要是安妮的旅途沒有從歷史書籍消失的話，也許我們就不用等到二〇一二年，才看見新人挑戰女子單車環遊世界的官方紀錄。

茱莉安娜．布赫靈坦承，因為她從未表示對運動的興趣，所以「我沒有接下這種巨大挑戰的資格[3]」。她全是靠「意志力和決心毅力才完成挑戰，路上碰到各種困難都好」，但也多虧她想向世人證明「一切都有可能」。與親人離散的痛是她踏上這場不可能壯舉的主要動力，但在接下挑戰的過程卻改變了她。茱莉安娜小時候在壓抑的膜拜團體中長大，直到二十三歲那年逃家。多年來與雙親分隔兩地，以及難熬的童年和青少年時期，這樣的經驗背景讓她不至於悲觀看待這場精疲力竭的自行車之旅，畢竟八歲的她並不相信自己有天會接下如此困難的挑戰，遑論成功。

茱莉安娜的童年創傷讓她變得堅強，承受得了高度身心折磨，更能做好心理準備面對一路上的艱鉅難題。在孤獨漫長的自行車旅行路上，每當遭遇可能擊潰她的艱困情境，她獨立自主、適應性強的特質就會浮出表面。

她很可能是世上最偉大的耐力運動員之一，茱莉安娜將她的成功歸於自己的固執，而不是實力。她是二〇一三年唯一參加首屆橫貫歐陸自行車賽（Transcontinent race）的女性，這場橫越歐洲的艱鉅獨力賽事起點設在比利時，終點站則是伊斯坦堡，最後她的整體排名是第九。她的卓越成就包括六千七百公里的橫越美國自行車賽（Trans Am），在這場比賽中，她也是第一個跨越終點線的女性，最後總排名第四。當其他人可能放棄、準備打道回府時，她卻拒絕放棄。茱莉安娜形容她在自行車上會化身「另一種生物，完全忘卻原本身分，連自己的女性身分都不記得，我幻化成另一種動物，就像是一匹嗅到終點線的馬兒，不顧一切地往前衝刺[4]。」雖然成就非凡，她卻認為自己平凡無奇，覺得其實很多人也擁有尚未開發的潛質。

單獨騎自行車，與時間、天氣、環境、數不清的障礙競賽，無疑是一件宏大的任務。珍妮·葛拉罕姆（Jenny Graham）是又一個排除萬難成功的英雄，她在二〇一八年，以三十八歲的年齡成為最快以自行車環繞世界一周的女性，也是史上第三個完成這個壯舉的女性，第二人是來自義大利的寶拉·嘉諾提（Paola Gianotti）。雖然寶拉在這段過程中發生意外、脊椎斷裂，被迫中斷四個月，她還是在二〇一四年以一百四十四天的時間完成環遊世界，成為金氏世界紀錄保持人。珍妮則是以一百二十四天完成三萬公里的騎行，她先是從柏林往東出發，路線參考的是二〇一七年以七十九天創下全新男子紀錄的馬克·博蒙特（Mark Beaumont），博蒙特則在這場挑戰中打破他自己於二〇〇八年創下的一百九十四天紀錄，可見這條路線真的是絕佳選擇。

在珍妮創下世界紀錄的五個月之後，我在北倫敦一間咖啡廳與她碰面。跟茱莉安娜一樣，她相信我們都能做到自己想像不到的事，而她打破世界紀錄就是一大證明。她在十八歲那年當上小媽媽，馬克·博蒙特等運動員的成就對那時的她而言，似乎是一場遙不可及的美夢。

她承認之前在學校從沒喜歡過體育課，一逮到機會就絕對翹課。但隨著她的兒子逐漸長大，她開始在家鄉因弗內斯（Inverness）附近的山陵騎起登山車，光是這一點已經相當不同凡響。對於身為父母的人，或至少是負責照顧孩子的父母，閒暇時間非常寶貴。在我們的社會裡，擔當照顧他人的責任通常都是落在女性肩頭，研究顯示，成為人母的女性更少有自我時間去做她們想做的事，好比體育活動，並表示這麼做的同時內心會充滿罪惡感，覺得太放縱自我。這或許也解釋了為何我的單車俱樂部中有許多家有幼子的男性，但他們仍能在週日上午抽出時間外出騎車，有幼兒的母親則很少加入我們的俱樂部團騎。珍妮相信，正是因為她的時間不夠用，她才更有動力善用努力擠出的幾個鐘頭。兒子開始參加校後社團活動後，她也捉緊良機跳上單車出門騎行。隨著兒子年紀漸長，珍妮越來越有自己的時間，於是開始長距離騎乘，挑戰難度越來越高的賽事。

珍妮一開始並不認為自己是探險家，只是一步步踏上探險之路，並且持續催逼自己，看看自己有多少能耐。在珍妮接下挑戰前的幾十年間，不斷有男性創下自行車環遊世界的紀錄，與此同時，除了茱莉安娜，這之前卻沒有任何女性接下挑戰，這正足以證明女性不認為自己辦得到，也是世世代代的前人不斷告訴女性，弱女子的體能完成不了這種創舉的結果。

即使箭在弦上，出發日期迫在眉睫，珍妮仍說她覺得自己像是「冒牌貨」。她告訴我，這是「整個過程中最艱難的部分。站上出發線，不顧質疑的聲音勇往直前」，尤其是想到自己可能在無數雙眼睛下「大慘敗」的窘境。

無論質疑的聲音在她腦海裡告訴她什麼，她都有一個堅強紮實的支持網絡，他們相信珍妮辦得到，其中包括國際女性耐力自行車手組織「冒險辛迪加」（Adventure Syndicate）的成員。藉由第一手故事和團騎安排，冒險辛迪加的目標是改變各年齡層女性的論述，讓她們相信自己具有能力，並激勵她們展開屬於自己的單車冒險。珍妮有心成為耐力自行車手，於是向已成年的兒子借錢，參加該組織舉行的訓練營，結果非常值得：訓練營教練提供她一年的免費特訓，她把這當成「改變人生」的大好機會，不過仍然等到幾個月後讀到茱莉安娜環遊世界的騎行，才決定了她下一場挑戰。

成功找到贊助商、規劃好從柏林出發的路線之後，她出發往東，一路穿越波蘭、拉脫維亞、立陶宛、俄羅斯、蒙古，最後來到北京，跳上飛往澳洲的班機。珍妮抵達出發線時內心充滿使命感，她努力排除所有疑慮與雜念，告訴自己：「我天生就是要來到這個舞台，這就是我的人生使命，而這也是我此時此刻應該做的事。」她即將展開這場與時間賽跑的比賽，每天平均騎車十六個鐘頭、距離長達兩百九十公里，讓她可以活在當下，這在我們日常生活中是一件很難辦到的事。茱莉安娜也形容，她的騎乘過程就是「某種冥想，一種完全靜止的狀態[5]」，顯示了即使是這種挑戰性質的旅途，人還是可能沉浸當下，而不是思考下一餐要吃什麼、要在哪一站過夜，或是想著終點線。

和黛芙拉・墨菲的愜意旅行不同的是，珍妮無法歇息放鬆，也不能在喜歡的地點停留太久。

即便如此，她沿途還是感受到「豐富的人際互動」，一想到她再也見不到這些人，這樣的互動就更有意義。儘管沿途挑戰不斷，珍妮將之視為只是暫時的，不讓遭遇的困難干擾她內心的滿足。

珍妮是一個活力四射、正面陽光的人，我相信這項特質讓她挺過諸多人生難關，睡眠不足、疲憊不堪、天寒地凍，還得為了避免被俄羅斯公路的卡車輾過，選在夜間騎車。她在馬路下的排水溝睡覺，也能睡得像在設備齊全的飯店一樣香甜。聽她說話的同時，我內心忍不住思忖換作是我，能否像她一樣堅忍不拔，抑或直接被這樣的難關擊敗。

為了排解獨自騎車的寂寞，她會跟著朋友為她整理的歌單哼起歌，也會聽有聲書，包括薛瑞・葛拉德（Apsley Cherry-Gerrard）的《世界最險惡之旅》（*The Worst Journey in the World*），書中講述一九一〇至一三年間的南極洲新地探險（Terra Nova Antarctic）征程悲劇中，羅伯特・史考特（Robert Falcon Scott）和幾個隊友在離開南極的返家途中凍死的故事。多虧這本有聲書，珍妮沒有騎車騎到睡著，並相信自己的難題只是小問題。史考特的征程不收女性，因為他們認女性無法接下諸如此類的挑戰，但這個觀念實在大錯特錯，事實已經證明女性更有能耐面對嚴峻的極地環境。一九三七年，超過一千名女性主動報名參加另一場南極洲征程，最後無人能夠參加。美國持續禁止女性前往南極洲長達數十載，女性以科學家和探險家身分前往這個西方白人男性的疆域，也是近期才發生的事。

儘管女性在南極洲和世界其他角落已邁出這一步，還是很少女性參與耐力挑戰賽，尤其是單人競賽。原因我們已經知道，一部分是缺乏代表性人物，可是現在有了珍妮和茱莉安娜等人展現女性也能完成這樣的創舉，或許情況可望改變。但是還有其他阻撓女性參與的要素，近期一份蓋洛普民調（Gallup）顯示，百分之三十四的美國女性擔心遭到性侵[6]，而這樣的男性則只占了百分之五。很多人就連在自家附近都不敢走夜路，何況是騎自行車環遊世界。正如維多利亞時期的服飾阻礙女性行動，預期或真實發生的性暴力或性騷擾威脅也讓許多女性舉足不前。

珍妮告訴我即使單獨旅行，她也不覺得女性身分令她脆弱無依，不過她還是會研究旅行國家的女權狀況，以準備好因應身為女單車手可能碰到的遭遇。她偶爾也會採取預防措施，調整個人行為，避免威脅重重的情況，像是不接近俄羅斯貨車停靠站，以免當地男性發現有一名女子在夜裡單獨騎車。她的策略是讓自己「變成透明人，非男非女，而是一個不具威脅的剪影，低調安靜地溜過現場。」我猜馬克．博蒙特騎自行車環遊世界時，大概不需要考慮自己是否該保持低調隱形吧。

她描述個人覺得「不恰當」的各種事件：像是貨車司機會尾隨她，抑或在路上等待她，為了甩掉他們，珍妮就得持續踩著踏板前進。她從不覺得情況超出掌控，再說不舒坦的經驗怎樣都比不上她和陌生人的正面互動。她最擔心的是道路是否有可以安全通行的空間，不被貨車司機碾壓，這也是她改在夜裡騎車的主因。

二〇一八年，一份湯森路透專家民調（Thomson Reuters poll of experts）根據高性暴力和奴隸勞動率，將印度列為對女性來說最危險國家。該民調數據令人震驚，預測每個鐘頭就會發生四起強暴案，罪犯很少遭到起訴，女性通報犯罪也會遭遇重重關卡，即使通報了，警方亦很少認真辦案。印度是茱莉安娜覺得單獨騎車最不自在的國家，由於覺得風險太高，她不會在入夜後騎車。除了應付嚴重的腸胃不適和生病、暗巷小路、危險交通，她還常常引來「馬戲團畸形秀等級[7]」的圍觀群眾。她描述「一大群默不出聲、目不轉睛的男性」環繞在她身邊的情況，尤其是在東部海岸，有一次警方還得用警棍驅散群眾，偶爾甚至會有男性騎機車尾隨她數公里，可以想見這有多麼飽受威脅。後來她學會用一種技巧驅散人潮，那就是火爆叫囂、揮舞拳頭——「這是落單女性超有效的武器。」

雖然湯森路透民調的前十名對女性而言最危險國家名單中，絕大多數是開發中國家，但要是你以為西方國家較無性暴力的問題，誤會可大了。在同一份調查中，美國和敘利亞並列對女性而言最危險國家第三名，總部設於華盛頓的終結家庭暴力全國網絡（National Network to End Domestic Violence）執行副總裁辛蒂・紹斯沃茲（Cindy Southworth）說：「大家寧可相信收入高的地區不會有厭女現象，可惜這並非事實[8]。」

瑞典是強暴事件發生率世界第一的國家，這個事實恐怕令人震驚。然而某些國家的女性可能因為太害怕或羞於通報自己遭到性侵，尤其是心知肚明政府機關可能不會介入調查而選擇不通報，這也許或多或少亦扭曲了這項數據。再者，犯下性侵案的人可能是熟人的現象舉世皆然，這恐怕也是一大關鍵。一份二〇一八年格拉斯哥大學的強暴和性侵受害者研究發現，九成受害者認識性侵自己的人[9]。

並不是說可怕的事並不會發生，我們只是聽過太多利用女性恐懼、放大遭受陌生人暴力侵犯的故事，以為女性出門在外的風險極高，但事實上這種事件的發生率根本沒有那麼頻繁。在茱莉安娜騎車穿越澳洲內陸（Outback）時，不斷有人警告她可能碰到的危險，並常引用《鬼哭狼號》（*Wolf Creek*）電影中，兩名女背包客遭到綁架、折磨、謀殺的劇情。這部電影的廣告行銷用意讓人一頭霧水，說服觀眾這是根據真實事件改編，事實上卻是經過嚴重虛擬編造，並且加深了落單女遊客會遭遇潛伏在澳洲內陸的危險的迷思。

茱莉安娜沒看過這部電影，但她還是決定聽取無數澳洲女性的忠告，我相信換作是我也會照做。她們告訴茱莉安娜，千萬別在夜間騎車經過某些偏遠地區，其中一人甚至建議她避開人煙稀少的海岸路線，改走車水馬龍的內陸路線。

儘管聽了這麼多警告，她體驗到的卻只有慷慨善意，和黛芙拉．墨菲在阿富汗的情況很類似。身為女性，無論是單獨旅行或是在家鄉的日常生活，我們時常得為了避開危險狀況而調整個人行為。由於先有負面的個人經驗，加上刻意誇大危險的說法，女性已經學會下意識不引人注目，並自然而然養成這種根深蒂固的習慣，自然到有時候都不自覺我們正在這麼做。

珍妮在澳洲遇到的最大威脅是大自然。第一當然是大雨和冬季的低氣溫，再來是動物，尤其是袋鼠。騎車穿越一片漆黑時，她會看見這種大型哺乳類動物赫然聳立路邊，有些甚至高達一百八十公分，可是除非遭到觸怒，否則袋鼠很少主動攻擊人類（有別於突然俯衝襲擊茱莉安娜的喜鵲），但話說回來，夜間獨自一人在路上碰到牠們，難免還是會覺得可怕。

阿拉斯加當地人發現珍妮沒有攜帶武器時都不免為她捏把冷汗，尤其她是在荒郊野外騎車、經常就地在露營睡袋裡過夜，而且當時還是野熊為了冬眠儲備，開始囤積糧食的季節。珍妮認為光是騎車後的精疲力竭，就足以讓她想像中的潛在威脅雪上加霜。她沒有帶槍遏止野熊的攻擊，而是事先買了防熊噴霧，並在單車手把上裝了一個車鈴，警告沒有防備心的熊她正步步逼近，她也會在漆黑路上引吭高歌，以降低她驚動到野熊的機率。

她也在行經育空的路上把野牛加入略為嚇人的動物名單，可是她在黑夜之中遇到一大群野牛的恐懼，並無損於北極極光奇觀，抑或白晝的風景之美。

珍妮告訴我整段旅行中，最困難的就是穿越歐洲的那一段路，那個時刻她才總算驚覺這項挑戰的浩大規模。她「驚慌失措，情緒瞬間壓垮自己」，甚至幾度在路邊情緒崩潰。隨著她越來越接近終點線，也有越來越多人參與她的挑戰，直到她覺得超出掌控。獨自騎了成千上萬公里、自行打點決定一切後，這種感覺就像是一種文化衝擊，畢竟珍妮和茱莉安娜一樣選擇自己旅行：全程自己打理，不像包括馬克．博蒙特在內的環遊世界車手，她背後沒有旅行車尾隨，也無人提供膳食、住宿地點、精神支持、按摩，更沒人幫她訂機票、安排跨國邊境事宜。奇怪的是，不管路上有沒有人支持，金氏世界紀錄都不考慮將這一點算在紀錄內。

於是珍妮自己扛著所有必需品，完全自給自足，以她平常習慣又享受的方式騎單車。冒險辛迪加的李．克萊吉（Lee Craigie）在西班牙和法國的最後一段路加入她時，珍妮還是堅持遵守單獨騎車的嚴格規定，於是李只能偶爾陪她騎個幾個鐘頭，但最後一天珍妮還是破戒了，李在凌晨三點的麥當勞給了累壞的珍妮一個擁抱，在珍妮的規則手冊中，擁抱就算出局，除非她真的迫切需要，而她當下正是如此。

在路上騎乘一百二十四天後，她發現自己很想家，也懷念正常生活，不過珍妮沒有回家過回往昔生活，而是決定放棄原本的工作，成為冒險辛迪加的聯合董事（co-director）。珍妮第二次單獨騎車環遊世界時，訊息有如雪花般飛來，來信者都是深受她樹立的典範所激發、獨自展開冒險的女性。珍妮以新身分持續推廣自行車，主動接觸厭惡運動的女學生，以及一直以來不認為自己騎得了車的年輕媽媽。我們見面那天她剛回到英國，在那之前她帶領一群女單車手，在西班牙內華達山脈（Sierra Nevada Mountains）穿山越嶺，騎了一週的車。她的自行車就停在咖啡廳外，上頭滿滿都是她的自行車行頭。

多虧茱莉安娜、珍妮、寶拉，以及大膽無畏、不屈不撓的安妮．柯瓊夫斯基，即使安妮的里程數遠遠不如其他紀錄保持人，但我們現在明白女性是絕對可能完成單車環遊世界的。她們重新改寫了女力規則，為我們開啟了這個眾人誤解僅屬於男性俱樂部的世界。

第四部

賽道、公路、登山車賽女王

第十章 競賽人生

女自行車手的比賽紀錄被忽視

一九四一年九月，七十五名男性在密西根湖畔的高爾夫球俱樂部相聚，細數他們的往日榮耀。他們的勝利戰果已是上個世紀末的事了，但這群男人不是高爾夫球錦標賽冠軍，而是自行車賽冠軍。其中有幾個人在高輪車上完成比賽，其他人則是一八九〇年代的安全自行車賽冠軍，也有不少人參加六日自行車賽。六日賽是一種相當受歡迎的比賽，也是普遍認為最考驗耐力和後勁的終極測試，參賽者必須在場地賽道上繞圈，一天長達二十個鐘頭，等到再也踩不了踏板或是累到產生幻覺時小睡幾個鐘頭，醒了再繼續騎，能在計時結束前踩出最長距離的人就是贏家。

他們可能仰賴後勤人員提供的藥物：番木鼈鹼、酸三甲酯、海洛英、古柯鹼、嗎啡都是場地賽的合法藥物。他們有時會和馬競賽，也就是牛仔與自行車之間的較勁。如果馬兒累了，水牛比爾．科迪（Buffalo Bill Cody）等馬術師可以換坐騎，可是單車手沒有這等優勢，只能繼續踩踏板。成千上萬名觀眾湧來觀賽，最後還有等著贏家的巨額獎金。參賽男性都是全國知名、甚至是國際知名巨星，畢竟自行車賽是當時最受歡迎的觀賞性體育項目。他們挑戰身體極限，打破之前沒人認為可能達成的紀錄。

這次聚會是一個沉浸黃金時光、美好回憶的機會，大家聚在一起緬懷過往體能巔峰期、人生只有自行車的歲月，卻沒料到這場盛會居然出現一個不請自來的人，此人中斷了活動，粉碎了十九世紀自行車賽專屬男性的觀念。

午後活動進行到一半，出席的男性紛紛起立致詞、緬懷美好往昔時，一名六旬婦人跨過修剪整齊的草坪，侵門踏戶地闖進派對現場。一聽到她的自我介紹，眾人頓時明白她的來意——這位老太太是蒂莉．安德森（Tillie Anderson），一八九〇年代最偉大的女自行車手之一。她在全美的場地賽道上，面對觀眾騎乘自行車的繞行時間紀錄，並不輸現場大多數男士，甚至超越某些人。儘管成績輝煌，蒂莉並未受邀參與這場「十九世紀群星會」，只因女性自行車賽不算在正式比賽紀錄裡。蒂莉的競賽佳績與她同期及後代的女車手一樣，飽受邊緣化對待，被遺忘冷落。

女自行車手曾經吸引廣大觀眾及票房，亦幫報社賣出不少份報紙，可是一旦新鮮感消退，女性對自行車這項主打男性形象的運動沒有任何價值可言。高爾夫球俱樂部內的同期男車手似乎曾向蒂莉獻上溫暖，但她仍然得硬闖這群男士專屬派對，才能獲得她應得的待遇。人類自行車賽史上有一長串女車手，為了在歷任奧運和全能自行車手名單中占有一席之地而戰，她就是其中一人，二〇一七年時，妮可・庫克（Nicole Cooke）形容自行車是「一種男性主宰，也只為男性敞開大門的運動[1]」。

如今自行車體育運動的全球組織國際自行車總會（Union Cycliste Internationale，簡稱ＵＣＩ）已正式承認女自行車手，但若想獲得與男車手平起平坐的待遇，女性還有一段路要走。打從蒂莉的年代起，女性就不斷為了認同、薪資與機會平等、受到重視而戰，進展卻宛如牛步。一九八八年，奧運項目增設女子場地自由車賽，但其實女性早在那之前於賽道上騎了一百多年。事實上，直到一九八四年奧運都沒有女子自行車項目，男性卻自一八九六年就開始參與比賽。到了二〇一二年，男女自行車賽事的數量才持平。

自行車排擠女參賽者的歷史並不算短，翻開奧運金牌得主和環法自由車賽冠軍布拉德利・威金斯（Bradley Wiggins）於二〇一八年出版的著作《偶像》（*Icons*），他洋洋灑灑列出大約二十一個自己心目中的自行車英雄，你會發現書中一個女性都沒有。

蒂莉・安德森堅持自己和在場每位男性一樣，大有資格被稱為自行車「巨星」，後來的每一場年度冠軍聚會她都定期出席，直到九十歲壽終正寢為止。

騎高輪車在賽道稱霸十年的女車手

我的曾祖父山繆・摩斯在一八九〇及一九〇〇年代贏得不少赫恩山賽車場比賽獎章。一八九一年建造的赫恩山賽車場是目前僅存歷史最悠久、知名度最高的戶外賽道之一，也是少數挺過自行車風潮沒落的賽道之一。山繆在賽道上叱吒風雲的年代，最傳奇的耶穌受難日自行車賽總共吸引上萬名觀眾到場，當時英國最成功的自行車手之一法蘭克・索蘭（Frank Shorland）於一八九四年踏入赫恩山的賽道，參加二十四小時賽事，結果吸引兩萬名觀眾觀賽，不少人撞破路障只為一睹他的勝利賽事，他離開運動場時，警察還得擔任保鑣為他開道。

這些賽事大受歡迎，讓我不禁納悶當時是否也有女性自行車賽，但是一本關於赫恩山賽車場歷史的書卻隻字未提。我最初以為，要是當時女性連平穩沉著地騎自行車都倍受阻撓，或許直到二十世紀，女性都還是被擋在公開比賽的大門外。可是顯然事實並非如此，雖然自行車賽事主辦單位不承認女車手，她們還是照樣參賽。事實上，自行車是女性最早參加的競賽性運動之一，因此女性飽受邊緣化的這數十年顯得格外諷刺。

大家普遍接受的說法是，第一場女子自行車賽於一八六八年十一月，在法國波爾多的波爾多公園（Park Bordelais）舉行，也就是紀錄中首場男子自行車賽結束後的幾個月。當時現場來了幾千名觀眾，觀賞四名女子的腳踏車比賽。儘管路易絲小姐在這場比賽中幾乎全程領先，最後卻由茱莉小姐險勝路易絲獲得冠軍。在該賽事的某張插畫中，這幾位「腳踏車女伶」穿著在背後飄揚的半長裙，而裹著褲襪或甚至赤裸的雙腿在前方猛力踩踏，轉動著銜接前輪的踏板。在美國，這張形象插畫在《哈潑》雜誌採用前先經過審查，為了保持女性端莊，該雜誌特地加上一件飄揚的燈籠褲，以遮住女車手的美腿。

次年另一場法國賽事中，三名女子在首場長距離公路賽中與一百二十名男性競賽，僅有三十三名參賽者成功從巴黎騎乘一百二十二公里抵達魯昂（Rouen）。第二十九位跨越終點線的是一名來自里昂的女性，參賽名字為「美國小姐」，她的丈夫則應該是以第十三名的佳績完賽。在這陣腳踏車風潮中，她很快就成為全法國自行車賽的熟面孔。

在高輪車擄獲眾人芳心的一八八〇年代，一群主要來自北美的女性下定決心，要在自行車賽的世界留下印記。她們挑戰其他男女，甚至連馬都不放過，較量看看誰的速度最快。一八五九年生於堪薩斯德國移民家庭、本名凱洛琳・基納（Caroline Kiner）的艾爾莎・馮・布魯門（Elsa von Blumen），在一八八一年紐約州羅徹斯特（Rochester）馬術公園（Driving Park）兩千五百名觀眾的見證下，以高輪車挑戰一匹名為「哈第R」（Hattie R）的馬。少女時期的艾爾莎經醫師診斷患有結核病，為求恢復健康她便開始競走，沒多久就發現自己擁有驚人耐力，並在一八七九年成為競走賽冠軍，成為「競走小姐皇后」。

當時競走和棒球都是極受歡迎的觀賞性體育比賽，雖然現代人恐怕很難想像，觀看一個人除了吃飯時暫停之外，兜著小賽道競走好幾個鐘頭、有時甚至好幾天，究竟有何魔力。艾爾莎經常在特殊室內賽道或音樂廳內裝設的鋸屑跑道場地，參加一百六十公里競走，並在二十七個鐘頭內完成賽事。到了一八八〇年，她已開始改騎高輪車，騎車的速度當然快多了，不過也危險許多。她和馬兒較量，之後又在六天內於匹茲堡賽道完成一千六百公里的路程。某張照片中，艾爾莎穿了一雙排釦皮踝靴、頭戴鴨舌帽、搭配一身完美合身的燈籠褲和夾克，褲子外則是罩了一件小流蘇裙，沒有哪個女高輪單車手會冒險穿長裙。

雖然艾爾莎常常和男性競賽，但她最強勁的女性對手是法國及加拿大裔的路易絲・亞曼朵（Louise Armaindo），路易絲也是先接觸競走，後來才參加高輪車賽。身為馬戲團女大力士的女兒，路易絲最早是在芝加哥某馬戲團擔綱高空鞦韆表演者兼女大力士。她誇口母親在個人職業生涯的高峰，可舉起四百公斤的重量，所以就她個人經驗來看，女性嬌弱的說法根本是無稽之談。一八八二年，路易絲和艾爾莎在其中一場紀錄最早的女子高輪車競賽中對決，比賽為期六天，包括八公里的短程賽。後來路易絲贏了比賽，摘下后冠，幾乎整整十年都叱吒女子高輪車界。

和艾爾莎一樣，路易絲與男性對決時絕不退縮。一八八三年，她來到鄰近芝加哥濱水區的軍械庫（Armory），在臨時搭建的煤渣賽道參加一場為期六天的比賽，對上美國冠軍威廉・伍德賽德（William M. Woodside）和威廉・摩根（William J. Morgan），三人每天在兩千名觀眾面前，在賽道上飛快繞圈十二個鐘頭，裁判謹慎小心計算每位單車手完成的圈數，由於停下來就可能讓其他對手有機可乘，所以他們都盡可能不休息。第一天結束之際，三人之間幾乎零差距，但是到了第四天，路易絲漸漸超越兩名男性對手，最後兩天甚至拉開領先差距，最終在這場七十二小時的比賽奪冠，她總共騎了一千三百四十九公里，摩根一千三百一十二公里，伍德賽德則只有一千一百五十七公里。她向一名記者透露「沒人曉得為了撐到最後，我對自己是多麼嚴苛，但我下定決心要打敗這兩個男人，最後我成功辦到了[2]。」

威廉・伍德賽德不滿自己輸給女人，於是向路易絲提出挑戰，隔週在威斯康辛州連續三晚騎乘一百九十公里。摩根也加入比試，最終路易絲依舊擊敗這兩個男人。伍德賽德沒有就此放棄：這三人後來又約在密爾瓦基（Milwaukee）進行連續六晚的比賽，每晚騎乘三個鐘頭。他自信滿滿這次肯定會贏，於是禮讓路易絲四十八公里、威廉・摩根二十公里。可是路易絲最後又以四百七十公里的成績獲勝，打敗摩根的四百五十六公里和伍德賽德的四百四十三公里。這年邁入尾聲之時，據說她出色的競賽技能幫她贏得大約等同於今日十萬美元的獎金。

到了路易絲稱霸十年的最末期，她不斷趕跑所有試圖奪走王冠的參賽者。有一組仍處於青春期和二十出頭的年輕新車手也加入自行車界，激勵她們的偶像也許正是路易絲。這群年輕車手在全美各地的煤渣賽道考驗自我能耐，最後成功終結了路易絲王朝。路易絲從自行車界退役前，對於賽道挑戰者一向是來者不拒，她也加入女高輪自行車巡迴團隊，到訪美國各地、彼此較量，有時每日八個鐘頭、每週六天在紐約市麥迪遜廣場花園（Madison Square Gardens）人滿為患的體育場前比賽。從一八八九年九月至一八九〇年一月，路易絲和她的自行車夥伴巡迴至英國，在格林斯比（Grimsby）、北西爾茲港（North Shields）、朗伊頓（Long Eaton）、雪菲爾（Sheffield）、北安普頓（Northampton）等小鎮比賽，吸引成千上萬名觀眾前來觀戰，畢竟大多數人這輩子還沒見識過女子自行車賽。從為期六天的二十小時競賽，乃至一百六十公里距離賽，參賽女性無不卯足全力，同時也接下男挑戰者的戰書。

面對強悍勁敵的路易絲再也沒重回冠軍寶座。強敵之一洛蒂・史丹利（Lottie Stanley）最後留在英國繼續和男性比賽，畢竟當時人們對女自行車選手的新鮮感沒有抵抗力。其中一場在狼隊足球俱樂部（Wolverhampton Wanderers Football Club）進行的比賽總共吸引一萬七千名觀眾。

能與男性匹敵的傳奇女單車手

雖然後期的路易絲星光黯淡，但是全盛時期的她是一名傑出車手，也和蒂莉・安德森及任何男性自行車手一樣，應該受邀參加自行車冠軍的慶祝盛事。可嘆可悲的是，一場於一八九六年發生的飯店火災造成她身受重傷，此後路易絲再也無法騎車，並於一九〇〇年默默離世。

她在人生最後的那十載見證自行車界的巨大轉變，包括流星般崛起的全新自行車賽女王蒂莉・安德森。更新穎實用的安全自行車取代了高輪自行車，自行車賽加入正式運動競賽的行列。

在美國，這項運動是由簡稱LAW的美國自行車騎士聯盟監管，該聯盟的角色是推廣一般自行車手、安排賽事、登記比賽紀錄。高輪自行車賽類似體育界的狂野西部，誰都能向他人單挑，但這種年代已成過往雲煙。正如第五章所述，一八九四年下達禁收非白人會員的命令後，LAW就不再是多元包容的組織，他們反對女性參與自行車賽，也拒絕頒給蒂莉和她的同期女車手官方認可，女性車手的競賽表現皆未登記於LAW的紀錄，要是有自由車場館舉辦女子自行車賽事就可能被列入黑名單。

儘管路易絲等車手不斷證明自己強悍無畏，可以接下來自男性的戰書，甚至擊潰對方，但是LAW的觀點可能還是與當時的大多數人類似，無法接受女性在賽道上飆汗的畫面，亦因爭議性太高而不想蹚這池渾水。當時的女性仍得用力證明自己跟男性一樣有權騎自行車，甚至連大力支持她們騎車的人都覺得自行車比賽太超過。

當時的雜誌和單車媒體到處宣傳有關「飛車人士」——也就是飆速騎車的人——的警告，女性「飛車」的舉動則是完全背離女性化的理想形象，LAW並不想惹麻煩上身。對於許多保守派人士來說，這是騎自行車可能對女性造成毀壞的最極端例證，許多英國人也相信這種觀點，包括《自行車》雜誌也在一八九四年聲稱這項運動「不是適合淑女參與的活動，永遠都不該是。女性的生理結構絕對承受不了如此這般的競賽強度[3]」，以及「可能對女性端莊形象造成貶損」。伊莉莎白・潘內爾贊成這個說法，她認為對女性而言，「騎車是好事，但過度騎行的話也會物極必反[4]。」

在法國，也就是最早接受女單車手參賽的起源地，女性仍可繼續參賽而不引發爭議。一八九三年，德聖索維爾小姐（Mlle de Saint-Sauveur）是第一個奪下「每小時紀錄」的女性，在六十分鐘內於巴黎的布法羅賽車場（Buffalo Velodrome）創下最長騎乘距離的紀錄，激起不少人爭相嘗試打破她的紀錄。法國公路和賽道也常舉辦女子單車賽，不乏男女對決比賽，而有些單車手後來則成了國際巨星，譬如莉瑟特小姐（Lisette）和來自比利時的埃萊娜・迪特里厄（Hélène Dutrieu），後者還因為個人的自行車佳績，自國王利奧波德二世（King Leopold II）手中接過獎牌。

不分運動類型，英美兩國的女性參加公開體育賽事的機會少之又少。只有網球例外，女性最早於一八八四年參加溫布頓網球錦標賽，但參賽者的體能遠遠比不上現在的美國威廉斯姊妹，主因是她們必須穿上規定的長裙。第一屆溫布頓女子單人賽冠軍莫德・華森（Maud Watson）就穿了一套全白羊毛落地裙，搭配小裙撐、長袖絲質襯衫、水手帽。這套服飾當然無法讓人在網球場上盡情奔馳、回擊對手難纏的攻勢。參與這場賽事的二十歲選手布蘭琪・賓里（Blanche Bingley），在比賽過程中被鯨鬚馬甲割破皮膚，導致她的白襯衫染血，另一名參賽者則可能服裝不適合炎熱天候而暈倒。雖然女性獲准參加一九〇〇年奧運會的網球項目，以及帆船、槌球、馬術、高爾夫等上流社會運動，她們的服飾仍和以前一樣不實用。

維多利亞時期的女裝是應付得了網球，但是自行車賽就不是那麼一回事了。隨著一八九〇年代時光推移，場地競賽持續白熱化，路易絲和艾爾莎的燈籠褲服飾也改成短褲和緊身褲。有些男觀眾恐怕只是為了罕見的女性美腿而來，也許ＬＡＷ正是擔心這種心態會玷汙他們預期為這項全新運動營造的嚴肅形象。事實上，有些女車手先前都是馬戲團或在表演廳裡賣藝的人，而這可能就是女子自行車賽不算真實運動家的認真競賽，染上妨害風化的餘興節目色彩的主因。

看見女性以這種方式在賽道上運用身體是很新奇沒錯，但是當時的說法顯示，觀眾看得出這些女性抱有目標，而不是單純為了滿足觀眾。一八八九年，英國雪菲爾的報紙報導一場路易絲和高輪自行車隊舉行的比賽，指出「與其說是展現胴體[5]」，不妨說這群女性的「騎乘速度和技巧完全不遜色於男性自行車手」。

並不是說蒂莉和一八九〇年代的其他女單車手沒意識到她們身體的影響力，特別是她們的經紀人和經理。媒體將焦點放在她們的服裝、外表、身形上，畢竟和現代一樣，性是一種超強賣點，某些單車手也懂得善加運用這點，以提升自我形象。蒂莉的對手之一朵蒂・范斯沃茲（Dottie Farnsworth）就曾因為一套吸睛的猩紅色緞面短褲及上衣，而獲得「紅鳥」的暱稱。朵蒂先前曾在劇院工作，所以十分清楚閃亮登場的效果，她會先套上一件白長袍走進賽道，接著脫掉白袍，展露那套引起現場躁動的服裝，媒體和觀眾都愛死這一招。

頂尖女車手都是名人，她們會接受媒體採訪、擺出耀眼浮誇的姿勢與愛車合照，猶如下一個世紀的好萊塢巨星。除去刺激票房不說，她們還有其他壓力，必須證明自己即使在賽道上形同猛獸，騎單車卻沒將她們變成男人。某場比賽前，一位醫生在記者面前檢查蒂莉的雙腿，查看她的腿是否在特訓中變成男性般粗獷，醫生報告她的腿形「優美」，但突出血管確實有損女性之美。

蒂莉的自行車生涯不單建立在個人形象上，一八九一年她從瑞典來到芝加哥後，就在洗衣店工作，也擔任女裁縫。當她看見芝加哥的女性騎著自行車逍遙自得的模樣，也開始渴望能夠擁有自己的自行車。到了一八九四年，她不僅成功取得一部自行車，甚至發現自己天賦異稟，於是每天都在上班前進行訓練，隔年則在芝加哥的艾爾金奧羅拉賽道（Elgin Aurora）創下世紀紀錄（一百六十公里）。一名贊助商在這場比賽注意到她，主動提供她一部更優質的自行車。

她的下一場挑戰是六日競賽，一天必須騎乘三個鐘頭，蒂莉輕易擊敗知名強敵，一把撈走兩百美元獎金。雖然LAW並不承認女子自行車賽的成績，她卻發現當自行車手的錢途比女裁縫來得寬廣，更別說可以成名、接受各方讚揚。蒂莉的才華和決心讓她在一八九五年賺進大約等同於今日的十五萬美元，對於一個和父母同住在肉品市場樓上、三餐無法溫飽的人來說，這可說是相當驚人的數字。蒂莉是一個表現令人驚豔的運動員，全天候接受特訓，並在一八九五至一九〇二年間參與的一百三十場比賽中，總共贏了一百二十三場。媒體都稱呼她「強者蒂莉」，她下定決心要和男性對戰，測試自己的能耐，但是LAW的禁令卻讓她無法參與官方批准的比賽，當她總算有機會參加一場芝加哥的非正式比賽，蒂莉理所當然地要讓男對手難看。

儘管女車手被視為局外人，從一八九〇年代中期至晚期，美國的女子自行車賽都是極為熱門的商業活動，成千上萬名觀眾湧入會場，為的就是觀看蒂莉和其他人在賽道上較勁。女子自行車運動發展蓬勃，流行到觀眾已經不是為了一睹女性美腿而來。女子競賽之所以深具吸引力，或許部分原因是因為男子賽事冗長，一天進行二十小時，整整六天參賽者都得繞著同一個賽道揮汗騎車，到了最後觀眾都和參賽者一樣累得不成人形。女子自行車賽縮短至一天三、四個鐘頭，比賽節奏明快刺激而不拖泥帶水，也不需要觀眾在場太久。

腦筋動得快的活動主辦方想到辦法，避開男子自行車賽場地不得進行女子競賽的禁令，在劇院和音樂廳舞台或其他行得通的場地，打造具有斜坡的木製橢圓賽道的臨時自由車場館。想要在這種四十五度角側邊斜坡的迷你賽道安全操作自行車，極度考驗車手的技巧，骨折和嚴重腦震盪等意外頻傳，但是只要能獲得優渥收入，參賽者認為值得冒這些風險，有些人成功賺進超越男性選手的薪資，讓現代的職業男女自由車手的薪資差距顯得既倒退又落後。不用懷疑，當時女性車手的經紀人和仲介當然也抽了不少經紀費，因此車手只收到總獎金的一小部分。

在電影發明之前，觀看一整天的自行車賽可說是全歐洲、北美、澳洲等地最受歡迎的活動，主辦單位竭盡所能招攬觀眾，還請來管弦樂團在賽事現場演奏，營造興奮刺激的氣氛。不同於溫布頓網球賽故作清高的冷靜氛圍，自行車賽的現場熱鬧嘈雜，觀眾飲酒打賭。倫敦的皇家水族館（Royal aquarium）就是這樣的場地，不時舉辦六日女子單車賽，吸引來自法國和比利時的明星車手前來參賽，和英國車手一起角逐冠軍頭銜。

主辦方發現，除了男子自行車賽程，另外加入女子賽程相當有利可圖（英國沒有女性不能與男性同場地競賽的禁令）。觀眾可以在賽程空檔觀賞雜技、小丑、男女大力士、日式雜耍、水上芭蕾、人體砲彈，以及恐怕引發道德質疑的各種表演，像是表演雜技的大象、黑臉走唱滑稽秀（minstrels）、人馬秀（human horse）。

一八九五年十一月，所有矚目焦點都鎖定女子國際六日競賽賽道，倫敦的《標準報》形容這場比賽是「世界討論焦點」。英國的摩妮卡・哈伍德（Monica Harwood）在萬眾喝采之下，以默默無聞的小人物身分贏得比賽。摩妮卡幾個月前回覆了一則徵求女性在英格蘭和蘇格蘭各地參加單車比賽的廣告，她也和蒂莉一樣，打敗原本知名的競爭對手，包括人盡皆知的克拉拉・葛雷斯（Clara Grace，或是媒體稱呼的葛雷斯太太），克拉拉在比賽第五天摔車，最後以第九名的成績作收，而她其實正是特訓這名全新競爭對手的老師。

第二名的單車手是法國的莉瑟特，她以六圈五百八十九公里的成績，輸給摩妮卡的兩圈五百九十四公里。儘管根本沒有官方證據證實她的說法，莉瑟特仍自誇是世界最強女自行車手。莉瑟特的自行車賽生涯並未因居次而走到尾聲，隔年五月她在自家主場對上克拉拉・葛雷斯。這一次的場地是巴黎的冬賽館（Vélodrome d'Hiver），莉瑟特則在一百公里距離賽中擊敗葛雷斯。同年她以四十三・四六一公里創下全新的女子每小時領先紀錄（先由前方的單車設下速度門檻，後面的參賽者則可取得競爭優勢），而且該紀錄多年來無人挑戰成功。她也在巴黎五十公里競賽中挑戰威爾斯明星車手吉米・邁克爾（Jimmy Michael），只不過最後吞下敗果。接著她又回到倫敦的皇家水族館，這一次獲得勝利，並在另一場六日比賽中擊敗勁敵摩妮卡搶下冠軍。

莉瑟特是國際自行車明星，她竭盡所能利用自己的出身背景打造神話故事，用意無疑是保持媒體和大眾的興趣。她在其中一個版本中自稱是布列塔尼的女牧羊人，一位碰巧行經牧場的單車手得知她有意學騎自行車，便餽贈她一部單車，莉瑟特並因此發掘自己與生俱來的單車天賦。另一個故事版本中，她是來自巴黎的孤兒，在一間工廠沒日沒夜地工作，以致體弱多病，為了自己的健康著想，她開始騎自行車，後來厲害到參加比賽。

不論她的真實背景終究為何，她的本名是艾蜜莉・勒・嘉爾（Amélie le Gall），確實是一名才氣縱橫的車手，但也許稱不上是世界最強，從她在一八九八年設下征服美洲的願景就已經透露出端倪。在接下來幾年間，她參加了一連串對決「五強」的比賽，五強名單包括蒂莉和「紅鳥」朵蒂。在這些競賽當中，莉瑟特一場都沒獲勝，但這名不穿短褲、只穿緊身褲的法國傳奇女車手仍然令觀眾為之瘋狂。蒂莉和其他美國女車手早已習以為常的陡坡側邊賽道，和莉瑟特在法國習慣的標準自由車場館大相逕庭，或許她正是因此才無法發揮真正實力。也可能是因為這樣的場地，首場六日競賽的第二天，莉瑟特在四千名觀眾面前摔車。不願承認失敗的她又重新站了起來，不過幾天後另一場摔車導致她腦震盪。事發經過是朵蒂在莉瑟特前方摔車，莉瑟特閃避不及便直接撞上去，朵蒂亦說自己摔斷肋骨。儘管傷勢嚴重，她們仍然在第三晚重新跳上單車，最後蒂莉以冠軍之姿完賽，莉瑟特排名第二、朵蒂則被擠到第四名。與其回到法國，或許因為美國自行車手收入豐沃，莉瑟特最後決定留在美國。

報紙和觀眾都深深迷戀這名充滿神祕色彩的法國自行車手。莉瑟特在芝加哥參賽前，芝加哥《跨洋報》（*Inter Ocean*）的報導已在在顯示，太多人對莉瑟特神話深信不疑。先不管她是否有擊潰蒂莉的能耐，大家都稱呼她「速度最快自行車手[6]」，甚至謬稱她打敗吉米．邁克爾。最重要的是，他們喜愛她渾身上下散發的法國氣息，甚至形容這是「正港巴黎人印記，最深得人心的『時髦』」，更大讚她的特訓時程不若英美自行車手「那麼嚴格」，我猜他們的意思是說這樣比較有女人味。

無論莉瑟特有多麼「時髦」，她都阻止不了美國的女子自行車賽式微，男子自行車賽也受到重挫，觀眾都改看棒球等其他運動賽事，明星女自行車手黯然離開賽道，另謀出路。第一個帶頭的是朵蒂，她加入馬戲團，在更為陡斜的狹小斜邊賽道上表演一種名叫「迷眩車」的特技，後來在某個命定之夜，朵蒂執行迷炫車特技時太過火，受傷嚴重到在幾個鐘頭後便回天乏術。同樣是自行車參賽者的人後來都改選較安全的事業跑道：蒂莉成為女按摩師，莉瑟特轉行餐飲業，在紐奧良開起餐廳，後來和丈夫又到邁阿密開店。

二十世紀降臨之時，英法兩國的女子場地自由車賽熱度退燒，曾經紅極一時的倫敦水族館，也就是冠軍莉瑟特意外輸給英國新手的場地，亦於一九〇三年拆除。之前的自行車明星很快就被世人淡忘，隨著那個年代消逝，加上沒有保留她們豐功偉業的官方紀錄，大多數後代都不曉得自己家族曾經有一個勇敢無畏、遠近馳名、不屈不撓、強悍有力的「女自行車手」。

女性形象擺第一，成就屈居第二

即使女自行車競賽選手已不像二十世紀初那麼吸睛，這並不表示她們不再參加自行車賽。世界各地的女性都迫不及待打破紀錄，不過後來的比賽比較類似累積里程數，而不是在體育館內繞圈。

一九〇一年，德國出生的瑪格麗特．加斯特（Margaret Gast）在美國完成六日賽事，當時她年僅十八歲（但為了參加比賽，她向主辦單位謊報自己已年滿二十一歲），她在范德比爾特家族（Vanderbilts）為全新自行車競賽建造的四十公里長島賽道，以九天八小時五分半鐘的紀錄完成三千兩百公里，以三小時一分鐘的差距打破男子紀錄。瑪格麗特本來只預期打破兩千四百公里女子紀錄，但達成這個里程碑後，她覺得自己尚有餘力，於是決定加碼八百公里。她騎滿三千兩百公里，中途只偶爾停下來補眠幾個鐘頭，甚至累到數度摔車，抵擋閃電打雷、狂風暴雨後一片泥沼的路面，但光是這樣她還不滿足，非要等到她騎了四千一百六十公里，打破男女自行車手的全新騎行距離紀錄，她才總算停下踩踏板的雙腳。如果可以選擇，她就會繼續騎到四千八百公里，不過這條道路旁的住戶已經受不了，要求她別再騎了。

對於批評瑪格麗特是「可恥畫面[7]」的報紙文章，他們深表贊成，甚至告訴一名記者，他們擔心這樣的「畫面」會對孩子造成不良影響。我翻譯一下這句話，意思應該是他們不希望自己的女兒認為這是一種合宜行為，於是盡可能確保在他們崇高的地盤上不會再有女性騎車。儘管其他報紙也承認這是不得了的創舉，但他們同樣沒有絲毫猶豫，指出騎單車有多耗體力、有損外表，其中一份報紙還直說瑪格麗特的「模樣不忍卒睹[8]」。瑪格麗特並不贊同將女性化形象放在第一位，成就只得屈居第二的思想，後來甚至為了婦女參政權活動募款，將一隻品種名貴小狗捐給在紐約舉辦的拍賣會。

她在范德比爾特家族賽道創下紀錄後，可能覺得身為自行車手的成就已經圓滿達成。和朵蒂一樣，她轉戰舞台表演特技。但是和朵蒂不同的是，瑪格麗特完全捨棄腳踏車，選擇另一項新發明——摩托車，並持續藐視、違抗社會對女性的期許，在「死亡之牆」上成為「飆風女孩」，也會與男性比賽對決。儘管有過幾次驚險經驗，但她不像可憐的朵蒂，後來成功挺過特技表演的那幾年。瑪格麗特也是非常出色的摩托車賽選手，曾有記者問她是否認為女性需要不同種類的摩托車，一如既往，她的回應是：參加比賽的女性，當然只想要一部「和男性摩托車一樣難以駕馭的機器」。

世上唯一完成環義賽的女車手

義大利也有他們國家的自行車先鋒：阿爾馮希娜．史特拉達（Alfonsina Strada，婚前姓氏為莫里尼〔Morini〕）。阿爾馮希娜在一八九一年出生，十歲那年學會騎乘父親的單車，並在摩德納（Modena）附近的村莊騎車奔馳。據傳她有個稱號，就是「穿著洋裝的惡魔」。後來阿爾馮希娜在十三歲那年贏得第一場比賽，獎賞是一頭豬。與前輩莉瑟特一樣，阿爾馮希娜並不反對媒體將她的鄉村農民背景當成神話，即使她的家人似乎寧可她選擇以縫紉為業，卻對得到這頭豬心存感激。

阿爾馮希娜最大的特質就是堅毅，早期參加的比賽就贏了不少場，打敗眾多男女車手，獲得可敬競爭對手的封號。十八歲那年，她遠行至聖彼得堡參與大獎賽（Grand Prix），並從沙皇尼古拉二世手裡接下獎章，對這個青少女來說肯定是一個獨特經驗，畢竟她的家族幾乎沒人離開過摩德納。

一九一一年，她在杜林（Turin）的自行車場館創下女子（非官方）每小時騎乘總長為三十七．一九二公里的紀錄，這項紀錄保持了二十六年。希望這說服了其他仍然懷疑她的家族成員，她選對了職業。即使事與願違，至少她的未來夫婿路易吉．史特拉達（Luigi Strada）全心全意支持她。身為金屬工的路易吉是業餘車手，他非常相信妻子的才華，於是暫時放下自己的單車賽生涯，專注於她的特訓。他們在一九一五年結婚時，他送給阿爾馮希娜的結婚禮物是一部嶄新的競賽自行車，接下來幾十年間，她一路踩著自行車成為Regina della Pedivella——這句義大利文的意思是「自行車曲柄女王」——自行車史上貨真價實的傳奇。

缺乏比賽機會讓阿爾馮希娜垂頭喪氣，所以一九一七年她想都沒想，機會找上門時她就以第一位女參賽者的身分參加環倫巴底賽（Giro de Lombardia）。這場賽事從來沒有特別將女性拒於門外，但義大利當時是極度保守的國家，義大利人恐怕也沒料到會有女性想參加比賽。比賽主辦方阿曼多．庫涅特（Armando Courgnet）是《米蘭體育報》（*Gazzetta dello Sport*）的編輯，十分清楚精采故事的力量。由於眾多明星車手都上了一次大戰的前線，阿曼多期待能為這場賽事激起更多關注，於是邀請阿爾馮希娜參賽。身為二〇四公里競賽唯一的參賽女車手，「自行車曲柄女王」落得最後一名的成績，足足慢了冠軍一個小時又三十四分鐘，卻只和前兩名只有數秒差距，最後有二十三名車手沒有完賽。

隔年她再度參賽，這次一樣是僅收男參賽者，她以倒數第二名的成績完賽，只輸給冠軍二十三分鐘，也僅微幅落後她前面五名車手，最後有十四名車手無法完賽。這是她參加的最後一場環倫巴底賽，後來明星車手從一次大戰的戰場歸來，主辦單位再也不用邀請一個女性對戰男車手，以此當作宣傳手段。阿曼多與在他之前的眾多經紀人，以及一八九〇年代熱血推廣女子參賽的比賽主辦方一樣，眼見失去吸引人的營利動機，他也漸漸失去興致。我不懷疑他相信阿爾馮希娜是可敬出色的選手，但他並沒有興趣改變社會現狀，也無意為女性開啟自行車之路。事實上，後來這場比賽的規則經過嚴格更改，女性再也不能加入這場賽事。人盡皆知環倫巴底賽直到今日只開放男性參加，而且沒有女子賽。阿爾馮希娜是史上唯一參加過這場經典單日競賽的女性參賽者。

我想像當阿曼多六年後鞠躬哈腰地出現在三十三歲的阿爾瑪希娜面前，邀請她參加另一場僅收男參賽者的比賽——環義自由車賽時，她是多麼吃驚。由於前三名車手會穿上粉紅色車衣，於是這場比賽也稱為粉紅環義賽（Corsa Rosa）。環義自由車賽有許多賽段，是世上最有名也最累人的比賽之一。阿曼多再次碰到同樣問題，於是得想方設法保持大眾對比賽的興致。他手下的幾位明星男車手不能參賽，但這次不是因為征戰沙場無法出賽，而是關於薪資的爭議，主辦單位拒絕車手提出的條件，雙方就此陷入僵局。阿曼多需要當時義大利最強女車手，為環義自由車賽激起熱血沸騰的戲劇效果。阿爾馮希娜不打算錯放這個大好機會，在她母國極具傳奇色彩的「盛大開賽起點」向世人展示她身為女性的能耐，這場經典賽事重要性絲毫不輸環法自由車賽。

一九二四年的環義自由車賽路線總長是累人的三千六百一十三公里，賽段距離從二百五十至四百一十五公里都有，其中不乏漫長的登山路線。二〇一九年的比賽路程比往年略短，沒有超過二百三十二公里的賽段。再說現代路面品質和當時差距甚大，自行車的重量亦然。阿爾馮希娜和其他參賽者的坐騎是沒有變速器的鋼鐵機器，重量幾乎是現代健身車碳纖車架的兩倍。

阿曼多以阿爾馮希恩・史特拉達的假名為他的宣傳祕密武器報名比賽，但他不可能愚弄得了觀眾，畢竟她已是家喻戶曉的車手。五月十日，所有車手跨過米蘭的起跑線，騎向熱那亞（Genoa），展開三百公里首站的那一刻，曾經懷疑過阿爾馮希恩就是阿爾馮希娜的人，看見她正字標記的黑短褲、印有她名字的針織衫，一切總算真相大白，這就是「他」其實是「她」的鐵證。

前幾站她常常在落後第一名四十五分鐘至幾個鐘頭內完成，但她並非每次都是最後完賽的那個人，在三分之二競爭對手承受不了難關而選擇退賽時，阿爾馮希娜始終不放棄。激動亢奮的群眾夾道列隊等著看她經過，向她撒鮮花和禮物。她完成另一站時，他們還將她從自行車上高高抬起，以上種種肯定都是讓她持續前進的動力。她在第七站的義大利南部冰滑山路碰上惡劣天候，因而摔傷膝蓋，疼痛難耐，但她仍然堅持下去，完成當日三百零四公里的路線。

翌日，阿爾馮希娜差點完全退出環義自由車賽：除了依舊疼痛難耐，她還碰上好幾次破胎，自行車手把解體，她只好使用掃帚柄死馬當活馬醫，最後總算騎到終點線。但是這場意外害她被正式踢出比賽，因為她抵達當天終點站佩魯賈（Perugia）時已超過時間門檻太久，儘管如此她參賽一事仍在義大利等地方造成話題，對於阿曼多來說她太寶貴，不能輕易讓她這麼結束。雖然不能在正式紀錄中登記完賽，阿曼多還是付給她酬勞，請她完成剩餘賽段。這並不是阿爾馮希娜最後一次摔車，但她的剛毅決心讓她一路撐到比賽終點線。最後一天她騎回米蘭，落後冠軍朱塞佩・恩里奇（Giuseppe Enrici）三十三個小時，但等著看她完賽的群眾都視她為英雄，就連義大利國王都特地向「自行車曲柄女王」致上賀詞。

報名一九二五年環義自由車賽時，她感到驚訝，而且無疑地也感到憤怒，因為發現申請遭到阻擋，從中作梗的正是前一年邀請她參賽、好方便他為專欄寫稿的人。如今他們已經有了可以保持觀眾觀看興致的男明星車手，阿爾馮希娜便失去利用價值而顯得多餘。他們從沒想過改寫規則，讓女性長期參賽抑或舉行女子自行車賽（女子賽事直到一九八八年才登場，對阿爾馮希娜來說已然太遲）。自行車賽在當時和現代都還是以男性為主的運動競賽，沒有例外。

但這不是阿爾馮希娜單車生涯的終點，未來十幾年來她持續參加為她敞開大門的賽事。一九三八年，她又以三十二．五八公里打破女子每小時紀錄，該紀錄保持十七年之久。退休後她在米蘭和第二任也曾是自行車賽選手的丈夫經營一家自行車行。隨著時間流逝，就和蒂莉、路易絲，以及在她之前數不清的自行車賽女選手一樣，她的豐功偉業也漸漸遭人淡忘。她的新丈夫本來有意將她精采絕倫的職業生涯寫成一本書，卻在找到出版商前不幸過世。

阿爾馮希娜在一九五九年心臟病發身亡，身為唯一完成世界聞名的環義自由車賽的女性，她的精采故事也從此被世人遺忘。直到二〇一〇年代總算有人出版她的傳記，她才獲得應得的掌聲和認可。若是她今天還活著，雖然只是女子版環義賽，我敢說她一定會心滿意足地感嘆女性終於可以參加環義自由車賽，但她或許還是會忍不住納悶，為何女性的騎乘距離比男性短，或者為何她們的薪酬或媒體曝光度遠遠不及男性。

第十一章　女孩也騎車

「羅斯林俱樂部的會員全是蕾絲邊……」

二〇〇五年，藝術評論家兼自行車手提姆．希爾頓（Tim Hilton）收到一封信，來信者激烈威脅要「挖出他的眼珠[1]」。在那之前他剛出版一本受到佳評的自行車著作，大概從沒預料會引起如此強烈的反應。更讓人咋舌的，或許是這個威脅要挖出他眼珠的人，竟是一名年屆九旬的老太太。他在書中提及這位老太太參加幾十年的單車俱樂部「羅斯林淑女單車俱樂部」的說法冒犯到她，雖然該俱樂部會員寄出的批評郵件不只一封，這卻是唯一提出肢體暴力威脅的郵件。

他提及該俱樂部的篇幅並不長，只稍微超過一頁，但來信評論者激動反對下列沒有經過證實的傳言：

據聞羅斯林俱樂部的會員全是蕾絲邊[2]，再不然就是飢渴如狼的女子，沒有男人逃得出她們的手掌心，所以千萬別讓她們靠近你的兒子。這群女子全員未婚，不過還有一種說法，那就是她們保密到家，不向丈夫透露她們加入這間俱樂部。她們還有一張痛恨的男車手名單，羅斯林淑女俱樂部會在山區聚會，譏笑嘲諷該名單上的人。她們平時喜愛打毛線。

以上是提姆多年來聽聞的說法，提供情報的人恐怕從未見過任何一名羅斯林單車俱樂部會員。對他們而言，該俱樂部是一個神話般的團體，這些人只是將他們對女性自行車手的矛盾偏見投射在她們身上。提姆除了這些沒有根據的八卦，根本無法在書中揭露關於她們的事實，儘管只是寫下傳聞，缺乏事實根據無庸置疑成為這群女會員另一項抗議的重點。

羅斯林淑女俱樂部的豐功偉業絕對不是神話——她們是貨真價實的傳奇人物。大多數會員如今都年屆七旬、八旬、九旬，已不再騎自行車。全盛時期的她們在賽道和公路上是所向披靡的車手，這群騎乘鋼鐵機器的女子如同鋼鐵般堅強。該俱樂部於一九二二年成立，是英國歷史最悠久的女子單車俱樂部。

派特・席格（Pat Seeger）最早在一九四六年，以二十歲芳齡加入羅斯林淑女單車俱樂部，是全俱樂部最優秀的公路賽選手之一。我到訪她位於艾塞克斯鄉下的家，在她環繞著眾多獎盃和獎牌的起居室裡與她促膝長談。她在距離我現居地點僅有幾條街的北倫敦哈林蓋鎮（Haringey）長大，十五歲那年某任男友教她騎自行車，並說服她加入他當時只有幾個女會員的男女混合俱樂部。

派特在婚後（對象是另一個愛好自行車的男友）決定加入全女子會員的羅斯林俱樂部，有幾位俱樂部創始人如今仍是活躍的成員，奈莉（Nellie）就是其中一人。她告訴派特早年從哈克尼出發團騎時，她們常常被丟石頭，也會聽到「淫賤蕩婦」等侮辱字眼。這位寫信給提姆・希爾頓的怒氣沖沖的作者，很可能就曾和奈莉一起騎車，聽過諸如此類的侮辱。

派特告訴我，她之所以加入羅斯林是因為該俱樂部是比賽常勝軍（也是舉辦活動方），所以不時出現在單車報章雜誌。多虧艾芙琳・帕克斯（Evelyn Parkes）在一九三四年創立英國女子公路紀錄協會（Women’s Road Record Association），她們的比賽結果才得以保存。女子自行車幾十年來都未經官方認可，這個事實讓派特驚覺，就算官方自行車組織不接受，除非她親自來做，否則女子自行車紀錄永遠無法獲得保存。

畢竟就算蒂莉、莉瑟特和其他自行車明星前輩的成績輝煌，直到二十世紀女性是否適合參加賽事仍是一大熱議話題。一九三七年，英國自行車手艾爾伯特・勒斯提（Albert Lusty）聲稱，參賽女性不只「對自由車賽造成傷害[3]」，也會危害「國家利益」。六〇年代第二波女性主義浪潮襲來前的那數十載，儘管兩次世界大戰期間眾多女性參與職場，人們仍廣泛認為最適合女性的場域是家庭，她們不該碰運動賽事，汗流浹背的事讓男人來就好，女人只要顧好家務、相夫教子，就符合艾爾伯特所謂的國家利益。

艾爾伯特要是生在荷蘭恐怕開心多了，畢竟荷蘭在三、四〇年代嚴禁女子參與自由車賽，想要參賽就得出國。搬到比利時之後，米恩・馮・布雷（Mien Van Bree）在眾多大賽中獲獎無數，不過荷蘭報紙依然表示，她應該「乖乖待在自家廚房[4]」。時代已經不同，現在荷蘭人熱愛女子自由車賽，瑪莉安娜・沃斯（Marianne Vos）、安妮米克・馮・芙倫如（Annemiek van Vleuten）、安娜・馮・德・布雷亨（Anna van der Breggen）等人叱吒公路、場地賽道、越野車、登山車等自由車世界，只可惜對米恩・馮・布雷而言，這改變來得太晚。

美國自行車手南茜・巴拉內特（Nancy Baranet）是四屆全美冠軍，她曾在一九五六年參加曇花一現、被視為女子環法自由車賽前身的比賽，南茜的母親贊同女性應該待在家的觀念，因此拒看女兒參與的競賽。當南茜加入底特律的單車俱樂部，她母親大為震驚，忍不住出言抗議：「這下鄰居會怎麼看待我們？[5]」至於南茜的父親一開始之所以同意她騎單車，是因為比起單車，他更反對女性開車。

自行車並不孤單，若想參與難度更高、距離更長的賽事，不管是哪種運動項目的女運動員都會遇上反對聲浪。想要角逐賽跑項目的女性可以參與奧運（有別於一九八四年前都不能加入的女子自由車），但一九六〇年距離最長的比賽是兩百公尺。雖然一九二八年奧運賽曾有八百公尺項目，但由於誤傳參賽者跨過終點線時昏倒或體力不支的通報，該項目又遭到取消。直到一九七二年，女性都不能參加馬拉松比賽，但有不少人嘗試以非正式身分參賽。至於足球，女子賽事在一次世界大戰前後蓬勃發展，但一九二一年英國足球協會（Football Association）禁止女性在足球俱樂部的場地踢球，理由是他們認為足球運動不適合女性，這項裁決到了一九七一年才終止。

「金髮美女」和「大力原子」

出生於考文垂的艾琳．薛里登（Eileen Sheridan，一九二三—二〇二三）在四〇年代經常和派特及其他羅斯林淑女俱樂部的會員比賽，並在二十世紀名列最偉大競賽自行車手，雖然她只有身高不到五尺的嬌小身材，卻由於力大無窮而具備驚人速度，因而得到「大力原子」（Mighty Atom）的美名。她在自傳中描述，剛開始接觸競賽時沒人張開雙臂歡迎她。第一場長距離耐力賽中，也就是限定在十二個鐘頭內完成兩百二十四公里的長距離騎乘，她是唯一的女參賽者。主辦單位認定女性會扯他人後腿，於是極力說服她丈夫在賽前帶她回家。可是艾琳拒絕退賽，騎乘八十公里後，主辦單位不再詢問她是否還挺得住，一百六十公里後她證實了自己游刃有餘，她說後來自己總算被接受成為「團隊一員，正式獲准加入[6]」。

她加入當地的男女混合俱樂部「考文垂單車俱樂部」時，說自己再次感受到她和她的自行車「誤入一個不合拍的世界」。第一場騎乘活動上，活動領導人刻意不斷加速，試圖甩掉他們認為肯定跟不上的艾琳，結果她不單是跟上而已。由於她通常是全俱樂部唯一參加團騎的女性，於是停車休息時常常被喚去幫其他會員倒茶，但是她騎車時卻能輕而易舉超越其他會員。套句當時某雜誌的說法，她「撼動自行車競賽的世界，為女子紀錄奠定全新門檻[7]」，其中一些紀錄還連續幾十年都無人能破。

英國第一位職業女自行車手瑪格麗特·威爾遜（Marguerite Wilson），暱稱「金髮美女」（Blonde Bombshell），也是艾琳後來不斷挑戰紀錄成功的前輩。瑪格麗特在一九三〇年代也遇到同樣的反對和質疑，剛開始騎自行車前她試過田徑運動，並試著在家鄉伯恩茅斯（Bournemouth）創立女子俱樂部。瑪格麗特發現其他田徑俱樂部的男性很「厭惡女性擅闖他們的娛樂消遣場域[8]」，於是她放棄田徑，改騎自行車。她覺得父母不會贊成她的決定，於是將自製的賽車服偷偷塞進背包中偷溜出家門。

艾琳很快就成為比賽常勝軍，接著積極尋覓更大的挑戰。一九三七年，她首次參與羅斯林俱樂部主辦的十二小時競賽，參賽者必須在十二小時騎行時間內盡可能騎乘累積距離。男車手都對她說「只有男人騎得了十二小時」，可是這名十九歲女孩知道自己可以證明他們大錯特錯。於是她在週六下午結束工作後搭車參加比賽，中間只在車上睡了幾個鐘頭。雖然身為最年輕參賽者，但她卻完成三百三十四·八公里，排名在她後面的女單車手則落後她十一·二公里。

艾琳在一九四九年參與首場十二小時賽時，再度遭人看扁。那天她提前四十分鐘完成三百五十七公里的女子賽道，比賽主辦單位沒得選擇，只好帶她去男子賽道繼續比賽，好讓她騎滿指定時間。最終她總共騎了三百八十．二公里，以二十七公里之差打破當時的全國女子紀錄。加上男子賽道的結果，整體成績中她的騎乘長度位居第五名。因為這個佳績及當年的豐碩成果，她在一場倫敦舉辦、富麗堂皇的典禮上獲頒英國最佳女子全能自行車手獎。

不可思議的是，許多人不肯相信她的優秀成績，有些人甚至指控艾琳跳過某段賽道，不然就是主辦單位在最後加總距離時算錯了。她勉勵自己明年一定要突破今年的成績，至少不能少於這一年的紀錄，以向這些人證明他們大錯特錯。

這一次她又提早結束女子賽道，不得不換到男子賽道繼續比賽。天候極端惡劣之故，她的最終紀錄比去年少了一．六公里，卻超越第二名女選手二十四公里。至於男子競賽，由於無法應付天候，最後有一半參賽選手退賽。那年她再度榮獲最佳女子全能自行車手獎，以及享有盛譽、每年頒給最有貢獻的英國自行車手的畢德萊克紀念獎（Bidlake Memorial Prize），該獎直到一九三九年才開放頒給女車手，最早的得獎人是瑪格麗特，亦即艾琳之前的紀錄保持人。

點到點競賽

這次恐怕真的能讓懷疑艾琳的人噤聲，也足以說服海克力士自行車公司在一九五一年和艾琳以職業自行車手的身分簽約。該公司希望她打破二十一項長途點到點紀錄，包括蘭茲角（Land's End）到倫敦、利物浦到愛丁堡、倫敦到約克，這些都是瑪格麗特在三〇年代末和四〇年代初創下的門檻紀錄，她之前也是為海克力士公司效命。這類型的比賽只有一名車手，為了避開繁忙交通，選手最早會在半夜兩點出發。漆黑的國家公路全由自行車手的前頭燈，以及規定跟在後方一百公尺的海克力士團隊車前照燈打亮，艾琳準備要突破瑪格麗特的每項卓越紀錄，其中點到點競賽最令人聞之喪膽，也就是從康瓦爾郡（Cornwall）最西南角的蘭茲角出發，完成一千三百九十五公里的騎行，抵達蘇格蘭北方的約翰歐格羅茲（John O'Groats）。

瑪格麗特在一九三九年八月進行點到點比賽，當時正是英國和德國開戰的前夕，在她之前僅有一位女性接下這項挑戰，那就是莉莉安・德雷奇（Lilian Dredge）。三十二歲的莉莉安於一九三八年，以三天二十小時又五十四分鐘的紀錄，完成了這趟筋疲力竭的旅程，可是當時仍得面對自行車界的諸多偏見，例如質疑她是否真有能力完成這項講求耐力的創舉。躲不掉眾人審視目光的莉莉安為了不讓自己看起來太操勞，只好選擇每晚睡一點覺。不費吹灰之力就美麗動人的瑪格麗特則是決定除非必要否則不睡覺，這樣就能比莉莉安的紀錄提早十七個鐘頭抵達終點。最後她提早二十個鐘頭抵達約翰歐格羅茲的飯店，總紀錄就是兩天二十二小時又五十二分鐘，中間只補眠三個鐘頭。事後她說睡眠不足並非最大問題，孤單才是，畢竟她是一個健談的人。儘管如此，泡了一場暖呼呼的澡、享用一頓大早餐之後，她又精神百倍重回自行車坐墊。和前輩莉莉安一樣，她想要嘗試再踩個兩百零八公里，挑戰一千六百公里紀錄。

總算抵達這趟路程的終點站維克（Wick）時，瑪格麗特創下三天十一小時又四十四分鐘，騎乘一千六百公里的非凡紀錄（莉莉安的紀錄是四天十九小時又十四分鐘），其中有十．一公里是爬坡路段，先前只有兩名男車手創下如此佳績，後來還說她覺得尚有餘力再騎一千六百公里。若她之前的成績還不足以推翻「只有男人騎得了十二小時[9]」的理論，那這下子當真讓人無話可說了。可是這時小鎮四周一片漆黑，瑪格麗特和她的團隊有所不知，他們嘗試破紀錄的當下英國已正式開戰，現在國內每晚強制熄燈。雖然她完成了偉大創舉，但可以理解這個可怕消息為她的歡天喜地蒙上一層陰影，最後瑪格麗特是在首場空襲警報的嗚笛聲中回到倫敦。

戰爭爆發的前面幾年，瑪格麗特持續嘗試創下新紀錄，但戰時措施之故，她無法發揮正常實力——路標遭到移除、馬路無預警封鎖、氣象報告暫停，對於規劃一場具備有利條件的長途騎乘，以上都是至關重要的因素。一九四一年，她必須完全放下自行車，參與戰爭，在南安普頓擔任駕駛救護車的義工。她告訴一名自行車手，她「永遠無法原諒希特勒[10]」毀了她的單車生涯。

一九四八年，她和丈夫羅尼（Ronnie）搬遷至加拿大後重新接觸自行車。她在加入自行車俱樂部後發現，現在她又得重新證明自我。在前面幾次團騎中，男車手都會竭盡所能迅速將她甩在後面，與艾琳早期碰到的狀況如出一轍。後來加拿大人很「訝異」瑪格麗特非但沒有被拋下，在塵土飛揚的路上死命踩著踏板趕路，反而游刃有餘。她開始參加業餘比賽，而這個騎車速度飛快的英國人也漸漸讓男車手卸下強烈敵意。當她總算回到老家，英國的全國自行車聯盟（National Cyclists' Union）卻拒絕發給她業餘自行車賽執照，因為她之前曾以專業車手的身分參賽。除此之外她也有背傷，暗示著她的競賽自行車手生涯將劃下句點。

當艾琳開始打敗瑪格麗特創下的每一項紀錄，瑪格麗特的紀錄保持人身分也搖搖欲墜。一九五四年六月九日，「大力原子」準備出發、奪走瑪格麗特的后冠，突破她當年創下的點到點競賽和一千六百公里賽的紀錄，後者已足足十五年都無人超越。艾琳先在康瓦爾郡待了數週，悉心準備這一場浩瀚騎行，但她騎著三檔變速鋼鐵自行車（和前輩瑪格麗特一樣）自蘭茲角出發時，這天的天氣卻與團隊預想的宜人夏季氣候南轅北轍，沒多久艾琳就得和狂烈的側風和反常的冷雨搏鬥。

騎乘一百九十公里抵達艾塞特時，艾琳已領先瑪格麗特的紀錄三十分鐘，儘管如此她仍然兩腳緊黏著踏板，毫不懈怠地騎了十二個鐘頭，只從手把上掛著的小罐子掏出食物、補充能量。她第一次停下的時間很短暫：套上保暖衣服、準備在月光黯淡的雨夜夜騎前裝上自行車燈，然後繼續上路。

她在二十四小時內騎了逾七百二十公里，包括英格蘭湖區崎嶇難行的爬坡，後來她遇到一群殷殷期盼的記者，記者希望她在這一站真正停下來，進行第一場休息，向他們更新一下自己的進度，怎料瑪格麗特直接忽視他們，繼續騎下去。騎到七百五十二公里時，她總算感覺到冷，於是停下來到跟在後方的露營車暖暖身子、換下溼冷衣物，用瓦斯爐火烹煮熱湯補充體力，並不可思議地給自己十五分鐘的小眠時間，她說這一覺讓她「神清氣爽[11]」，準備好征服緊接而來的一千兩百八十公里。即便如此，為了節省體力，她的經紀人仍然堅持扶著她上自行車。

上路後她又繼續逆風而行，抵擋驟雨狂風，同時掙扎著騎上蘇格蘭邊境高山，這是整場旅程的低潮，艾琳在這段路上吃足苦頭，然而她仍然不打算放棄。最後雨勢漸漸停止，過了伯斯（Perth）後就進入她這趟挑戰的第二晚，她穿越在黑暗之中震撼聳立的格蘭扁山脈（Grampian Mountains），冰川裂縫上的積雪清晰可見，這個時候氣溫驟降。騎了一千零七十七公里後，冰冷雙腳和滿滿水泡的雙手讓她不得不暫停，再次回到露營車內解凍。為了拯救艾琳受傷的雙手，她的經紀人在手把上纏繞多圈膠帶，再次上路、騎入暗夜之前，艾琳則又套上第二副手套。

完成一千一百二十公里，飽經天寒地凍之苦後，她才總算心甘情願小睡三十分鐘。第三天黎明降臨時，藍天白雲、豔陽高照讓等著面對艱鉅蘇格蘭高山的她士氣大增。無奈好天氣沒有維持太久，稍晚她又得頂著強風前進，忍受寒冷氣溫和疲憊不堪。她咬牙苦撐，最後終於在當晚抵達終點站約翰歐格羅茲飯店，總耗時兩天十一小時又七分鐘，以十一小時又四十五分鐘的落差打破瑪格麗特的紀錄。

泡了一場熱水澡、睡了不到兩個鐘頭之後，她又跳回自行車坐墊，補了兩百零八公里，期望能抬高一千六百公里的勝利紀錄門檻。最後一段路格外艱辛難熬，長期睡眠不足加上體力耗損，情況嚴重到她開始出現幻覺。起先她開始看見有人向她報錯路，接著又在道路兩側的漆黑之中，看見樹籬裡赫然出現北極熊等色彩鮮豔的龐大動物，沒多久她就開始閃躲馬路前方出現的幻覺障礙。又騎了九十六公里後，由於騎下去實在太危險，於是她又睡了一個鐘頭，但一個鐘頭當然還是不夠，再次上路時她邊踩著踏板邊打盹，再騎了四十八公里後，她不得不停下來補眠一個鐘頭，減少車禍發生的可能。因為她的手實在瘦得無法拾起餐具，還得由經紀人將食物送進她嘴裡。

再次上路之後太陽露臉，加上莉莉安．德雷奇出現，讓她充滿繼續前進的動力。艾琳在最後三十二公里的路程，看見首位一千六百公里賽的女性紀錄保持人為她加油喝采時，踏板像是裝上彈簧，等到艾琳即將再次回到約翰歐格洛茲的飯店時，她的步調加快至時速二十九至三十二公里，最後以三天一個小時的紀錄回到飯店前門，足足提前瑪格麗特一千六百公里紀錄的十小時又四十四分鐘。當時唯獨一名男車手的紀錄超越她，四十八年後才有人打破艾琳的紀錄。打破這項紀錄的琳恩．畢杜爾弗（Lynne Biddulph）也採納同樣路線，以兩天十六個小時又三十八分鐘完成騎乘。

女車手還要趕回家做家事

自行車文化特別讚賞吃得了苦的人，這就是為何環義自由車賽和環法自由車賽等設有多場賽段的大賽都是長距離賽事，對於普通人來說都是狀似不可能的挑戰。

由於選手必須咬緊牙關，克服極為不適的肉體疼痛，才能獲得最終勝利，因此這項運動的象徵人物都被賜予「硬漢」的神級地位。像是安德魯．漢普斯頓（Andy Hampsten）和貝爾納．伊諾（Bernard Hinault）就堅忍不拔地熬過比賽，突破驚險冰雪和零下低溫奪勝，並在歷史留名，畢竟在這種極端環境下許多人都選擇棄賽。馮斯托．科皮（Fausto Coppi）等車手則是被比喻成受難基督，他則是在一九五一年的環法自由車賽上，身心瀕臨完全崩潰。再不然就像是五〇年代初期，連續三屆成為環法自由車賽冠軍的路易森．波貝（Louison Bobet），最後付出龐大代價，坐鞍痛（saddle sore）導致他的身體組織嚴重受損，最後不得不動手術。

相反地，一名作家形容艾琳是「精緻洋娃娃」。某支一九五六年的英國百代電影公司拍的短片中，展現她餵女兒吃飯、送她上床睡覺的畫面，並在這些都完成後才開始特訓，在車庫的滾筒上騎行、練習舉重，旁白則是一一列舉她的驚人紀錄，最後並下了這個結論：「怪不得她是單車賽常勝軍，為了趕回家做家事，她不得不這麼拚。」實在很難想像他們也會這麼評論路易森．波貝。波貝在艾琳騎車前往約翰歐格羅茲後不到兩個月贏得環法自由車賽，自視甚高的他常以第三人稱稱呼自己，但是下了自行車後，他是否也常常需要吸地板，我深表懷疑。

這支影片倒是沒有冒犯到艾琳，她對於自己的人妻人母身分相當自豪，程度絲毫不輸她的自行車成就，但在她的自行車生涯，她卻時常得面對女性不該踏入自行車界的質疑聲音，這些人認為所有疼痛、苦頭、最終榮耀留給男性就好。一九五三年的賽事上，某位觀眾告訴她女性參與體育競賽是「一場錯誤」，她應該乖乖留在廚房就好。然而她、瑪格麗特、前輩莉莉安努力創下紀錄時，卻需要使出常人無法想像的耐力，刻苦堅持到底，但是幸好她們不需要動手術。她們有承受疼痛的能耐，就如同她們所騎乘的自行車，她們也是鋼鐵磨練打造而成，堅強無敵，即使是必須把特訓和競賽排進本來就填滿工作、養育子女、家務的繁忙行程，也阻止不了她們騎向勝利。

在艾琳轉行成為職業車手、放棄原本工作，全心全意專注特訓之前，她得謹慎管理自己的行程，以確保有進行特訓的時間，譬如她得早起完成家務，有時甚至得烘焙蛋糕，這之後還有時間騎車到公司，在街上以火球般的速度踩著單車，直接穿越她工作的汽車展示間，最後於辦公桌前跳下車。她在晚間練習，盡可能騎車。一邊洗碗或進行其他家務時，她則是在腦中一邊思考下一場競賽的策略。

一九四六年，艾琳身懷第一胎克里夫（Clive）時，承認自己略感驚恐，她在自傳中描述有多擔心這場「盼望已久的幸福」可能會「終結我的自行車競賽生涯」。生產後有位朋友問艾琳是否已不再參加單車比賽，六個月後艾琳又踩上自行車，並屢屢贏得比賽，算是間接回答了這個朋友的問題，在在說明了人母身分並不會綁手綁腳。明明醫師要她生產後一年內都別騎自行車，但不到七週她已經跳回單車坐墊。

她後來成就非凡的紀錄，顯示這時她的成就尚未達到最高峰。沒多久克里夫寶寶便加入艾琳的特訓騎行，躺在銜接在丈夫單車後方的小旅行拖車內呼呼大睡。等到克里夫年紀較大，艾琳便將他放在自行車後座，寶寶的重量為她的特訓增加挑戰，上坡時特別有感。

羅斯林淑女單車俱樂部的派特．席格當媽之後，也不懂為何兒子東尼（Tony）出生就代表她的自行車競賽生涯告終。她告訴我，懷孕期間她持續外出騎車，直到再也無法舒適坐在手把後方才停止。生產後她也將兒子放在側邊拖車，這樣就能照常參加週末的俱樂部團騎。由於當時馬路的交通沒那麼繁忙，不少會員也依樣畫葫蘆，帶自己的孩子參加團騎。

「約克郡主婦」打破男子選手的紀錄

一九五五年艾琳已經打破並維持二十一項英國女子公路紀錄協會紀錄，在她決定退休的同時，另一名成為史上最強運動員之一的英國自行車手，則完美演繹「硬漢」形象，將嬰兒放在邊車裡，持續累積里程數。

貝麗爾．伯頓（Beryl Burton）於一九五六年產下丹妮絲（Denise），此時十九歲的貝麗爾眼前還有長達數十載的驚人國際車手生涯正在等著她。還是小嬰兒的丹妮絲就常和爸爸查理（Charlie）陪伴貝麗爾四處征戰。在與查理相遇之前，貝麗爾幾乎不騎單車，這對夫妻最初在里茲的成衣工廠結識，兩人都是工廠員工，後來很快就開始交往。熱愛單車運動的業餘參賽車手查理，將一輛自行車借給貝麗爾，兩人就這麼一起外出騎車。

當時還看不出端倪，沒想到貝麗爾後來會展開耀眼的自行車生涯，她在小時候曾患風溼熱，並在病倒前不久搞砸了入學考試。這場病導致她暫時癱瘓，幾乎失去語言能力，她在醫院待了九個月後輟學，耗時一年多才康復，以致她十五歲就沒再繼續升學。她的醫生警告她必須避免耗費體力的運動，因為他認為這場疾病讓她的心臟變得脆弱。可是當她愛上自行車，卻將醫師的警告拋諸腦後。她找到了自己享受的東西，只要透過決心毅力就能成功，這項特質也正是使她有所成就的主因。於是她開始過關斬將，後來形容她的驚人生涯是熬過重大創傷的「報應」。

一九五七年，貝麗爾已贏得三個全國冠軍頭銜，兩年後她在比利時的列日（Liège）參加場地自由車賽，獲得第一座世界冠軍。她的自行車生涯漫長且出色，很難一言以蔽之，由於獲獎紀錄數不清，我們甚至沒有確實的得獎數字，根據某些資料來源，總數可能接近一千。我們只確切知道她有七座場地自由車賽和公路賽的世界金牌，外加幾十座全國冠軍，並且連續二十五年蟬聯英國公路計時賽理事會（UK Road Time Trails Council）最佳女子全能自行車手（也就是艾琳得過兩次的獎項）。她是第一個一小時內騎乘四十公里、兩小時騎乘八十公里、四小時內騎乘一百六十公里的女性，她創下的紀錄時間有些至今仍無人突破，然而她從未踏上職業車手的道路，她自己安排特訓課程，職業生涯也是完全自費。

貝麗爾在自行車體壇叱吒風雲數十載，鮮少面臨能夠擊敗她的對手。比利時的埃迪・默克斯（Eddy Merckx）亦是當時勢不可擋的歐洲自行車之星。埃迪充滿決心毅力，媒體因而為他冠上「食人族」的稱號，貝麗爾則常被稱做「約克郡主婦」。不同於她的前輩，貝麗爾至少獲得女子紀錄的官方認可，全是因為一九五五年國際自行車總會最後讓步，宣布將承認女子世界自行車紀錄。該年黛西・法蘭克斯（Daisy Franks）在赫恩山賽車場創下史上第一個「正式」女子一小時紀錄，這全拜前任英國場地自由車手艾琳・葛雷（Eileen Gray）所賜。先前女子參賽者沒有獎牌或頭銜，加上比賽機會有限，以上種種都讓艾琳・葛雷深感挫折，於是最後她成立了女子自行車競賽協會（Women's Cycle Racing Association），訴求讓參與自行車運動的女性在國際間獲得認可。她遇到不少反彈聲浪，尤其是荷蘭，五〇年代的荷蘭甚至不認為女性應該參與競賽。

艾琳排除眾議，最後成功讓反對者想通。一九五八年，國際自行車總會終於在法國舉行女子世界公路自由車錦標賽，晚了首場男子冠軍賽整整六十五年，該屆競賽的冠軍得主是來自盧森堡的艾爾西・雅各（Elsy Jacobs），但是盧森堡人依然不贊成女性參與比賽。即使艾爾西或許奪得世界冠軍的后冠，也是長達十四年無人突破的一小時紀錄新科保持人，但當時盧森堡女性沒有參賽資格，於是她不能在自己的國家參賽，成為名正言順的國家冠軍。盧森堡肯定是後知後覺地發現自己國家出了才華洋溢的人才，隔年總算悠悠甦醒，因此艾爾西在一九五九年，將國家冠軍賽加入她日漸豐碩的榮譽榜單。

艾琳・葛雷在第一場世界公路自由車錦標賽中，選出代表英國參賽的英國女性艾琳・克羅珀（Eileen Cropper）。數十年後她向一名記者透露，男女隊伍參賽時的待遇天南地北，女子隊不僅預算有限，還得自行負擔大部分設備。八十四歲的她講到不平等待遇時仍然氣得七竅生煙，描述她們的住宿簡直是「廉價旅店」，三個人擠一間房。她回憶比賽裁判還以猜測的方式決定冠軍之後跨越終點線的車手順序，就連男女競賽的媒體報導也南轅北轍：「男車手不管做什麼都會登上報紙，女車手則『飽受冷落』[12]。」

指控女性侵門踏戶、擅闖男性世界的反彈聲浪未完待續。協助女子隊在本國和外國參賽的艾琳・葛雷就時常目睹這一切。有次陪同英國女子隊到萊比錫比賽時，一名男子隊員為了陷害她們，讓女子隊無法出賽，遂偷走她們的備用內胎和輪胎（全是她們自費購買的設備）。但是這招並不管用，女子隊最後還是大勝，帶著金、銀、銅牌回家。此外，知名英國車手雷格・哈里斯（Reg Harris）曾經成功禁止女選手參加某次比賽，此舉理所當然觸怒了艾琳，後來她表示：「要是能獲得他享有的贊助，就算只是微薄贊助也該偷笑，可惜我們永遠拿不到這等好處[13]。」

歧視排擠的狀況只讓艾琳・葛雷和她的女子隊「得勝決心堅定[14]」。後來她擔任英國單車聯盟（British Cycling Federation）會長，持續推動男女機會平等，孜孜不倦地爭取女子自行車打入奧運，並總算在一九八四年豐收碩果。

貝麗爾的女兒丹妮絲認為母親不可能讓任何事阻擋她踏上成功之路，不少現代人視她為有史以來最優秀的自行車手。和艾琳．薛里登一樣，貝麗爾也得在繁忙工作和家庭生活之間找到騎車時間。在約克郡大黃農場（rhubarb）工作的她，常常需要「搬舉、彎身、挖掘、全天候風雨無阻地工作[15]」，最後全身痠痛，下班後往往已經勞累不堪，但她還是每晚練騎。放下農場工具後，她每晚都會跳上單車，每週在老闆諾曼．「尼姆」．卡爾林（Norman 'Nim' Carline）的監督下騎乘八百公里，卡爾林本身也是技術超群的計時競賽車手。

雖然貝麗爾的丈夫也是熱血單車手，但他不期待太太當個全職家庭主婦，好讓自己騎車，不過沒有特訓或搬運大黃時，她當然還是會擠出時間做家務。等到貝麗爾幾乎場場比賽都得勝，查理開始退出比賽，全心全意支持妻子。雖然貝麗爾起初是因為他才開始騎自行車，但他很清楚貝麗爾深具資質潛能，可以成為自行車的傳奇人物。她的女兒總是說，要是沒有查理的支持，貝麗爾不可能這麼成功。他是她的技師兼司機（當他們買得起汽車、不需要騎幾百公里去參賽場地時），並在妻子長時間特訓時幫忙照顧丹妮絲，在四十年比賽生涯的起起落落中，他就是她的定心丸。艾琳．薛里登的丈夫肯恩也很支持妻子，她安撫克里夫睡覺時，他會幫她備好單車，好讓妻子馬上就能外出練騎，並鼓勵她在生下兩個孩子後重回自行車界、幫忙規劃特訓內容。

當這些妻子不再只是贏得女子比賽，甚至宰制男子比賽時，在各地引起一陣軒然大波。「家庭主婦」不只搶攻男人市場，還威脅在他們的主場給他們難看。艾琳在一九四五年的八十公里計時賽，就在超越所有比她早出發的女選手，並且開始趕上男選手（最後一名男選手比所有女選手提早十分鐘出發時，她就知道男選手會全軍覆沒。沒人料想得到女選手會迎頭趕上，偏偏實力堅強的艾琳輕而易舉就辦到了。與領先的男選手並肩而行時，她知道可能打擊對方的尊嚴，於是在超越他的當下，她深表同情地向對方說：「葛利，這場比賽不容易啊[16]。」艾琳．克羅珀則沒有艾琳．薛里登這麼富同情心，當一名男選手在計時賽上央求別超車時，她回道：「去你的，我就是要超車！[17]」

貝麗爾是一名傑出自行車手，很習慣不斷突破男性設下的時間和距離紀錄。一九六七年，貝麗爾在約克郡參加十二小時計時賽，和艾琳的八十公里比賽一樣，男女選手騎行同樣賽道，卻排在男性後方出發。貝麗爾很快就超越場上其他女選手，並開始追上和超越男選手。當時男女選手的十二小時紀錄差距是三十三．六公里，很多人早就料到貝麗爾是所有參賽女選手中騎乘距離最長的遠手，卻沒人想到「約克郡主婦」居然縮短了男女紀錄的差距，讓男性紀錄岌岌可危。

騎了一百六十公里之後，她只落後最熱門男選手麥克．麥可納瑪拉（Mike McNamara）兩分半鐘。再騎一百六十公里，她又縮短幾秒距離。經過四百公里後時間已過十一個小時，太陽慢慢下山，她也已超越九十八名男參賽車手，麥克就近在眼前。她不可思議地縮短了男女紀錄的差距，只差一點點就能超越他。那時就連早就習慣超越男性的貝麗爾都激動不已，她在自傳中描述：「我整個人僵住，督促雙腳不斷加速的動力頓時消失無蹤，彷彿被按下一顆開關鍵，雞皮疙瘩爬滿全身，那幾秒只能凝望著他上下起伏的肩頭、被汗水浸溼的運動服。我很難接受經過無數鐘頭和公里的追趕，總算追上全國最強車手之一的事實。」

不過她很快就回過神，馬上就要超越他，自行車史上最傳奇的一刻降臨：她騎到正準備創下男子全新紀錄、卻毫無頭緒自己將被貝麗爾趕上的麥克身旁時，遞給他一顆甘草糖，他順手接下，並在她超車衝向打破紀錄的同時向她致謝。

即便是當下，她亦百感交集：「在這場公路競賽上，我以第一名之姿領先九十九名男性，已經不曉得應該感到興奮還是憂傷。那天麥克的表現相當出色，但他應得的榮耀卻沾染上被女性追趕超越的陰影。」這種感受對貝麗爾來說很不尋常，換作在其他競賽中超越男性，她從不會感覺內疚不安，某位對手記得她飛速超車時，還對他嚷嚷：「欸，先生，你還不夠拚哦！」

要是不論麥克的受傷自尊，她的完賽紀錄倒是很值得慶祝。她在十二個小時內騎了四百四十四公里，超過當時的女子紀錄近六十四公里，超越先前男子紀錄八公里。麥克也創下最新紀錄，總共騎行四百四十二．四公里，但最後卻沒有成功超越貝麗爾。這項紀錄讓她獲頒人生第三面畢德萊克紀念獎，成為該獎史上唯一獲獎兩次以上的車手。又過了兩年才有男性打敗她的佳績，五十年後才等到另一名女性突破她的紀錄。儘管這五十年間自行車出現技術性發展，但還是到了二〇一七年，愛麗絲．萊斯布里茲（Alice Lethbridge）才總算創下四百五十七公里的紀錄。

麥克似乎從未完全走出被女人擊敗的打陰影，拒絕討論那天的事。至於貝麗爾，隔年則獲得機會到法國坎城參加國家大賽（Grand Prix des Nations），這是這場頗具盛名的計時賽七十二年歷史中，首度也是唯一一次破例通融女選手參賽。她必須在男車手之前出發，騎乘時間也不能算在正式紀錄，但她的完成時間出乎預料提前許多，抵達賽車場館內進行最後幾圈時，另一場比賽還沒結束，沒人料到她居然這麼快就會回來。國家大賽獎贏家是「鳳凰」菲利斯．吉蒙迪（Felice Gimondi），但貝麗爾只比他慢了十二分鐘，並落後最後一名男性一分鐘，更別說參與該賽事的男選手全是獲獎無數的全職職業車手。

她持續在八〇年代初創下紀錄，並在一九八三年最後一次連續獲頒二十五屆全能自行車手獎。貝麗爾從未停止騎車，說來悲傷，但她離世的方式完全符合她的風格。貝麗爾在一九九六年外出發送五十九歲生日派對邀請函的路上，不幸在自行車上逝世，她本來預計在隔週週末參加一場十六公里全國計時賽，許多人都認為應該是她幾十年來太操勞，心臟最後承受不了才撒手人寰。

在不相信女人可以騎車的人眼中，貝麗爾冗長的成就榮譽榜在自行車界既獨特又耀眼，儘管可惜的是我們永遠無法知道要是女性能夠參加奧運會，她能達成多高的成就。如果她有現代的先進單車科技和特訓，我只能說她的紀錄恐怕會更驚豔亮眼、所向披靡。

現在更多女性有機會參與更艱鉅的運動競賽。在極限耐力賽事的世界，像是貝麗爾的十二小時賽或是艾琳和瑪格麗特艱鉅辛苦的點到點競賽，我們可以看見性別差距開始消弭，就如同幾十年前貝麗爾已讓全世界親眼見證，現代女性也常常在體育上擊潰男性。二〇一六年，來自阿拉斯加的萊爾・威爾寇克斯（Lael Wilcox）成為第一個完成六千七百二十公里橫越美國自行車賽的人，她從太平洋出發，橫越美國，最後抵達大西洋海岸。前一年她已在大分水嶺自行車路線（Tour Divide）上，從加拿大綿延洛磯山脈長達四千三百九十二公里的登山車路線，一路騎到墨西哥邊境，創下女子新紀錄。

接下來德國的費歐娜・柯爾賓格（Fiona Kolbinger）亦在二〇一九年成為艱辛漫長的橫貫歐洲自行車賽第一位女冠軍。費歐娜從保加利亞出發，在十天兩小時又四十八分鐘內騎行三千九百七十六公里抵達法國，提早第二名六個鐘頭抵達終點線。在該年的極限耐力賽跑項目中，英國的賈絲敏・巴黎斯（Jasmin Paris）在高難度的四百二十九公里山脊挑戰賽（Montaine Spine Race）摘下后冠，以提前十二小時抵達的佳績打破當時的紀錄，攀山越嶺的八十三個鐘頭內只睡了七小時，除此之外她還找到時間幫她的小寶寶擠奶*。

* 不可思議的是，女性的運動能力仍然倍受質疑。二〇一九年一份發人省思的輿觀（YouGov）民調指出，八個男人之中就有一人聲稱，他們認為自己可以擊倒目前世界最強網球好手小威廉斯（Serena Williams）。

騎登山車在泥濘中打滾的女孩

貝麗爾為女自行車手開闢一片新天地，她在八〇年代中從國際競賽退役後，女子自行車正準備跨入新紀元，雖然要達到和男性一樣平等還有一段不算短的距離，但至少女性獲得了她們等待已久的機會，可以證明自己的實力。她們越是在比賽中證明自我能力，就越能讓說三道四的人閉嘴，不再批評女性只該待在家洗碗。任何表示懷疑、還需要其他證據的人，只要看看七〇和八〇年代初美國西岸全新崛起的現象就不難看出端倪，一群女車手以飛快速度埋頭苦騎，甩掉「精緻洋娃娃」的觀念。

登山車（簡稱MTB）的起源眾說紛紜，但普遍接受的說法是馬林郡（Marin County）熱愛單車的嬉皮，在六〇年代末和七〇年代發明了新品種的單車和騎乘風格。很多早期加入的車手都是覺得自行車賽事過於墨守成規、斤斤計較規則的公路賽選手。畢竟過了一座橋，就是舊金山的海特艾許伯里區（Haight-Ashbury），也就是反文化運動、迷幻、夏季熱潮的重鎮。

為了宣洩、釋放自我，這群車手開始在塔瑪爾巴斯山（Mount Tamalpais）的泥巴路，騎著他們從廢物場搜刮來的三〇、四〇年代的低壓輪胎自行車，也就是瓊．克勞馥曾經廣告的沉重單車（二十公斤以上），由於車體笨重，現在反而成為越野車的務實選擇。這種改良單車就是後來所謂的銅管仔車（Clunker），沒多久迷哥迷姊開始製作更能代表自我風格、在崎嶇路況快速下坡的單車。

一開始只是共同合作的反消費場景，善用搜刮來的零件製成單車，遵循純粹的手工精神，但後來這個現象卻大爆發，演變成八〇年代中期的主流文化，某些創始人也跟著發大財。登山車的發展就是一場單車革命，對現代單車產業可說是意義重大的一環，實在很難想像沒人想到可以在柏油碎石路之外騎車的年代。對於單車具有這種渴望的人發現，沒有一種自行車手把可以適應山路地形。這是一個全新疆域，讓人們腎上腺素激增、熱血沸騰、更親近大自然，並能遠離汽車與文明，不過當然也可能造成極度危險甚至致命的摔車。

下坡車賽選手要從考驗技術的陡峭賽道高速俯衝而下，像是淡季滑雪場斜坡，表面覆蓋著亂石、車轍、樹根和其他障礙物。下坡速度失控飛速，五分鐘內比賽就畫下句點。雷派克速降賽（Repack Race）是史上第一場下坡比賽，在一九七六與一九八四年之間斷續舉辦，在幾近垂直、崎嶇陡峭的三・二公里塔瑪爾巴斯山泥土路上飆速進行。去看看早期幾場賽事的照片，你就會發現很難在一整排奔馳林道、身穿牛仔褲和工作靴的男性之中看見女性身影。有些男性後來變得名號響亮，例如蓋瑞・費雪（Gary Fisher），甚至成為登山車界的代名詞。至今越野車賽仍是一種危險運動，但是自行車在當時還沒進化到現在市面上買得到的機器，相較之下現代自行車較為輕盈，有避震器和碟剎等附加優勢。

早期照片中較不易看出的是，許多照片其實都是由一名女性拍攝。溫德・克拉格（Wende

Cragg）不在鏡頭後方時，她也會加入其他男性在塔瑪爾巴斯山路騎車，從雷派克山脊上飆速下坡。

登山車打從一開始就素有挑戰性高、充滿「男子氣概」運動的刻板印象。登山車侵略性強、邋遢骯髒，有時還很危險，這些都不符合傳統觀念中的女性形象。登山越野車的玩家確實以男性居多，直至今日亦然，不過在那幾十年間，女性卻在這項運動上扮演形塑、定義、改良的角色，甩掉「像個淑女般騎車」的形象，重新塑造成行動快速、勇敢無畏、不因為把自己弄得髒兮兮而自責。

七〇年代中溫德首次接觸大輪徑越野車。那段期間，她是越野熱血先鋒中唯一的女性。溫德目前仍住在緊鄰山腳的小鎮費爾法克斯（Fairfax），我透過電子郵件與她進行訪談，詢問她當初參與這項新潮單車運動的情況。她描述那時和她一起騎車的小團隊包括她的前夫賴瑞（Larry），以及幾名當地男性友人和鄰居，這群人較類似「部落」，他們也覺得自己比較像是「初發現新世界中的一群孤獨探險家」。她很滿意「沒人關注」，因為這樣他們就可以盡情玩自己的。

不過她也承認，那時她一開始幾乎壓根對登山車沒興趣。一九七五年八月，她初次嘗試騎乘二十五公斤的「龐然大物」上山，那一次的經驗讓她誓言絕對不再騎這種車。天氣炎熱、塵土飛揚，還得常常推著這沉甸甸的笨重機器上坡，而且幾條下山小路（或甚至只有一條路徑）很可怕。和其他登山車夥伴不同的是她身處劣勢，因為在那之前她還沒正式騎過車。真正讓她重回自行車的原因，是騎車讓她體會到自己家鄉的絕美風景。隨著她越來越熟練，學會駕馭挑戰性高的地形和笨重單車，她也越來越敢於冒險，並能享受「藉由發掘所帶來的興奮感」，不僅是發掘自我，也發掘環境，後來越野登山車成了她非做不可的一件事：「很適合我內心深處對樂趣和冒險的蠢動欲望，自由和歡樂的感受既醉人又上癮，沒多久就變成每天都得『來一點』。」

一開始舉辦越野車賽純粹是「好玩」，後來卻變得越來越競爭，參賽選手只要能活著抵達終點線就鬆一口氣。越野車賽剛開始的那十八個月，她是唯一在塔瑪爾巴斯山騎車和競賽的女性，這非但沒讓她打退堂鼓，反而說從沒想過身為唯一女性的她會成為「獨行俠」。小時候的她總是深受哥哥的遊戲吸引，姊姊妹妹的玩具引不起她的興趣，她也已經習慣被貼上「野丫頭」的標籤。這或許解釋了為何她不覺得這情況那麼令人望之卻步或不尋常，反而讓她能完全「沉浸當下」，不多作他想。對她來說，自行車算是一種「平衡器」，具有「轉化性別和文化限制」的能力。

溫德說，越野登山車不是只講求競速下坡，有時團隊也會放輕鬆、欣賞美景，帶著小狗在河畔野餐，一整路慢悠悠地採野莓和蘑菇。不是她不敢挑戰競賽，畢竟她依舊是「曲折無情」的四百公尺雷派克下坡賽女性速度紀錄保持人，這條四百公尺的下坡滿是碩大凹洞車轍、巨石、髮夾彎，以及害許多人嚴重摔跤受傷的無止境障礙。

溫德繼續帶著她的越野車挑戰更高極限。一九七八年，她和五名塔瑪爾巴斯山團隊成員前往科羅拉多州，成為現今傳奇的珍珠山路賽（Pearl Pass Tour）的首位女性參賽者。至今這場賽事仍然正常舉行，在這條惡名昭彰的六十一公里艱鉅賽道，必須於兩天內從克列斯提峰鎮（Crested Butte）騎到亞斯本，沿途經過曾經運送礦場銅礦的古老輕便驢車路，穿越三千八百七十二公尺的珍珠山路。兩年前創立該賽事的科羅拉多團隊本來打算棄賽，留給加州人騎他們的高級單車就好，但他們後來發現溫德可能出賽，於是大男人主義心態讓他們不願就此棄賽。

溫德描述山口上坡不是比速度，而是更講求「耐力與韌性」，許多部分需要牽推單車，穿越無數條冰冷小溪，翌日進入亞斯本的崎嶇狹窄下坡路段時則是十足的「殘酷驚悚」，充滿「貨真價實的勇氣大考驗」。該版本賽事後來成為越野登山車誕生傳奇的一個關鍵時刻。珍珠山路賽至今還是玩真的，並不適合膽小鬼，你只要想像在一九七八年所有配備設施都還很陽春的年代，參加這種比賽需要多少勇氣就知道了。

ＭＴＢ在八〇年代中期爆紅，賽事也越來越認真、規劃更講究而仔細，還有公司加入贊助選手的行列，溫德坦承這並非她當初想參與的活動。身為登山越野車運動的始祖之一，她感到相當光榮驕傲，「尤其是身為引領全球熱潮女前鋒的她，永遠改變單車界。」她如今收藏在馬林單車博物館（Marin Museum of Bicycling）的照片集，就是該項運動誕生的重要紀錄，也說明了她在這之中扮演的特殊角色。她告訴我每當看見有女生「跨上大輪徑單車」，喜悅便油然而生。登山車在許多層面幾經變革，衍生出不同單車款式和諸多ＭＴＢ車種，包括越野車、山地車、自由騎行山地車等，現在在泥巴地和山路林道騎車的女性也越來越多。

八〇和九〇年代MTB走向職業化時參加比賽的超強女車手，啟發了諸多現代女選手，其中一些人早期曾和溫德及新進車手一起騎車，並在這男性為主的運動項目中留下無法磨滅的足跡。像是丹妮斯・卡拉馬格諾（Denise Caramagno）等車手，丹妮斯是幾個少數在早年競賽中和溫德騎越野車的女性之一，也是今日無所不在的名詞「胖胎」（fat-tire）發明人，她也以「胖胎」為自己共同創作、第一本以登山車為主軸的雜誌命名。再不然是穿著一身非傳統服飾站在起跑線的賈琪・費蘭（Jacquie Phelan），她的裝扮包括圓點點緊身褲，以及頭頂黏著橡皮鴨的安全帽。八〇年代初，她從公路自行車賽轉換至MTB跑道，並且贏了第一場個人參與的賽事。一九八三年起，雅琪連續三年成為全國冠軍，當時由於女選手人數太少，還沒有分成男女組競賽。另一個是茱莉・伏塔朵（Juli Furtado），她有如流星般短暫的單車生涯（可惜後來因為罹患紅斑性狼瘡而告終），最早是從一九九〇年的世界山地自行車錦標賽（UCI MTB World Championships）踏入這個圈子。茱莉・伏塔朵以越野賽項目獲勝，最後更曾在一九九六年代表美國參加奧運會，以此畫下生涯句點。她退休時是MTB（不分男女）比賽中獲得最多冠軍的金氏紀錄保持人，得獎數目超越當時最成功的男選手，和排名第二的女選手加起來的總數。

女同志運動員出櫃後的難處

九〇年代的下坡競賽選手中，有一個人物特別突出，她不只以絕佳技術痛宰其他選手，狠角色的大膽姿態也非常吸睛，讓她竄升至接近搖滾巨星的地位。密希・吉奧夫（Missy Giove）絕對不是「精緻洋娃娃」，而是一顆「飆速飛彈」，一個將「不做則已，一鳴驚人」發揮得淋漓盡致的龐克搖滾偶像。在她眾多大型賽事的勝利紀錄之中，奪走十一面世界盃下坡項目獎牌，肉體在征戰過程中經歷各式各樣的折磨。雖然她是一名技術超群的車手，但以每小時九十六公里的速率，從世界最艱鉅、最考驗技巧的下坡賽道一頭栽下，不摔車也很難。

一名記者曾經形容她的比賽風格「就像一顆四處引爆的核彈，沿路爆破[18]」。這或許多少解釋了為何她的骨折次數如此之高，推測大約為三十八次，骨折部位包括雙腳的膝蓋骨、腳踝、肋骨、鎖骨、骨盆。她承受多次腦震盪，二〇〇一年世界錦標賽的嚴重意外讓她腦部大出血。她的醫療紀錄發人省思，絕不是什麼值得讚許的數字，尤其腦部大出血就是她二〇〇三年決定退休的關鍵要素之一，但這也定義了她的無畏和付出。

「我不怕死，怕死就不是我了[19]。」密希曾告訴記者：「我喜歡飛翔的感受，那是一種非常自由解放的感受，你什麼都不必擔心，專注在當下就對了。」她的哲學是活在當下：「你只能活一次，就是這麼簡單，所以最好活得精采[20]。」超過十年以來幾乎沒有任何事能阻止她跳上自行車，有時她骨折還沒好，又回到單車坐墊上。起跑線的她很難讓人錯過，頭髮不是紮成雷鬼頭，就是剪短、染成金色平頭，或是兩種匹配她單車的髮色，再搭配眼花撩亂的穿洞刺青、特殊幸運符——包括她掛在胸前、寵物食人魚岡索（Gonzo）脫水乾燥後製成的項鍊，每次賽前還會往自己內衣潑灑愛犬魯菲安（Ruffian）的骨灰，以上種種扮相行徑全都讓她登上頭版。由於個性鮮明又是出色運動員，她經常受邀上電視談話秀，接受喬恩・史都華（Joan Stewart）和康納・歐布萊恩（Conan O'Brien）等主持人訪談，並曾擔任MTV音樂頻道的主持嘉賓，一般來說這些節目並不會邀請小眾運動明星接受訪談。比賽賽場上，還有青少年大排長龍向她索取親筆簽名*。

密希在紐約市長大，最早接觸單車是因為在青少年時期打工、送中國快餐。她總覺得紐約市令人窒息，內心渴望高山，最後她跳上單車搬到佛蒙特，也就是她祖父母的居住地，她也是在佛蒙特開始接觸高山滑雪，並在一九九〇年獲得全國青少年錦標賽，為自己爭取到大學獎學金，剛開始接觸滑雪時的她買不起纜車票，於是就一路爬山登上斜坡頂端，再從上方滑下來，這也在在說明了她的剛毅堅強。

* 如果你在網路搜尋引擎輸入「密希・吉奧夫」，第一個跳出的結果是她在二〇〇九年大量走私大麻遭捕的新聞。略過此事恐怕很奇怪，畢竟這個故事震驚了許多體育界人士。在此我不會深入探討這種行為是好是壞，畢竟本書的重點是密希對女子登山車運動的重大貢獻，而我並不認為她後來的個人所為足以一筆勾銷她的貢獻。

然而她在賽季之間的訓練發現了登山車，並對這項運動一見鍾情。同年她打包帳篷，從佛蒙特搭便車到科羅拉多州，參加第一場世界山地自行車錦標賽，也就是茱莉・伏塔朵獲得女子越野項目冠軍的錦標賽。她取得參賽證，參加她第一場下坡賽事，而在這場比賽中，茱莉的雪怪（Yeti）團隊經理約翰・帕克（John Parker）慧眼識英雄，立刻注意到她，心知肚明這個大膽又特立獨行的車手未來會是得獎好手，馬上遞給她一件車隊運動服。

她的生涯平步青雲，只要密希在山路林道上全力衝刺，觀眾保證可以看見一場刺激精采的表現。一九九九年萊熱（Les Gets）舉行的登山車世界盃上，一名體育評論員總結密希和她的職業生涯：「她是一個狂野車手，可能是現代女子單車界最勇猛的一人。儘管她如此狂野，她的表現依舊保持水準，從未掉出前三名。」

加入雪怪團隊後不到幾年，她過關斬將，在二〇〇一年之前一路搶下世界錦標賽和世界盃獎牌，接著轉戰菁英車隊富豪坎農戴爾（Volvo-Cannondale）。該團隊不惜砸重金栽培登山車運動和選手。密希成為銳跑（Reebok）品牌廣告代言人，接受知名攝影師安妮・萊柏維茲（Annie Leibovitz）的拍攝，並成為電玩遊戲的主角。自行車媒體對她愛不釋手，報章雜誌版面滿滿都是據傳她和法國勁敵MTB和BMX小輪車手安妮—卡洛琳・肖松（Anne-Caroline Chausson）之間的新仇舊恨。

即使男子賽車競賽奪走多數媒體鎂光燈，密希仍然成功吸引他們的目光，而且她不需要妥協。她曾經告訴一名記者，她不必像是芭比娃娃才能成為模範，覺得這是一件「很酷的事」。再者，她也從不避談自己的性取向。

體壇歷史上有關同性戀的議題不小，直至今日這個問題仍然不見好轉。多半運動員都不願公開自己的性向，無非就是害怕失去高利潤的贊助案，抑或可能遭受恐同攻擊。這種情況最嚴重的莫過於極度注重男子氣概的男足球員，根據某些報導，恐同的情況越來越嚴重，沒有好轉的趨勢，賽場上仍聽得見恐同人士的吶喊。英國球員賈斯汀．法薩姆（Justin Fashanu）在一九九〇年出櫃後飽受欺凌，大家都認為他八年後的自盡恐怕與這脫不了關係。自那刻起就沒有其他英國足球超級聯賽（Premier League）的職業足球員出櫃，這個狀況倒是和現代女子足球大相逕庭。在二〇一九年女子世界杯中，梅根．拉皮諾（Megan Rapinoe）和其餘大約四十名選手和教練都公開同志或雙性戀身分，不過她們當然是經過長期抗戰才走到這一步。

這個議題相當棘手，需要花一整本書的篇幅深入探討，但體育運動給人一種熱血沸騰、異性戀男子氣概的刻板印象，也就是所謂的硬漢形象，這點倒是千真萬確，人們很難接受選手不遵守這種「準則」。體育界的女性則向來被視為同性戀，因為她們抵抗普世接受（謝天謝地已經過時）的女性化觀點。當電影《她的錯誤教育》（*The Miseducation of Cameron Post*）的青少女主角被送到基督教改造營、「矯正」同志傾向時，劇中的大人下了結論，正因為她愛跑步才會受其他女生吸引。

雖然根本不是事實，但是將女性熱愛運動和同志性向劃上等號，就是羅斯林淑女俱樂部和其他人被冠上女同志封號的主因。對於確實是同志的女運動選手來說，出櫃可能只證實了這種根深蒂固的謬誤偏見，更重要的是她們可能因此遭遇敵意，導致收入減少：網球巨星瑪蒂娜・娜拉提洛娃（Martina Navratilova）在八〇年代出櫃，在當時是頭幾個公開同志性向的體育巨星之一，出櫃後飽受各方仇視，她估計自己總共損失了一千萬美元的廣告代言。相反地，二〇一九年瑞典足球好手瑪格達蓮娜・艾力克森（Magdalena Eriksson）歡慶她的隊伍打進世界盃，並在網路公開她親吻女友丹麥籍足球員佩妮萊・哈德（Pernille Harder）的照片，這張照片傳遍世界各個角落，眾人也很恭喜她們。並不是說現在性取向的問題蕩然無存，但是這顯示到了這個時代，女性性向和體育的偏見可望慢慢瓦解。

和許多運動一樣，自行車仍然深受觀念過時的男子氣概和異性戀硬漢理想的束縛，曾經參與自行車最高殿堂、從男變性為女的前任職業單車手菲莉帕・約克（Philippa York）說，在這樣的文化氛圍下，「任何膽敢與眾不同的人都會被揪出來，當眾羞辱一番，不然就是被視為某種危險分子[21]。」她公開自己的變性，用意就是希望自行車界的思想可以更開放進步，打破性別和性向的藩籬。

恐同症在九〇年代滲透社會各個層面，這種情況下可想而知，願意和瑪蒂娜及密希一樣公開出櫃的運動員少到不能再少。密希曾說公開同志身分讓她的收入減少，但她從不後悔：「勇敢做自己最重要，因為這樣才能帶給其他人力量[22]。」她自豪地出櫃，談論正在交往的女友，並且為同志雜誌拍攝照片，展現身為一名同志女性從事體育或做她自己選擇的事並不可恥。許多人覺得MTB是一種比較新穎的運動，所以思想相對開放進步，這也解釋了為何她的性取向沒有造成傳統運動選手可能面臨的問題。

密希在高速危險卻令人熱血沸騰的環境裡表現出色亮眼，也從不懷疑自己是否無法像男子車手拚命騎車，畢竟這種精神已經融入她的基因。二〇一五年，四十三歲的她在退休後十二年又重返溫德姆（Windham）舉行的山地自行車世界盃（UCI World Cup）的賽道，當時她的妻子被診斷出癌症，想要看她在世界錦標賽出賽，於是密希重返單車界。雖然過去十年來鮮少騎車，但她當天仍以排名十六的成績完賽。她並不期待自己贏得比賽，卻告訴記者她很希望自己能鼓舞他人，對於一個從不讓任何事阻礙自己前進、也不打算讓年齡阻止自己的人來說，這個建議可說是非常有說服力。

直到三十八歲才開始參與MTB賽事的美國極限耐力賽運動員蕾貝佳・盧斯（Rebecca Rusch），想必也會認同密希的建議。後來她贏了全國和世界錦標賽的越野及二十四小時MTB項目，因而享有「痛苦女王」美譽，不論是何種運動項目的角度來看，她的職業生涯都可說是最勵志。與此同時，密希的前任勁敵，如今也步入四十多歲的安妮－卡洛琳・肖森挺過卵巢癌，目前已重返單車世界。

女子越野登山車的展望

許多MTB的運動員都認為這項運動能夠包容異己，敞開雙臂歡迎大家，沒有公路自由車等歷史悠久的運動那麼計較規則，可是殘酷的事實擺在眼前，參加MTB的女性人數不如男性，其中黑人、亞裔、少數族群背景的選手更是少之又少。關於這樣的性別落差很難取得佐證數據，但二〇一六年某美國MTB雜誌預估，他們的讀者群大約百分之十五是女性，勉強可換算成在山路賽道飛馳的選手中，十人大約有兩人是女性。至於賽跑等運動的人數就很平均，二〇一五年，跑到終點線的選手百分之五十七都是女性。

前職業登山車手薩布拉·戴維森（Sabra Davison）和她的姊姊莉亞（Lea，奧運等級的選手）在二〇〇〇年代初開始參賽，兩人常常是車隊裡僅有的女生。當時起跑線上的女性更是明顯少很多，我和人在老家佛蒙特的薩布拉透過電話進行訪談時，她告訴我身邊的男車手都很支持與鼓勵她們，但她也承認自己的經驗無法代表所有人：「孤軍奮戰時，大多數的人都會覺得難熬。」

後來她和莉亞為七到十六歲的女孩創辦非營利MTB指導課程「小貝拉」（Little Bellas），教她們騎車並安排團騎，培養「社群和同志友愛」風氣，希望藉此鼓勵更多女孩接觸這項運動。共同創辦人安琪拉·艾爾文（Angela Irvine）四十歲才跟著男性友人在山路學騎登山車，試著跟上他們，所以她很清楚女性友善的環境有助於登山車運動的多元發展。薩布拉告訴我，她們的目標是打造一個女孩「感到安心又善意接待」的環境，讓登山越野車變得更「平易近人」，畢竟「這項運動的本質並不平易近人」。

她們的組織非常成功，在全美各地皆設有分部，某些地區的報名等待清單還長達四年。小貝拉提供獎學金，以確保不論家庭收入，人人都有機會參與，該組織贊助商亦協助學費，以壓低女學生的花費。這只是其中一個協助促進登山越野車運動，並將其推向更多元開放的歐美團體，也是支持女性、黑人、亞裔、少數族群，及彩虹族群車手的園地。這個概念可追溯回八〇年代，賈琪．費蘭創立傳奇的WOMBATS（女子登山車茶會的縮寫，Women's Mountain Bike And Tea Society），並舉辦一系列的訓練營，鼓勵女性參與這項當時比現在更白人、更男性主導的運動。

亞尼莎．拉瑪爾（Anissa Lamare）切身感受到何謂勢力單薄。在朋友之間小名蘇麗、二十三歲的亞尼莎，來自印度東北部梅加拉亞（Meghalaya）山區的城市西隆（Shillong）。梅加拉亞的意思是「雲霄殿堂」，位於孟加拉和不丹之間，擁有高達兩千公尺的高峰，低窪地帶有茂密蓊鬱的熱帶雨林，以上條件都讓梅加拉亞成為登山車運動的理想地區。

該省分的部落傳統是母系制度，遺產都傳承給女性，這在今日的印度和其他地方堪稱罕見。然而儘管女性在該地區扮演重要角色，ＭＴＢ競賽仍然沒有女子組，印度其他地區的比賽亦然。這代表十七歲開始騎下坡ＭＴＢ的亞尼莎，不得不加入男子組競賽，一開始是青少年組，現在則是轉戰菁英男子組競賽。如同四十年前，溫德．克拉格必須在塔瑪爾巴斯山的雷派克競賽中與一群男性角逐冠軍寶座。

就像當年的加州，這項運動如今也開始在印度萌芽，基礎建設和參與人數都遠遠不及歐美國家，光是一部單車的售價就足以讓許多人望之卻步，亞尼莎認為她恐怕是印度全國唯一參與下坡賽事的女性，因為截至目前，她還沒在參加過的比賽中與女性交手。印度沒有類似小貝拉的課程鼓勵各年齡層的女性站上起跑線，而亞尼莎就是開路先鋒，希望其他女性迎頭趕上。她在電子郵件中告訴我，報名第一場比賽（當時她只有一部小輪車）時，她對這項運動幾乎一無所知，甚至連安全帽都沒有，可是一旦她體驗飆速奔馳下山的極限快感，她就愛上這項運動，最後在比賽中獲得前十名的佳績。

亞尼莎立刻開始存錢買一部真正的登山車，最近的一間店距離她三小時的路程，由於不想空手而歸，她最後帶著一部體積過大的單車回家。身高只有一百五十二公分的亞尼莎要在這個幾乎沒有女子登山車市場的國家找到適合自己的單車並不容易。因為這部車的車架過大，需要參賽時她不得不向朋友借車，才能在賽道上盡情馳騁，後來她又存錢購買一部專為她這種身高人士設計的（二手）單車。她溺愛地稱呼這部新車「謬思騎士」（new mount Muse）。

身為唯一騎乘並參加登山車比賽的女性，她絲毫不為此所苦，起初反而覺得自己很獨特。但這種新鮮感很快就消退，她開始渴望能和其他女車手並肩騎車或是一起參加比賽。女選手人數不足讓她覺得自己從事這項運動沒有前途，畢竟她不能正正當當以女性身分參賽。當她搬到南方三千公里的班加羅爾（Bangalore）攻讀政治學碩士學位時，她不得不完全暫停參加比賽，畢竟最近的登山車道與她相距五十多公里。她說這個決定「令人心碎」，不能騎車宣洩情緒，她感到「人生空虛貧乏」，甚至一度考慮輟學，但她知道自己不能這麼做，因為她未來還得扛下家庭經濟的重任。

但是她告訴家人，畢業後有意專心參加登山越野比賽。她告訴我，跳上單車、為比賽展開特訓的欲望是「永遠不會死去的自我」。亞尼莎希望她有天可以到歐洲與其他女性較量、測試實力。也許到了那時，她就不是唯一一個馳騁下坡車道的印度女性，就像美國登山越野車前鋒溫德，想當然亞尼莎不會孤軍奮戰太久，也許有一天，她或其他人會為了下一代女性在印度創辦自己的小貝拉課程，而新生代也永遠不會知道沒有女子組競賽的孤獨感受。

第十二章　現在你看見我們了嗎？

沒有女子冠軍黃衫的環法自由車賽

法國西南方奧德省（Aude）利穆城外，通往庇里牛斯山南部的道路停車區，有一群女子正從旅行車扛下自行車。二〇一九年七月二十日上午七點三十分，連續幾週的炙熱高溫過後，這時天空飄起沁涼的毛毛雨，明天觀眾會在這條道路上夾道觀賞二〇一九年環法自由車賽，目睹參賽者從第十五賽段出發，今年這一站將是挑戰性極高的一百八十五公里，整整爬坡四千五百多公尺，最後抵達普拉特阿爾比斯山巔（Prat d'Albis）。

今天跳上單車的女子也準備騎行同樣路線，她們已完成前面十四個賽段，每一段都比男選手提前一天出發，並將會一路騎到抵達巴黎香榭大道的最後幾公里。她們前方沒有可以激起觀眾興奮情緒的廣告宣傳車，也沒有前導車隊幫忙清空街道、從各個視角拍攝她們，終點線旁亦沒有守候她們的記者。這並不是女子環法自由車賽，因為根本沒有這種比賽。這些女子之所以踏上全程三千四百七十九．三公里、長達五萬兩千公尺的爬坡路線（環法自由車賽史上最多山路的一屆），是為了抗議世界最受歡迎的運動盛事居然不准女性參加。

團體之中有一組十三人、名叫Donnons de Elles au Vélo J-I的法國車手（粗略翻譯的意思是「把自行車交給女性」），在過去五年騎過所有賽段。今年有十人組團，名為「女人國」（InternationElles）的國際車手加入她們的行列，她們也鼓勵一般大眾在每個賽段加入騎乘行列，但這一天往山區出發時，只有我跟在她們輪子後方。

第一段路是沿著奧德河畔（River Aude）的快速道路，緊接著我們騎上緩坡，行經森林和古老的皮伊韋爾城堡（Château de Puivert）。行進路上，有其他車手加入團隊後方，村民聽說騎行環法自由車賽路線的這群女子，都站出來加油打氣。我和來自世界各地的車手緊跟在後，這群車手先前都沒參加過如此艱辛密集的比賽，倒有不少人是真正的運動員，參與過鐵人三項等艱鉅挑戰。然而這次的環法自由車賽路線又是另一種層次，可說是史上最考驗耐力極限的賽事之一，即使女車手之間沒有較勁意味，仍是十分辛苦的試煉。許多人得特別向公司請假，其中幾人還得放下孩子，包括十一個月前產下兒子的琵帕（Pippa），她從澳洲老家出發到歐洲的幾週前，仍然一天餵三次奶。

昨天又是另一個折騰人的山區賽段，總長一百一十一公里，終點是海拔兩千兩百一十五公尺的托瑪萊特山口（Col de Tourmalet），亦即環法自由車賽的經典爬坡賽段，接下來她們又得搭車前往下一個賽段起點，並為了漫長的一天準備單車和設備。這組人馬最多只補眠五個小時，昨天洗好的衣服還掛在「女人國」支援旅行車的後面晾乾，換作是正式的環法自由車賽主車群，車手大可不用煩惱自行車的狀況是否良好，抑或隔天是否有乾淨的自行車褲可穿，因為他們有支援團隊，以及設有洗衣機及舒適暖床的豪華巴士，還有營養師和廚師，按摩師則在車上幫忙緩解比賽過後的緊繃肌肉。除了一組四人的主要支援團隊，這群女子幾乎沒有這等奢侈享受，終點站也沒有等著她們領取的獎金，這趟旅程完全自費。

當我們開始爬上當天第一座山——蒙特塞居山（Montségur），看著這組人馬向山頂的迦他利派城堡（Cathar Castles）發動攻擊時，我實在很難相信她們已經騎到第十五天。我跟在隊伍後方和幾個人踩著單車，這些人不是在騎乘冗長山路後略露疲態，就是想為了這漫長一天預留體力。當我們騎上陡峭難行的十七．四公里坡段，旁邊已有觀眾停下露營車，在路邊搭起帳篷，以確保能在這個經典山路路段搶到好位置，準備觀看明天的正式比賽，而就在發現我們之後，觀眾也大聲為我們加油喝采。他們的鼓勵打氣激勵我繼續前進，也讓我多少體會到參加環法自由車賽的滋味。

其中一個女人國成員卡門（Carmen）的父母特地從荷蘭前來支持女兒，並在山頂附近現身為她加油。我們在山上重新碰頭，並在澄澈的藍天下吃香蕉和能量棒補充體力，接著又從另一側充滿快感地輕鬆衝刺下山，但我在這時離開團隊，往起點方向折返，內心稍微慶幸自己不用再爬三座陡坡，其中一座還是人稱的「高牆」。

最後六天她們一樣勇猛前進，兩組人馬都順利完成環法自由車賽路線規劃人要求男選手在明天騎行的路線。唯一讓她們承受不了的也許是尼姆（Nîmes）升到地獄般的攝氏四十六度高溫，後來只能去洗車降溫。再不然就是熱浪之後的那天，阿爾卑斯山降下極端雹暴，導致第十九賽段路面冰滑，土石崩落。後來男子環法自由車賽中途喊停，於是她們最終的騎行長度超越男性。當她們騎上經典的巴黎街頭路線，衝向終點，已經證明了要是業餘女車手都辦得到，那麼職業女選手當然也絕對辦得到。

她們並不是第一群站出來抗議的人，先前已有人勇敢捍衛遭到該賽事排擠的女性。一九〇八年，據傳一位名叫瑪麗・馬文（Marie Marvingt）的法國女子嘗試參賽，被拒於門外後，她便在正式比賽開始前騎完整個賽程。雖然沒有關鍵證據可以證實這個傳言，但我不懷疑瑪麗辦得到。以下是她的體育成就和其他豐功偉業，但我在此無法一一詳述：泳渡塞納河、贏得冬季奧運獎牌、創下女子航空紀錄、巧扮男性混進一次世界大戰參與轟炸機任務、於二次世界大戰擔任反抗軍。簡言之，她是歷史上授勳最多的法國女性，傳記內容也十分豐富。瑪麗以八十八歲高齡從南錫（Nancy）騎了三百五十公里到達巴黎，諸如此類的紀錄都說明，她在一九〇八年絕對有能力完成這項挑戰。

不論是事實還是虛構，全都指出，幾乎自有環法自由車賽以來，女性就長期抗議不公平的排他待遇，但這絕對不是女子自行車界唯一的不平等待遇。事實上真要說的話，不平等的情況多到數不完，包括男女薪資的巨大落差、參賽機會和贊助商不足、媒體報導少之又少甚至幾近於零，整體發展不夠多元等。如今女子職業自行車總算有所進展，多虧眾多努力不懈的社會運動人士，其中不少是職業車手，他們大聲疾呼自行車界痛定思痛，終止妮可・庫克所謂「一種男性主宰，也只為男性敞開大門的運動[1]」，積極推動改革。

自行車太難，女人家騎不來？

女性缺席環法自由車賽，這項世界規模最盛大、最多人觀看的自行車賽事，背後歷史錯綜複雜。安排環法自由車賽的組織阿莫里體育組織（Amaury Sport Organisation，簡稱ASO）於一九八四年創辦女子環法自由車賽。這場十八賽段的競賽是史上最接近原版環法自由車賽的女子賽事，但是相較於男子環法賽的四千公里，自行車運動的管理機構UCI規定女子比賽總長不得超過一千公里。另外女性也得比男性提早出賽，每天提前兩小時結束，行經等著觀看男選手騎車的群眾面前。同年女子自行車總算打進奧運會，雖然只有一場賽事，感覺卻是一大關鍵轉捩點。

美國自行車手康妮・卡本特—費尼（Connie Carpenter-Phinney，當時姓氏只有卡本特）在第一場女子奧運公路賽中獲得金牌，表示「我們正一步步邁向成功[2]」。可是對女子環法自由車賽起初抱持的樂觀卻開始變質，因為媒體只關注男子環法自由車賽，仍有許多人不相信女性有騎車的實力，特別是前冠軍雅克・安克蒂爾（Jacques Anquetil）也在報紙中寫道，雖然他「對女子運動絕對沒有偏見[3]」，卻認為「自行車太難，女人家騎不來，她們天生就不是騎車的料。我比較喜歡看女人穿白短裙，而不是自行車褲。」關於女性騎自行車，一九八三年環法自由車賽冠軍洛朗・菲農（Laurent Fignon）也一樣不看好：「我很欣賞女人，但我寧可看她們從事其他職業[4]。」

兩年後，女子環法自由車賽縮減至只有兩週，三年後ASO退出，女子賽事舉步維艱，到了二〇〇九年重新命名為「國際女子大環賽」（Grande Boucle Féminine Internationale），因為ASO認為使用「環法」等字眼會侵犯該賽事的商標。此外，還有其他問題：由於長期缺乏贊助商，車手沒有收入，活動主辦單位背負債務危機。二〇〇九年，最後一場比賽只剩下四個賽段。

國際女子大環賽劃下句點，環法女子版賽事卻在二〇一四年死灰復燃，ASO創立一項全新女子競賽：女子環繞法國自由車賽（La Course）。在職業車手瑪莉安娜・沃斯、艾瑪・普利（Emma Pooley）、凱薩琳・博蒂娜（Kathryn Bertine）及鐵人三項運動員克莉絲・惠林頓（harissie Wellington）的大力推動下，全新比賽總算姍姍來遲。第五屆比賽在我加入女人國第十五賽段的前一天舉行，瑪莉安娜獲得了最後冠軍。

既然女性已經有屬於自己的環法自由車賽，那這二十三個女子為何還要抗議？因為男子賽事為期二十一天，贏家能抱走兩百萬英鎊的總獎金，女選手的賽事卻只有短短一天，總獎金為一萬九千英鎊，也因此女子競賽的媒體關注度遠遠比不上規模盛大的男子環法自由車賽。瑪莉安娜熱血沸騰地摘冠後抵達記者會現場，卻發現室內滿是空椅，記者只有小貓兩三隻，其中一人在推特上寫道：「自行車運動史上最偉大車手之一居然遭到如此冷落，真是令人汗顏。」頂尖男子職業車手之一，馬克・凱文迪許（Mark Cavendish）向來對該運動的不平等直言不諱，他則是在推特上說：「沒想到我從事的運動如此落後，真的讓我難過丟臉到抬不起頭。」

環法自由車賽上令人詬病的禮儀小姐，也就是遞花束、親吻賽道贏家臉頰的美女受到的關注，有時恐怕比女子環法自由車賽的女車手來得多。二〇一三年，現場轉播畫面捕捉到獲得環法蘭德斯賽（Tour of Flanders）第二名的職業車手彼得・賽甘（Peter Sagan），對禮儀小姐瑪雅・雷耶（Maya Leye）毛手毛腳，此舉在媒體和網路上引發眾怒，賽甘也在事後趕緊公開道歉滅火，不過這已說明了禮儀小姐都被當成了什麼。這項過時傳統引發的性別歧視爭議向來不小，挨不過反對聲浪及請願頻頻的壓力之下，環法蘭德斯賽主辦單位於二〇一八年宣布終結這項傳統。飛鏢和一級方程式賽車比賽也正好在這時廢除爭議不休的「飛鏢女郎」和「賽車女郎」，ASO則決定不跟進，甚至變本加厲，宣布無論如何都會延續這項傳統。

環法自由車賽不是唯一重要的賽事，女性還有機會參與其他舉辦多日、規格不輸男子賽規模的公路賽。我敢說阿爾馮希娜・史特拉達在初次參加環倫巴底賽的六十四年後，若是知道環義自由車賽總算創立女子組比賽會有多欣慰。最初該賽事命名女子環義賽（Giro Donne），後來更名為女子環義國際自行車賽（Giro d'Italia Internazionale Femminile），或稱環義女子大賽（Giro Rosa）。該賽事擁有十個賽段，是截至目前最長距離的女子公路賽（雖然賽段曾經多達十六段），甚至是多年來唯一的多賽道女子競賽，抑或環法等級的盛大賽事。不過阿爾馮希娜可能納悶，為何參賽者只能冀望贏得男選手獎金的一小部分：二〇一八年，總冠軍安妮米克．馮．芙倫妲只獲得一千一百三十歐元，還得和隊友分攤獎金，男子競賽冠軍則海撈十一萬五千六百六十八歐元，同年克里斯．弗魯姆（Chris Froome）受邀參加比賽的收費甚至高達一百二十萬英鎊。

雖然這等懸殊差距令人難以置信，但還不僅如此：二〇一四年的比賽冠軍瑪莉安娜．沃斯收到五百三十五歐元，那諾．昆塔納（Nairo Quintana）則是獲得二十萬歐元。女子自行車賽的獎金經常遠遠落後各種運動項目，拜前職業選手兼社會運動人士比莉．珍．金（Billie Jean King）所賜，參加大滿貫的女子網球選手獲得的獎金數字和男子相同，至於馬拉松路跑、田徑、游泳，男女贏家的獎金也幾乎沒有落差。不過說到最受人歡迎的足球，男女選手的薪資依舊懸殊，二〇一九年英格蘭足總女子聯賽（FA Super League）選手的平均薪資是英格蘭足球超級聯賽的百分之二。最後美國女子隊在連續贏得兩屆世界盃足球賽後提告，要求平等薪資。美國男子足球隊從沒打進半決賽，但要是他們當真打進準決賽，獲得的獎金肯定很可觀，每人大約是五十五萬美元，女選手則只有九萬美元。雖然極度不公平，卻已是環義女子大賽參賽者求之不得的高額獎金。

其他比賽也大同小異。二〇一九年環法蘭德斯賽的男子組冠軍獲得兩萬歐元，第一個跨越終點線的女子組冠軍，只領到一千兩百六十五歐元。女子組競賽的長度只比男子組短了一百一十二公里，因此距離並不足以說明這一萬八千歐元的落差。自一九八四年起女子自行車的進展幾乎停擺，來自美國的瑪莉安娜·馬汀（Marianne Martin）獲得第一屆女子版環法自由車賽的冠軍時，只收到八百多英鎊的獎金，至於男子環法自由車賽的冠軍洛朗·菲農則是把近八萬英鎊帶回家。後來瑪莉安娜表示參加比賽讓她入不敷出，但她從不後悔。

女子職業自行車中，獎金不足和薪資微薄得可憐（甚至是零）的問題意味著，除了參賽和特訓，大多數選手還得靠其他工作才能養活自己。奧運自行車項目的獎牌得主艾瑪·普利，在二〇一一及二〇一二年的環義女子大賽總成績排名第二，她告訴記者，之前在菲律賓參加鐵人三項時，她贏得第三名的獎金都比她參加自行車賽獲得的獎金要高。美國的瑪拉·阿伯特（Mara Abbott）在退休前贏了兩次環義女子大賽冠軍，參加男子版賽事的文森佐·尼巴利（Vincenzo Nibali）也當過兩屆冠軍，但他最後抱回幾百萬獎金，瑪拉說她的薪資則只差沒落在貧窮線以下。瑪拉也是一名奧運選手，但除了騎自行車她還得賺錢養活自己，才能繼續競賽生涯。環義女子大賽和奧運金牌得主妮可·庫克親口證實，在二〇一二年奧運預備階段，她甚至連續三個月沒收到女子隊發放的薪水。

要是無人觀看女子自行車賽，選手是否該獲得收入？

荷蘭的退役自行車競賽選手艾瑞絲．史拉彭德（Iris Slappendel）切身體會到職業女自行車手的窘境，畢竟在她的職業生涯中，她曾經整整六年沒有收入。二〇一七年，她決定了解薪資性別落差的問題有多氾濫，於是調查兩百名公路女車手的收入和工作條件。她發現三分之一參與調查的人，年薪不超過五千英鎊，大多數選手得找第二份工作才能糊口。有收到薪水的調查對象中，超過一半的人必須將部分薪水交給車隊，支付必要開銷。

和艾琳．葛雷及其他社會運動人士前輩一樣，艾瑞絲明白不會有人為女自行車手挺身而出、推動改革。沒想到一名男子自行車聯盟代表毫無同理心，竟然反問：「妳真的覺得女性當得了職業車手？[5]」於是艾瑞絲決定親自扛下這個重責大任，後來創辦了自行車手聯盟（Cyclists' Alliance），聯盟宗旨是為職業女自行車手爭取各層面的平權，並和比莉．珍．金於一九七三年設立的國際女子網球協會（Women's Tennis Association）攜手合作，推動女選手權利。

艾瑞絲告訴我，以她的個人經驗來看，「女子自行車到現在仍是許多利益相關者最不關切的重點。」二〇一九年，國際自行車總會的十八名管理委員會員之中，只有兩人是女性，已足以說明情況。向來對女子自行車的不平等直言不諱的艾瑪．普利曾說，她認為她在自行車業界眼中是「某個怪咖，激進女權分子[6]」，導致她「在某些方面相當不討喜」。

艾瑞絲為了聯盟會員的權利奮戰，她在不久前的二〇二〇年爭取到一份協定，只要車隊參加所謂的女子世界巡迴賽（WorldTour）菁英女子公路賽，就得支付車手一萬五千歐元的基本薪資，到了二〇二三年再提高至男子洲際車隊（Continental Teams）的薪資水準：三萬歐元，並加碼享有退休金等重點福利。

這當然是一個很好的開始，但她告訴我，她和其他人必須擔起「社會運動人士的角色，才能獲得平等對待」，讓她不由得心力交瘁。她們一直以來都「有口難言，只能在不滿足的現狀中委屈求全，只因為我們是女性」。她認為阻礙公路自行車性別平等發展的一大問題，就是絕大多數資金挹注於大型男子賽事，光看這些大賽的豐沃獎金就一目瞭然，UCI男子世界巡迴賽車隊平均預算大約是一千五百萬英鎊，女子隊的預算則只平均落在十五萬英鎊。她認為這是因為媒體大幅報導男子競賽，其中不少還是全球電視轉播，自然引來贊助商和資金。

能見度依舊是妨礙女子自行車賽進步的原因，畢竟女子賽事幾乎不會在電視上轉播。人盡皆知，想在義大利之外的地方觀賞目前最長距離的女子賽事——環義女子大賽大不易，只有二〇一九年在賽後進行某些精采片段的網路轉播。該場比賽同時與環法自由車賽登場更是火上加油，意思是全世界的媒體和自行車粉絲多半只關注全球實況轉播的環法自由車賽。二〇一六年接受《衛報》（*Guardian*）專訪時，瑪拉．阿伯特說：「沒人知道你在做的事，明明大老遠騎車到鳥不生蛋的地方，卻沒人到場觀看支持，這種感覺讓人很沮喪。」她下了一個結論，那就是「資金足以說明比賽的重要性」。由於媒體不報導，贊助商支持比賽的意願也相對低迷，因此較缺資金，無法舉辦一場人人想看的比賽，進而形成惡性循環。公路競賽不同於足球等在球場進行的比賽，不能向粉絲出售昂貴的門票，只能靠贊助及出售採訪證維持下去。

世界各地的比賽中，環法自由車賽的曝光率最高，當然也是資金最多的比賽。而環法自由車賽也彰顯出男女自行車賽在資源、經費、關注方面的巨大鴻溝，簡直南轅北轍，艾瑪．普利形容以上都是導致女性覺得自己「不如人」的不平等現象。康妮．卡本特—費尼認為自八〇年代起，女子競賽在許多方面「倒退[7]」，而且「現代女車手還苦於無法提高能見度」。

艾瑞絲相信女性選手／賽事是有觀眾群，只是觀眾沒機會觀賞比賽罷了。二〇一六年里約奧運會就能證實這點，女子公路賽是全法國觀看次數第五高的體育賽事。再看看二〇一九年女子世界盃足球賽驚人的觀看數字，全球超過十億人觀賽，創下史上媒體購買轉播權的最高紀錄。幾乎無人不認識梅根．拉皮諾（連世界頭號厭女的美國總統唐納．川普都認識她），這就是一個分水嶺，最後國際足球總會決定二〇二三年女足世界盃參賽隊伍從二十四隊增加至三十二隊。

公路賽之外的女選手待遇有更好嗎？

並非所有女子自行車界的不平等現象都如此嚴重，即便性別薪資差異依然存在，不過某些自行車界的情況好多了。如今登山車女車手有機會參與眾多菁英競賽，和男性以同樣時間限制、同一條路線參賽，就連最終獎金也一樣。女子賽事亦同樣熱門：二〇一八年，在紅牛電視（Red Bull TV）轉播的女子世界錦標賽觀看人次，從前一年的九萬九千人增加至二十三萬三千人，與男子世界錦標賽的觀看人次並駕齊驅。開設小貝拉課程的薩布拉．戴維森告訴我，女子登山越野競賽引來的觀眾往往多於男子賽事，她認為部分原因是女子競賽比較有趣，也較難預測，畢竟並不是某個女車手制霸所有比賽。

自一九九〇年賈琪．費蘭有次誤拿男子組競賽第六名的獎金信封袋（裝著一張五百美元的支票，她本來應該收到的支票只有四十五美元）以來，登山自行車運動幾經變革。二〇一三年，薩布拉參加美國職業登山越野環賽（Pro Mountain Bike Cross Country Tour），她錯愕地發現獎金只有男性的百分之六十五。她和姊姊莉亞主動接洽贊助商，最後對方答應幫女車手加碼，最後獎金甚至超越男性，她們都覺得以當時來說，這可說是對於男女不平等的強烈宣言。薩布拉告訴我若是牽涉金錢，要達成男女平等就難了，男子菁英公路競賽便是一個最基本的例子，好比克里斯．弗魯姆等最頂尖車手每年賺進三百萬英鎊。她相信要是牽涉如此龐大的獎金，就會演變成「更激化及政治化的環境」，改變也就難上加難。

泥濘之中人人平等

一九〇〇年代初期在法國和比利時崛起的越野單車賽，又是一項現在幾乎各方面都與男性平起平坐的體育項目。比賽內容是車手快速在短程泥濘賽道（約二·四至三·二公里）上繞圈，賽程則長達一小時，場地囊括各式各樣的地形——人行道、木棧道、草地、陡坡山路，以及車手必須扛著單車跨越的障礙。推動積極正面改革的女性負責人，就是二〇〇六至二〇一五年的全英冠軍兼女子單車先驅海倫·懷曼（Helen Wyman）。

我前往一座位於法國西南部朗格多克（Languedoc）的美麗村莊，也就是海倫居住及特訓的地點，與海倫及她的小狗阿隆索（Alonso）、兩位她正在特訓的年輕女越野車手相見歡。那是一個悶熱難耐的六月天，我得穿越數座高山、騎乘四十公里的山路抵達村莊。我猜她看見我以這副汗水淋漓、穿著單車服的模樣前來訪問，應該見怪不怪，沒想到真的被我料中了。

二〇一二年，海倫受邀參加UCI的越野單車賽委員會，她把這件事當作一大契機，希望藉此改變眾人對越野單車女選手的看法及她們的待遇，可是過程「無比艱辛」，她得為了每一項改革堅持到底。第一個重大成就，是將UCI女子組競賽的時間從乏人問津的上午，改到男子組競賽之前。這個要求並不花錢，所以對方沒有拒絕的理由，而改時間的用意是，本來不會出席女子組競賽的記者，這下都會在終點線等待，她們因而獲得媒體曝光的機會。

比利時的重量級DVV系列越野賽的主辦單位為了展現自己的領頭羊身分，便以現場電視轉播女子組競賽，結果立即獲得成效，觀看人次驟增，已達到男子組觀看人次的百分之九十三。海倫告訴我，電視轉播她的比賽之後，她走在比利時的超市都會被路人認出，而這也顯示女子越野單車已跳脫乏人問津、無人關注的絕境，提升至今日的能見度。她相信觀眾「不介意他們在看的是男性還是女性比賽，只在乎自己看的是不是一場精采賽事」，並說「該年九成女子賽事比男子比賽有意思」。

另一個海倫說服UCI且成功推動的重大改革，就是保障二〇二一年女子組競賽時間長度為五十分鐘，而且每一場比賽的獎金都必須相同。男子組賽程只比女子組多出十分鐘，很難說服別人他們的獎金足以超出女子組五倍。海倫認為，大家普遍以為自行車女選手騎車只是「為了興趣和熱愛而騎」，不是為了獎金。她說明熱情當然很重要，但「你總得填飽肚子」，畢竟「多出一根陰莖並不會比較值錢」。如今一場世界盃越野車賽的獎金，已是環義女子大賽冠軍獎金的六倍，更別說目前環義女子大賽冠軍還得和隊友分攤這筆錢。她希望該項運動的女性漸漸踏上與男車手酬勞平等的道路。

和薩布拉一樣，海倫相信改革全視經濟而定：「只要能展現出女子運動的價值所在，他們能夠從中分到一杯羹，那麼他們就會興致大增。」現在DVV有一個贊助者就是專門為女子組競賽而來，投入資金超過安排比賽所需金額。她相信這就是支持女自行車手的關鍵：「當你想不到男女賽事的差別，他們就比較想要贊助女車手，因為這樣反而從中獲得更多。」

海倫在委員會的服務任期結束後，女子越野單車的地位也變得更加強大，如今有更多女性站在賽場的起跑線，不過她也很清楚，介於十六至二十三歲的年輕女性比其他年齡層的女性更容易放棄運動，所以在她離開委員會前，她要求UCI承諾會在各場全國和國際錦標賽中增設青少女組（十四至十六歲）——如同已經舉行數十年的青少年組。

儘管海倫在二〇一八年宣布退休，她仍然持續支持女車手新秀，最近更運用群眾募資的方式，資助一百位二十三歲以下的女性參加全英越野單車錦標賽。她也主辦二〇一八年的第一場青少女競賽——海倫一百盃（Helen100 Trophy），獎金數目和青少年組一樣。

海倫參加過多場女子公路比賽，但是卻對女子公路的改革腳步不太樂觀。在她眼中，公路單車是「老男人俱樂部」，大筆資金全部傾注在男子公路比賽，因此要改變安排環法自由車賽的阿莫里體育組織ASO等單位的想法，她認為幾乎是不可能的任務。海倫曾參加女子環法自由車賽，覺得這場比賽「說穿了只是小小的附帶賽事」。數次參與女子環法自由車賽的職業車手伊莉莎白．迪格南（Lizzie Deignan）也深有同感，她告訴我：「我們的參賽只是一種象徵意義，與其說是恭維，不如說是一種汙辱。」

海倫沒有嘗試強迫ASO要「做出正確的事」，她認為專注與對推行自行車平權運動感興趣的主辦方合作比較重要，不過ASO近期有意發展女子自行車運動。她參與二〇一四年英國首屆

Ｏｖｏ能源女子巡迴賽（Ovo Energy Women's Tour），現在這場賽事為期六天，是世界女子公路分站賽事中最富盛名的一場，而打從二〇一八年起，他們為女性準備的獎金就和男子賽「環英單車賽」（Tour of Britain）相同。她認為這和女子環法自由車賽之間有如雲泥之別，並把主因歸於主辦單位的「初衷是成功辦好活動」。該女子巡迴賽亦和當地學校密切合作，讓學生知道女性騎單車是一項正常活動，並把女子隊伍融入數學、美術等課程，和女人國在橫越法國時中途停靠學校時，看見學生分享以環法自由車賽為主題的美術作品都只有男車手截然不同。

當然也有其他獎金平等、對女性參與展現出興趣的比賽。科羅拉多經典賽（Colorado Classic）在二〇一九年完全取消男子組比賽，為女子組的四站比賽增加雙倍獎金（從三萬美元變成七萬五千美元，比男子組多出五千美元）。科羅拉多經典賽也安排女性體育講評，免費電視現場直播。同年，該組織宣布將創辦可與環義女子大賽匹敵的全新女子賽事——北方之役（the Battle of the North），這場包括十個分站的比賽於二〇二一年八月初登場，車手橫跨丹麥、瑞典、挪威等地，獎金數字推估比環義女子大賽還要豐厚。主辦單位已說明，他們很確定這場賽事將會吸引幾百萬的電視觀眾，以及成千上萬的觀眾到賽道邊觀賽。和環義女子大賽不同的是，她們不必和環法自由車賽同時爭搶媒體曝光。

隨著其他賽事逐漸提供女車手更優秀的參與機會，就算環法自由車賽至今仍只舉行單日女子比賽，又有什麼了不起？再說許多職業女車手根本不想參加冗長辛苦的法國大賽。然而女人國等社會運動人士追求的，並不是舉行像環法這樣漫長比賽的複製品，而是縮短男女車手之間的鴻溝。環法自由車賽是世界觀看次數最高的體育賽事之一，想當然是最受歡迎的自行車比賽，更是大多數自行車運動愛好者每年唯一觀看的比賽，而觀眾從中得到的印象可能是女性不適合參賽，但證明這種說法謬誤的證據明明多得是，但如果你是觀看電視轉播環法自由車賽的年輕女孩，要從何得知女性也能勝任？

我騎第十五賽段的那天，UCI宣布要和環法自由車賽的主辦單位討論舉行女子分站賽事宜。彷彿這些年來對這些推廣視若無睹，他們忽然大夢初醒，ASO發言人後來說明：「就像男子有環法自由車賽，女車手也需要一場屬於自己的比賽，我們必須找到解決之道[8]。」

或許是女子世界盃足球賽在主場的空前大成功說服他們，女子體育也有利可圖，但我寧可相信，這是多年來社會運動人士不斷向對於女子自行車比賽興趣缺缺的ASO施壓，才推動今日這場改革。

單車寶寶不再

伊莉莎白・迪格南（婚前姓氏為亞米斯德〔Armitstead〕）是學生時期在約克郡發現自行車可能發展成她個人的職業選項。二〇〇四年，英國自行車的奧運人才車隊（Olympic Talent Team）前來挖角，相中伊莉莎白與生俱來的運動才華。伊莉莎白也證明他們眼光精準，後來在二〇一二年奧運公路賽奪得銀牌，並於二〇一五年摘下世界自行車的皇冠，成為英國全國公路賽（British National Road Race）四屆冠軍，還有一卡車的賽道和公路賽優勝紀錄。

當伊莉莎白為二〇一九年UCI世界公路自由車錦標賽（UCI Road World Championships）特訓，我趁她有空檔時和她通了電話。這場比賽不但在家鄉登場，甚至正巧行經她的老家奧特利（Otley）。與她獲勝的二〇一五年賽事相比，她為這次比賽所做的準備差之千里。近一年前她剛產下第一個寶寶歐拉（Orla），伊莉莎白和義大利的瑪塔．巴斯蒂安尼里（Marta Bastianelli）可能是這場賽事唯一的媽媽，雖然許多參加男子比賽的選手都有小孩，但有了孩子後仍然活躍的職業女車手，卻少到一隻手便數得出來。

自行車手聯盟的艾瑞絲．斯拉彭德（Iris Slappendel）認為主因和經費脫不了關係。除了為頂尖車隊成功爭取到更高薪資，她也保障參加世界巡迴賽的車隊車手享有八個月的帶薪產假，儘管這是許多工作合約裡最基本的條件，在女子自行車界卻不是這麼一回事。同時參賽和撫養小孩無疑是一大挑戰，艾瑞絲回想起那年一百八十個離家騎車的日子，如果她有孩子卻沒人幫忙照顧，她不可能參加比賽。現在有了產假保障，她希望媽媽選手不用再覺得自己被迫在職業生涯和孩子之間做選擇。

伊莉莎白告訴我，她以為生小孩就是職業生涯的終點，畢竟她幾乎沒看過哪個職業自行車隊伍的女車手有孩子，很容易讓人誤以為這就是現實。然而產下歐拉七個月後，她站上阿姆斯特黃金賽（Amstel Gold Race）的舞台，兩個月後成為Ｏｖｏ能源女子巡迴賽的總冠軍。她希望其他車手再看見她回到賽場上後，不會認為「懷孕就等於事業告終」，擁有這種想法的伊莉莎白可能是受到克莉絲汀．阿姆斯壯（Kristin Armstrong）的啟發。克莉絲汀在生產後的兩年，於二〇一二年奧運會上贏得個人計時賽金牌。三十九歲的克莉絲汀是當時參賽最高齡冠軍。她在二〇一六年的里約奧運會上再度贏得獎牌，成為最高齡奧運獲獎女自行車手，也是首位在同一項體育項目獲得三面金牌的車手。

一項研究顯示，懷孕可能將人體極限推向耐受最高點，所以女性產後回到體育界，實力更堅強也很合理。伊莉莎白贏得二〇一九年Ｏｖｏ能源女子巡迴賽時，情緒激動不已。她描述先前曾自我懷疑回到賽道是否為正確決定，而獲獎就像是「最有力的認可」。產後那幾個月照顧小寶寶令她睡眠不足，還得為了重返單車界苦練，她形容這段過程既「累人」又「艱辛」，但是她當時向產後回到自行車界的蘿拉．肯尼（Laura Kenny）和莎拉．史都瑞（Sarah Storey）看齊，相信要是她們辦得到，那當她在清晨四點餵歐拉喝奶，知道再過幾小時就得出門特訓，就沒有自己想的那麼難以達成。

由於她沒有其他資訊來源，不曉得如何在這個未知領域探索，因而都是從這些前輩的忠告得知懷孕後該如何維持菁英運動員的身分。她承認「不是所有女人都做得來」，但她相信「每個人都需要再教育」，女性才會知道外人說孕期不宜時常運動的說法其實並不屬實。

她告訴我，她比許多同儕幸運，還能好好休息，不必趕著回到賽場。全新的女子隊伍崔克車隊（Trek-Segrafredo）選擇在她身懷六甲時和她簽約，令人始料未及，這個決定在自行車界很不得了，畢竟這個業界最重視的莫過於體能表現，選手必須隨時維持巔峰狀態。在懷孕和生產期間，體育界的運動員缺乏財務支持也很常見。耐吉（Nike）公司發表廣告，對外宣稱他們在性別平等上投資心血與經費，卻在二〇一九年遭到幾位耐吉公司贊助的女運動員踢爆虛有其表，這些女運動員透露，運動員懷孕之後會遭到該公司停薪。

世界三大飛毛腿之一的奧運選手艾莉西亞．蒙塔諾（Alysia Montaño）曾問耐吉，要是她懷孕的話會怎麼樣，耐吉的回應是他們會暫停她的合約，等她回到賽場才繼續支付她薪水。她和耐吉的合作宣告破局，後來上傳一支影片，利用耐吉的廣告台詞「敢夢就是贏家」反過來對付他們，耐吉在這支廣告中告訴觀眾「即使必須犧牲所有，都得抱持信念」，艾莉西亞在影片中戲謔地說：「想要兼顧運動員和人母身分的我們真的很敢夢……至於『即使必須犧牲所有，都得抱持信念』，意思是你可能得犧牲你的合約、你的薪水。」她道出真實情況，揭穿耐吉支持女運動員的正面訊息只是空詞，與其說當真投資在性別平等上，他們更在乎球鞋賣得好不好。

體育公司常常在合約裡加上保密條款，讓運動員不能暴露細節，但艾莉西亞離開耐吉時透露，要是體育表現不達標，該公司有權以「任何理由」將運動員減薪。育嬰、懷孕、生產也不例外，她第一胎懷孕八個月時，還得參與八百公尺的賽跑，結果排名第七。產下女兒的六個月和十個月，哺乳還沒結束，她就贏了兩次全國冠軍，還得用膠帶固定撕裂的腹肌。艾莉西亞之所以這麼做，部分是為了證明身為人母還是可能擁有成功的體育生涯，另外則是因為她的全新贊助商亞瑟士（Asics）懷疑她是否真能在他們預設的時間內回到賽場，並且威脅終止支付薪資，儘管他們宣稱會在運動員孕期和產後育嬰時期全額資助她們。

另一名耐吉贊助運動員凱拉．古切爾（Kara Goucher）透露，因為耐吉在她回到賽道前停薪，於是她在產下兒子三個月後不得不報名一場半程馬拉松比賽。她的兒子病重住院時，她還得持續特訓，不能如她所願每天二十四小時陪伴在側，雖然她覺得自己沒有選擇，但她卻說永遠無法原諒自己。該公司也要求她多保密四個月，不公開懷孕一事，好讓他們在母親節時登報宣布此消息，當作該品牌的性別平等宣傳。

二〇一九年決定合約內容的耐吉主管全是男性也不意外了。但是艾莉西亞上傳影片並在《紐約時報》（*New York Times*）發布文章後，國會介入調查，耐吉受到大量負評，於是該公司宣布一項全新產期政策，保障所有運動員孕期和產後的薪資和紅利。

伊莉莎白的新車隊採取不同方針，大概是因為他們有兩位女董事。他們致力給予「女性同樣機會，總是考量她們的女性身分，懷孕可能是她們人生的重要階段」。伊莉莎白深信，促進身為人母的運動員權利就是「為了男女平等而戰的一部分」，崔克車隊向來強力推廣改善男女不平等的現狀，並特別雇用女性自行車運動人士凱薩琳・博蒂娜擔任性別平等大使。伊莉莎白告訴我，她覺得車隊信任她能做出對自己最好的決定，譬如她可以選擇哺乳而不參加訓練營，也可以自行決定回到賽場的時機，她覺得這種方針「思想開放而新潮」。

伊莉莎白很清楚每一次的懷孕、每一個寶寶都與眾不同，雖然不能過度練騎，她還是很慶幸自己能在生產前三天繼續騎車。她在產後請假六週，產假結束才重新騎上單車。她知道在這競爭的環境下，許多女性都不願冒著風險請產假，畢竟她們知道生產不只會讓她們與業界脫軌，她們的體能巔峰也一併犧牲，但至少全新上路的「高階車手產假」讓她們享有財務保障。

伊莉莎白很慶幸有丈夫菲利普的支持，他提早從職業公路車手身分退下，專心當個全職老爸。她說雖然一開始她覺得「陷入水深火熱的困境」，就像每個剛回到工作崗位的媽媽一樣，「你只能硬著頭皮去做，總是熬得過去」。她比預期還快重新恢復體能狀態，即使車隊沒有施壓，她還是提前兩個月回來參加比賽。她說當媽媽又重燃她對自行車的熱血，懷孕前的她儘管是比賽常勝軍，她卻不是每次都享受這個過程。

她覺得現在的人生更平衡了，當母親之後的她認為，現在自行車「只是一份需要認真完成的工作」，於是後來贏得比賽時反而更有成就感。她也發現特訓騎行對她很重要，可以暫時從照顧小孩的例行公事中「抽離自我」，也很慶幸自己有一份工作，不參加比賽時，她每天只有四個鐘頭不能陪歐拉。她強烈相信每個女人都有權選擇何時生小孩，並且獲得雇主支持，就算是體育界也一樣。她希望自行車隊開始實施陪產假制度：如果男車手選擇請假迎接新生兒，也不會因此丟了工作合約。

推動非裔人士參與自行車比賽

如果你在電視上看見女自行車選手參加比賽，光憑肉眼可能看不出來選手是否身為母親，但有一件事情很明顯，那就是自行車是一種白人運動，白到英國業餘場地自由車手耶汪德．雅德希達（Yewande Adesida）現身比賽現場時，經常是唯一一位黑人女車手。

我在倫敦和二十五歲的耶汪德相見歡，翌日她即將動身前往紐波特（Newport）參加比賽。她告訴我接觸單車之前她曾是賽艇好手，但就在發現自己無法達到預期成就後，她決定轉戰其他運動項目。之前有人建議她改走田徑，因為田徑賽對於種族較為多元包容，但也有人覺得她具有場地自由車的天賦，她後來決定接受第二個忠告。她告訴我，其實她不詫異自行車界不夠多元，畢竟賽艇也是以白人菁英為主的運動，即便如此，剛接觸場地自由車，在起跑線上看不到和她同膚色的人時，她的內心仍然不禁想著：「也許我又選了一項我不該從事的運動，因為場上沒有其他黑人車手。」

如果她讀過二〇一九年環法自由車賽中唯一一位非裔車手納特納埃爾．貝爾哈內（Natnael

Berhane）的個人經歷，便完全可以理解她有這種感受。二〇一五年，納特納埃爾代表第一支參與環法自由車賽的非洲車隊庫貝卡車隊（MTN-Qhubeka）出賽，曾碰到某車隊自行車手對他做出種族歧視的言行舉止。如果這樣還不夠可惡，庫貝卡車隊表示，這絕不是他們非裔隊員遇到的單一個案。

我們在第五章已經提到，美國自行車騎士聯盟禁止非白人車手加入的情況，可想而知職業自行車長期以來無法達到種族包容的目標。在當時，非裔美國車手泰勒少校（Major Taylor）叱吒體壇，在美國和歐洲各地獲得全國和國際冠軍頭銜及獎牌，心寒的是美國自行車騎士聯盟在這種情況下仍然做出如此決定。泰勒少校也因為膚色而被擋在賽道外，他在職業生涯中不斷遭受其他車手和粉絲的言語和肢體霸凌。某次還有一名對手掐住他的頸部，害他昏迷。他在職業巔峰時期曾是世界收入最豐厚的運動員，最後卻默默無聞、一貧如洗地終了一生。

近期的一九七〇年代，英國首位黑人自行車冠軍莫里斯．伯頓（Maurice Burton）因為再也受不了在自己國家參賽時遭遇的種族歧視，最後選擇搬到比利時。

耶汪德馬上指出，她從未在場地賽道上碰到種族歧視的問題，大家都非常鼓勵她，但懷疑自己是否選錯行業的想法偶爾還是悄然爬上心頭，因為她覺得她已是賽場上唯一的黑人女車手，不免擔心犯錯：「我內心深處還是會想，也許我應該嘗試其他運動，譬如當初其他人建議的田徑。」加入全女子單車俱樂部速度（Velociposse）對她的幫助很大。在看過耶汪德在李谷室內自行車館（Lee Valley Velodrome）的表現後，該俱樂部主動邀請她加入。對於當時的耶汪德而言，加入單車俱樂部的想法「真的很嚇人」，可是全女子俱樂部給人一種「環境很安全」的感受，她們還借她一部場地自由車，在決定是否繼續這項運動前，她就不必花錢買車。

她在俱樂部的磨練讓她對場地自行車更有自信，也有歸屬感，證實了她沒有做錯選擇。這兩年下來，她攻讀運動生物力學的博士學位，同時參加男女混合車隊SES（SES Racing）的比賽，專門項目是爭先賽。爭先賽極度講求戰略，兩名車手會在兩百五十到一千公尺的賽道對戰，剛起步時速度極為緩慢，觀察對手的一舉一動，接著其中一人會率先啟動競速，衝刺到終點線。

對於最初因為沒有其他黑人女性參與，認為場地自由車可能不適合自己的耶汪德而言，她知道自己的參與可能讓其他人產生認同感。到處自我推銷並不簡單，但她覺得增加個人能見度、成為這項運動的代言人是一件很重要的事：「我知道要是參加者看見某個和你背景身分相同的人，可以帶來不一樣的改變，所以我並不介意為此這麼做。」

雖然有時她寧可專心騎車，但她很清楚接受訪談、善用社群媒體，就可能打破這項運動只有哪些人才能從事的老舊觀念，並且鼓勵更多人參與自行車競賽。耶汪德認為企業品牌需要站出來，展現自行車不是只有環法自由車賽的狹隘視野，畢竟環法自由車賽的主車隊以白人居多，大多廣告也只找同樣族群的人代言。

二〇一九年，某知名單車零件公司相中耶汪德，和她簽了數年的合約，成為主打上市產品的廣告新面孔，該公司生產的零件不少用於職業車手的自行車，從登山車到公路車都有。在廣告圖片中，只見她伏在單車手把上飆速奔馳，制霸賽道，背後風景模糊成一片。廣告一釋出她就收到各方訊息，來信者說她們深受她的啟發，現在開始騎單車。她認為其他公司應該更積極推廣多元形象：「其實還是有黑人車手，只是人們需要睜開雙眼，瞧個仔細。」

在耶汪德剛開始接觸場地自由車，苦苦找不到其他黑人女車手時，不知美國其實有一個自行車手，正準備成為第一位非裔美國職業公路女車手。二十多歲的艾莎．麥高恩（Ayesha McGowan）為了更快抵達學校上課而開始騎單車，並且立刻愛上單車，沒多久就開始接觸場地自由車比賽，接著改騎公路車，很快贏得州冠軍的頭銜。她和耶汪德一樣，也尋尋覓覓具有相同背景的精神導師，卻始終找不到，於是她決定要為其他人擔起這樣的角色。

艾莎如今參加職業賽事，也有國際大品牌贊助，但她尚未達成終極目標：加入職業自由車隊。她說「光是在自行車界成為黑人女性運動員，已算是一種宣傳」，但她沒有就此罷手，更進一步成為能見度最高、推動改變的力量，促進該產業變得更多元包容，尤其是女性、有色人種女性、身心障礙人士。

在她高人氣的社群網站帳號、部落格、播客節目和媒體採訪上，艾莎鉅細靡遺說明她踏入自行車賽的歷程，激勵他人去做自己認為不可能的事，並將焦點放在自行車界的有色人種女性，譬如十三歲、來自馬里蘭州的瑪伊茲．「神騎」．溫布許（Maize 'aMAIZEn' Wimbush），希望自己能成為首位參加奧運自行車賽的非裔美國女性。艾莎在一部與耐吉合作的影片中提到，自行車賽的重點當然就是得勝，但同時他們有更偉大的目標，那就是讓這項體育的發展更多元化：「站出來宣示主權，心知肚明我理所當然值得站在這裡。要是我不參加這些職業賽事，就不可能有其他黑人女車手。」

當我問起艾瑞絲．史拉彭德自行車手聯盟的單車手背景不夠多元一事，她說體壇「對於不『正常』或不熟悉的人事物經常大驚小怪」。來自貧窮洛杉磯南部的非裔美國車手賈斯汀．威廉斯（Justin Williams），在踏入對於規則錙銖必較的職業公路自行車菁英世界時，也深深體會到這一點，並形容這種體會差點毀了他：「參與一項白人為主的體育活動經常讓人感到孤單，最後這種感受讓我崩潰[9]。」他創立屬於自己的團隊「軍團」（Legion），成員不必符合過時的刻板印象，像是自行車選手應該遵守某些外貌或行為等規矩。他希望他的團隊能激發下一代，打破藩籬，車手「穿上喬丹鞋、在比賽過程中大聲播放饒舌音樂」，並可「參與對話」。

在女子自行車賽歷史一片空白的盧安達，非洲崛起自行車中心（Africa Rising Cycling Center）的目標，是鼓勵非洲各地的黑人女性參與自行車運動，這個非營利組織成功讓許多非洲黑人車手加入國際男子職業車隊，現在則是協助非洲黑人女車手進入國際車隊。最成功的車手之一是珍妮．達卡．吉魯本圖（Jean d’Arc Girubuntu）。二〇〇九年，珍妮觀賞盧安達巡迴賽（Tour du Rwanda），當下立刻決定這是她想要的職業生涯。雖說該場賽事只收男選手，但她並沒有望之卻步，六年後她打進盧安達國家自行車代表隊，以唯一的女車手身分前往美國參加UCI世界公路自由車錦標賽，寫下首位非洲黑人女性在這項比賽出賽的歷史。珍妮希望成為盧安達及國際自行車界的一顆閃耀巨星，讓性別標準極為傳統的祖國廣泛接受自行車。

有了非洲黑人車手納特納埃爾·貝爾哈內與斯加布·格梅（Tsgabu Grmay）成為環義及環法自由車賽等大型歐洲公路賽的主車隊支柱，非洲黑人女性總算在菁英國際賽留下足跡。來自衣索比亞的艾耶魯·吉布魯（Eyeru Gebru）在二〇一八年阿爾代什國際女子自行車賽（Tour Cycliste Féminin International de l'Ardèche）上獲得「最強戰力獎」，寫下自行車歷史新頁，她也是首位在職業賽事上獲得車衣的非裔黑人女性。跟珍妮一樣，她在盧安達的非洲崛起自行車中心接受特訓，後來UCI在二〇一九年將世界各地九名車手湊成一隊，組成女子車隊WCC，艾耶魯也是其中一員。如今艾耶魯和同為非洲車手的德希特·基達內·特克斯特（Desiet Kidane Tekeste）攜手參與菁英國際公路車賽。

非洲崛起中心希望透過對長期經費不足的非洲女子自行車進行更多支持的同時，可以持續讓世人看見非洲女性的非凡天賦，這些女性曾苦於得不到特訓和參與國際菁英女子競賽的機會。非洲崛起中心希望可以藉此永遠改變女子國際自行車的格局。

現在進行到哪裡了？

伊莉莎白·迪格南說過，女子職業自行車「正處於一個我們無法回頭的轉捩點[10]」，我認為她說得完全沒錯，現在我們有很多自行車運動的積極分子和倡導者，例如海倫、艾瑞絲、艾莎、薩布拉、耶汪德等許多成功推動改革的人。抗爭的道路還很漫長，想要讓自行車運動前進到應得的平等、多元、包容，還有一大段路要走。

為了讓下一代持續朝正確方向發展，女子自行車賽需要更多曝光機會，因為倘若無人看見，誰會知道女生也能參加比賽？

要是未來女子環法自由車賽真的實現了，引發的效應無疑是提升女性在各類型自行車賽事的能見度。法國小朋友的圖畫中會出現安妮米克·馮·芙倫妲、瑪莉安娜·馮斯、伊莉莎白·迪格南、艾耶魯·吉布魯等人，世界各地的女孩也會曉得騎乘自行車，甚至參加自行車賽，是一件她們也做得到的事。

我們需要終結「女子賽事只不過是重要男子比賽的助興節目」的論調，將聚光燈打在自行車賽起跑線上實力堅強、多元背景、才華洋溢的女車手，讓世界各地的女孩和這些女車手產生共鳴，認為自己也辦得到。

在這項女性的能見度和受世人的尊重度應該與男車手並駕齊驅的運動，她們必須被視為真正的職業車手，薪資、獎金、比賽方面也該獲得基本的尊重，開出的工作條件必須讓人有尊嚴。她們就是單車女王。

後記　踩單車的腳不止息

我本來很可能不會愛上單車。小時候的我喜歡和朋友外出騎單車，探索林地和布里斯托的空曠地帶，也常常因為騎到不該進入的地區而惹禍上身。但隨著我進入青春期，愛上龐克音樂、加入樂團，單車被我擺在車棚積灰塵。我從來就不是運動健將，還記得老師在某份體育成績單如此寫道：「我也很想評論漢娜這學期的體育學習進度，但我沒看過她來上課。」許多女車手也告訴我，她們不喜歡學校的體育課，但是在二十多歲重新發現單車讓她們改變了自我觀感。事實上，有些職業女車手的起步確實很晚，例如愛爾蘭的歐拉・瓦許（Orla Walsh）就是在二〇一五年為了以快速、便宜的交通方式抵達學校，才開始跳上單車。她之前本來是熱血的派對動物，在原本對單車運動毫無興趣的情況下，於二〇一七年二十八歲時參加愛爾蘭國家隊。

或許我沒有參加競賽，自行車卻在我的人生扮演非常重要的角色。我剛開始不是為了通勤開始騎車（那是之後的事），而是為了逃避，但自那時起我的單車騎行距離就越來越長，單車也漸漸成為我人生越來越重要的一部分。如今無論是在國內還是海外，我大多數的假期幾乎都是單車旅行。

這並不表示我和單車的關係一點也不複雜，其實我有危及性命的心臟疾病，運動過量可能對健康造成危害。然而我覺得自己身強體壯，心臟超音波掃描結果也很正常，而且可能一直都會是這麼正常，但和我一樣患有馬凡氏症的人，主動脈剝離（也就是主動脈壁之間形成撕裂或破裂）的危險卻比一般人高出兩百五十倍，而且後果往往致命。一名心臟病專家建議我只在平坦路面騎車，但我目前的主治醫師心態較為放鬆，認為我可以自行判斷情況。我無從獲得確切的測量數值，但我會佩戴心律監測感測器，以確保我沒有太費力或喘不過氣。

我得找對方法進行自己熱愛的活動而不至於害死自己，不能對自身健康視而不見，即使我知道我不能單挑某人，看看誰比較快騎上風禿山（Mont Ventoux），但我還是可以繼續騎車，但卻是輕鬆且慎重地騎車，反而讓我有更多時間飽覽美麗風光。

我們以一八九七年的劍橋開場，提到劍橋男學生利用一個架在單車的女人偶，警告格頓學院的「新女性」，休想踏進男學生宣示主權的地盤，這裡指的特別是高等教育和單車運動。我們在本書最後也要以同一座城市畫下句點，在二〇二〇年，男學生的抗議很明顯最終宣告失敗，劍橋現在和所有英國大學一樣，擁有滿坑滿谷的女學生，不尋常的是，劍橋騎單車的女性比例高於英國其他地區。

劍橋擁有英國最大單車社群，如今享有單車首都的封號。如果你來到這座城市，就會發現單車車輪轉動的嗡鳴、車鈴的叮噹聲響，可能讓自己以為身在荷蘭。光是銜接火車站和市中心的主要幹道、車水馬龍的希爾路（Hills Road）上，每天至少有五千名單車騎士往返。不用深入研究就能看出為何自行車如此受到居民和遊客歡迎，因為劍橋擁有密密麻麻的安全單車道路網，以及眾多專為單車騎士和行人興建、橫跨康河（River Cam）的橋梁。這座城市大手筆投資交通基礎建設，並將單車和行人的路權置於汽車之上，如此一來，居民每天上班通勤或外出購物時就不必與車爭道。古典學家巨星瑪麗・比爾德（Mary Beard）每日騎單車通勤到大學，描述她沿著康河在這條風景優美的路上騎車每每讓她心情美麗。她不是唯一一人，經過證實，單車為身心健康帶來的益處不容置疑。

劍橋單車騎士中有一半是女性，與英國其他地區形成強烈對比，其他地區的女騎士平均只占整體的百分之二十七，而且往往更少，和美國、澳洲、加拿大的數據相近，甚至更慘。但是擁有良好單車道路網的地區，單車騎士的性別分布都很平均，譬如德國、丹麥、荷蘭。

出於錯綜複雜的社會文化因素，女性往往較不愛冒險，而這也解釋了為何良好的單車基礎建設能夠大幅改善性別平衡。和維多利亞時期的女性受到的指教大不相同，如今許多國家都鼓勵女性騎車，道路安全就是左右她們騎車意願的主因。例如美國自行車聯盟在一份二〇一一年的報告中提到，紐約市某街道由於沒有設置單車道[1]，大概只有百分之十五的單車騎士是女性，相較之下，附近一條設有專用單車道的街道則有百分之三十二的女騎士。在具有單車基礎建設的費城，騎自行車的女性人數增加百分之兩百七十六。在男女單車騎士人數眾多的國家，有騎車上學的小孩，也有退休後持續騎車的老人，為了追上這些國家的腳步，我們需要的是增加基礎建設，顧及大眾騎車的人身安全，遠離汽車和貨車的危險。

二〇二〇年春天，新冠病毒的疫情肆虐全球，全新的單車浪潮開始席捲世界各座城市。路上交通減少的同時，令人不意外的是，很多人開始覺得自行車是相對安全的交通選擇，其中不乏女性和小孩。騎單車的用意是避開摩肩擦踵的公共運輸及傳染風險，也當作一種運動和娛樂。許多新車迷及荒廢單車的人將飽受遺忘的單車搬出車棚，再不然就是跳上在街頭排排站的共享腳踏車。從紐約到波哥大，因封城而關閉不久的道路和臨時單車道上開始湧現兩輪活動，倫敦和巴黎等城市也規劃在疫情結束後，將一些道路永久變更為單車道。單車需求上揚，單車製造工廠製作速度供不應求，現在修車廠有冗長的等待服務名單，單車人氣再次水漲船高，這一點顯示人們覺得現在上路很安全，騎車時也較開心，因此樂於騎車出遊。

這一波全新的單車熱潮可能推動另一種社會改革，或許人們會開始抗拒塞車和汙染，也許決定寧可多吸點新鮮空氣、安全至上，以更健康愉快的方式在城市內外暢行無阻，於是騎單車變成一件值得堅持下去的事。現在沒多少人會認為仰賴化石燃料的汽車較多、單車較少的情況能夠改善居住品質。

我們正站在人類健康和地球暖化的關鍵點，二〇二〇年的氣溫破紀錄，北極首次出現攝氏三十八度高溫，西伯利亞的野火燒不盡。情況已經很明顯，我們需要大幅減低碳排放量，與其開車，不如將單車或徒步變得更吸引人，如此一來就能產生重大影響。一份英國政府資料顯示，交通是英國溫室氣體排放的主要來源[2]（二〇一九年為百分之三十四），根據慈善機構城市發展中心（Centre for Cities）的說法，他們預測十九例死亡中，就有一例與空氣汙染脫不了關係[3]，我們現在也知道，空氣品質低劣甚至讓人更可能感染新冠病毒。

目前英國一．六至三．二公里的交通路程中，有六成的人都是使用汽車代步[4]。將這些換成單車或徒步，就可對人們的健康和環境造成極大的正面效益。電動自行車也可能是促成這個改變的幕後大功臣，吸引那些覺得自己體力不夠好或是通勤時間太長的人天天騎車。與改良型單車、三輪腳踏車一樣，無論是因為年紀抑或肢體障礙，電動自行車都能協助具有各種體能障礙的人繼續騎車。

如果有件事能讓騎車聽起來值回票價，千萬別忘了騎單車能帶來莫大快樂，只有一小群人體會騎單車的快樂未免可惜。

我不必停止騎單車，希望你也不必。如果你還沒開始騎車，我希望本書中的故事能夠啟發你，開始踏起單車。

跳上單車只是眾多全新故事和冒險的開端。

致謝

我要向答應為了本書受訪的諸位致上萬分感謝：法蒂瑪．雅布勞斯、耶汪德．雅德希達、溫德．克拉格、薩布拉．戴維森、伊莉莎白．迪格南、夏儂．加爾平、珍妮．葛拉罕姆、珍妮．格瓦茲多斯基、亞尼莎．拉瑪爾、黛芙拉．墨菲、扎拉．納林（Zahra Naarin）、艾瑞絲．史拉彭德、海倫．懷曼。沒有你們的慷慨貢獻，這本書的構想就不可能實現，你們是現代女性自行車運動的核心，我希望我有在書中好好傳達你們和我分享的單車故事和熱情。我也要提及不同凡響的單車計畫（Bike Project），感謝你們讓我盡綿薄之力。你們真的很棒，繼續加油。

我想要謝謝能力無人可及的經紀人派崔克．瓦許（Patrick Walsh），謝謝你讀了不少我最初的凌亂點子，並幫我將點子拓展成更有說服力、根基紮實的內容，樣貌也更趨近一本真正的書。同為皮尤文學（PEW Literary）一員的約翰．亞許（John Ash），謝謝你在這本書扮演的重要角色。

我必須感謝既是朋友、同事，也是熱血單車車手、經驗老道的出版人安德魯．富蘭克林

（Andrew Franklin），正是你讓我相信或許我真的能寫一本書。在他不斷鼓勵之下，我才有動力整理思緒、戰戰兢兢跨出那一步開始寫作。要是他當初沒那麼堅持我辦得到，這本書恐怕不會誕生。我還想提及打從一開始就用力鼓勵我的漢娜・威斯特蘭（Hannah Westland），以及支持我到底的黛安娜・布洛卡朵（Diana Broccardo），更要特別感謝她同意我放長假，好讓我專心寫作。瓦倫蒂娜・贊卡（Valentina Zanca）、珠兒・杰瑞森（Drew Jerrison）、安娜－瑪莉・費茲傑羅（Anna-Marie Fitzerald）都值得特別一提，因為她們都是難能可貴的合作夥伴。

我要大大感謝所有參與本書創作的人，謝謝他們無限的付出。感謝我的編輯珍妮・羅德（Jenny Lord）審慎的編輯功力和明智指導，更別說是她那永無止境的熱情，以及對於不曉得寫一本書需要多久時間的我抱持滿滿耐心，這些對我而言都彌足珍貴。感謝其他W&N團隊成員，他們為了確保這本書的出版而付出了辛勤的努力，包括蘿西・皮爾斯（Rosie Pearce）、凱特・莫雷頓（Kate Moreton）、維吉妮亞・伍爾斯登克羅夫（Virginia Woolstencroft）、布莉塔妮・桑奇（Brittany Sankey）、安妮・歐布萊恩（Anne O'Brien），以及其他催生這本書的人。我也要特別感謝英國版本的插畫師奧圖・馮・畢其（Otto Von Beach）。

謝謝幫我閱讀初稿的朋友，甚至只是聽我叨叨絮絮關於女性和單車議題的友人，你們都很棒。我也要謝謝每位給我建議的人、為我穿針引線介紹各種資源的朋友，以及給我全新構想的朋友，由於人數太多，我無法一一細數，但我由衷感激你們每一位。

我要感謝我的父母約翰（John）和西爾維亞（Sylvia），以及哥哥姊姊：強恩（Jon）、尼克（Nick）、艾瑪（Emma），這本書的誕生全多虧你們帶領我、培養我對於單車及戶外活動的喜愛。因為你們，我才開始騎單車，和你們一起騎車的經驗如今深深烙印在我的基因裡。我覺得沒有任何禮物能比得上「聖誕老公公」那年留在我床頭的字條，那張字條上牽著一條線，一路帶我找到全新腳踏車。

我最感謝的莫過於麥可（Mike），沒有你的支持與鼓勵，這本書就不可能亮相。你幫我讀過最粗糙的初稿和經過無數次改寫的版本，每一次的回饋都最用心、犀利。當我在筆電前坐太久，也是多虧你幫我煮飯、生火——沒開玩笑，這真的是我們在法國維萊隆蓋（Villelongue）唯一的暖氣裝置。你總是找得到最棒的單車路線，你是我最愛的單車夥伴，也是各方面第一名的伴侶。

www.cyclingtips.com
www.dirtmountainbike.com
www.dirtragmag.com
https:mmbhof.org
www.pinkbike.com
www.playingpasts.co.uk
www.podiumcafe.com
www.sheilahanlon.com
www.sidetracked.com
www.singletrackworld.com
www.sixday.org.uk
www.sustrans.org.uk
www.totalwomenscycling.com
www.velonews.com

影視作品

A Boy, a Girl and a Bike, dir. Ralph Smart (UK, 1949)

Afghan Cycles, dir. Sarah Menzies (USA, 2018), https://www.afghancycles.com/

Born in Flames, dir. Lizzie Borden (USA, 1983)

Cycling Family, Pathé (UK, 1961), www.britishpathe.com/video/cycling-family/query/Fosters+cycling+family

Housewife Cyclist, Pathé (UK, 1956), https://www.britishpathe.com/video/housewife-cyclist

Hyde Park Bicycling Scene (UK, 1896), http://www.screenonline.org.uk/film/id/785709/index.html

Ovarian Psycos, dir. Joanna Sokolowski, Kate Trumbull-LaValle(USA, 2016)

Racing is Life: The Beryl Burton Story, Bromley Video (UK, 2012)

'The Champion Mountain Biker Turned Drug Smuggler' (USA, 2018), https://www.vice.com/en_us/article/wj3nvb/the-champion-mountain-biker-turned-drug-smuggler-missy-giove

The Miseducation of Cameron Post, dir. Desiree Akhavan (USA, 2018)

Wadjda, dir. Haifaa Al Mansour (Saudi Arabia, 2013)

Wilson, William, *Marguerite Wilson: The First Star of Women's Cycling* (Poole, CMP, 2016)

Woolf, Virginia, *The Diary of Virginia Woolf*, ed. Anne Olivier (London, Hogarth Press, 1980)

Zheutlin, Peter, *Around the World on Two Wheels: Annie Londonderry's Extraordinary Ride* (New York, Kensington Publishing Corp., 2007)

雜誌

Bicycling
Bicycling News
Casquette
Cycling
Cycling Weekly
Cycling World Illustrated
Cyclists' Touring Club Gazette
Lady Cyclist
Outing
Rouleur
The Hub
Wheelwoman

期刊

Fenton, W. H., 'A Medical View of Cycling for Ladies', *The Nineteenth Century*, 39 (23 May 1896)

Grand, Sarah, 'The New Aspect of the Woman Question', *North American Review*, 158 (1894)

Hanlon, Sheila, 'At the Sign of the Butterfly: The Mowbray House Cycling Association', *Cycle History*, 18 (Spring 2008)

Merington, Marguerite, 'Woman and the Bicycle', *Scribner's*, XVII (June 1895)

網站

www.bicycling.com
www.bikemag.com

—— *Over the Alps on a Bicycle* (London, T. F. Unwin, 1898)
—— *To Gipsyland* (London, T. F. Unwin, 1893)

Pomeroy, Florence, *Reasons for Reform in Dress* (London, Hutchings & Crowsley, 1884)

Purvis, June and Stanley Holton, Sandra (eds), *Votes for Women* (London, Routledge, 2000)

Pye, Denis, *Fellowship Is Life: The National Clarion Cycling Club, 1895–1995* (Bolton, Clarion, 1995)

Ritchie, Andrew, *King of the Road: An Illustrated History of Cycling* (London, Wildwood House, 1975)

Ryley, James Beresford, *The Dangers of Cycling for Women and Children* (London, H. Renshaw, 1899)

Sheridan, Eileen, *Wonder Wheels: The Autobiography of Eileen Sheridan* (London, Nicholas Kaye, 1956)

Smith, Robert A., *A Social History of the Bicycle: Its Early Life and Times in America* (New York, American Heritage Press, 1972)

Smyth, Ethel, *The Memoirs of Ethel Smyth* (London, Viking, 1987)

Solnit, Rebecca, *Wanderlust: A History of Walking* (London, Penguin, 2001)

Swanwick, Helena Maria Lucy, *I Have Been Young* (London, Victor Gollancz, 1935)

Sykes, Herbie, *Maglia Rosa: Triumph and Tragedy at the Giro D'Italia* (London, Bloomsbury, 2013)

Thoreau, Henry David, *The Writings of Henry David Thoreau* (Boston, Houghton Mifflin, 1894)

Vertinsky, Patricia, *Eternally Wounded Women: Women, Doctors and Exercise in the Late Nineteenth Century* (Manchester: Manchester University Press, 1990)

Ward, Maria E., *The Common Sense of Bicycling: Bicycling for Ladies* (New York, Brentano, 1896)

Wellings, Mark, *Ride! Ride! Ride!: Herne Hill Velodrome and the Story of British Track Cycling* (London, Icon Books, 2016)

Whitmore, Richard, *Alice Hawkins and the Suffragette Movement in Edwardian Leicester* (Derby, Breedon, 2007)

Willard, Frances E., *Writing Out My Heart: Selections from the Journal of Frances E. Willard, 1855– 96* (Urbana, University of Illinois Press, 1995)
—— *A Wheel Within a Wheel* (New York, Fleming H. Revell, 1895)

Complete Cyclist (A. D. Innes & Co., London 1897)

Hargreaves, Jennifer, *Sporting Females: Critical Issues in the History and Sociology of Women's Sports* (London, Routledge, 1994)

Harris, Kate, *Lands of Lost Borders: A Journey on the Silk Road* (New York, Alfred Knopf, 2018)

Herlihy, David V., *Bicycle: The History* (New Haven, Yale University Press, 2004)

Hilton, Tim, *One More Kilometre and We're in the Showers* (London, Harper Perennial, 2004)

Jennings, Oscar, *Cycling and Health* (London, Iliffe & Son, 1893)

Jordan, Pete, *In the City of Bikes: The Story of the Amsterdam Cyclist* (New York, HarperPerennial, 2013)

Jungnickel, Kat, *Bikes and Bloomers: Victorian Women Inventors and Their Extraordinary Cycle Wear* (London, Goldsmiths Press, 2018)

Lightwood, James T., *Cyclists' Touring Club: Being the Romance of Fifty Years' Cycling* (London, Cyclists' Touring Club, 1928)

Macy, Sue, *Wheels of Change: How Women Rode the Bicycle to Freedom* (Washington, DC, National Geographic, 2011)

Marks, Patricia, *Bicycles, Bangs, and Bloomers: The New Woman in the Popular Press* (Lexington, KY, University Press of Kentucky, 1990)

McCrone, Kathleen, *Sport and the Physical Emancipation of English Women 1870–1914* (London, Routledge, 2014)

McGurn, James, *On Your Bicycle: An Illustrated History of Cycling* (London, John Murray, 1987)

Mitchell, Silas Weir, *Doctor and Patient* (New York, Classics of Medicine Library, 1994)

Murphy, Dervla, *Full Tilt: Ireland to India with a Bicycle* (London, Pan, 1967)

—— *Wheels within Wheels* (London, John Murray, 1979) Mustoe, Anne, *A Bike Ride: 12,000 Miles around the World* (London, Virgin, 1991)

Neeesen, Victor, *Dr. Neesen's Book on Wheeling: Hints and Advice to Men and Women from the Physician's Standpoint* (London, Forgotten Books, 2018)

Pankhurst, Sylvia E., *The Suffragette Movement: An Intimate Account of Persons and Ideals* (London, Longmans & Co., 1931)

Pennell, Elizabeth and Pennell, Joseph, *A Canterbury Pilgrimage* (London: Seeley and Co., 1885).

—— *Our Sentimental Journey through France and Italy* (London, T. F. Unwin, 1887)

Crane, Diana, *Fashion and Its Social Agendas: Class, Gender, and Identity in Clothing* (Chicago, University of Chicago Press, 2000)

Crawford, Elizabeth, *The Women's Suffrage Movement: A Reference Guide 1866–1928* (London, UCL Press, 1999)

Cunningham, Patricia and Voso Lab, Susan (eds), *Dress and Popular culture* (Bowling Green, Bowling Green State University Popular Press, 1991)

Curie, Eve, *Marie Curie*, trans. Vincent Sheean (New York, Doubleday, Doran & Co., 1937)

Dodge, Pryor, *The Bicycle* (Paris, Flammarion, 1996)

Erskine, F. J., *Lady Cycling: What to Wear and How to Ride* (London, British Library, 2014)

Everett-Green, Evelyn, 'Cycling for Ladies' in Richardson, Sir B. W. (ed.), *All Round Cycling* (London, Walter Scott, 1896)

Finison, Lorenz J., *Boston's Cycling Craze, 1880–1900: A Story of Race, Sport, and Society* (Boston, University of Massachusetts Press, 2014)

Fischer, Gayle V., *Pantaloons and Power: Nineteenth-Century Dress Reform in the United States* (Kent, Ohio, Kent State University Press, 2001)

Fitzpatrick, Kathleen, *Lady Henry Somerset* (London, Jonathan Cape, 1923)

Galpin, Shannon, *Mountain to Mountain: A Journey of Adventure and Activism for the Women of Afghanistan* (New York, Saint Martin's Press, 2014)

Gilles, Roger, *Women on the Move: The Forgotten Era of Women's Bicycle Racing* (Lincoln, Neb. & London, University of Nebraska Press, 2018)

Gilman, Charlotte Perkins, *Herland and The Yellow Wallpaper* (London, Vintage, 2015)

Greville, Beatrice Violet (ed.), *Ladies in the Field: Sketches of Sport* (London, Ward & Downey, 1894)

Guroff, Margaret, *The Mechanical Horse: How the Bicycle Reshaped American Life* (Austin, University of Texas Press, 2016)

Haldane, Elizabeth Sanderson, *From One Century to Another: The Reminiscences of E. S. Haldane 1862–1937* (London, A. Maclehose & Co., 1937)

Hall, M. Ann, *Muscle on Wheels: Louise Armaindo and the High-Wheel Racers of Nineteenth-Century America* (Montreal, McGill-Queen's Press, 2018)

Hallenbeck, Sarah, *Claiming the Bicycle: Women, Rhetoric, and Technology in Nineteenth-Century America* (Carbondale, Southern Illinois University Press, 2015)

Harcourt Williamson, Mrs, Pemberton, A. C., Sisley, C. P. and Floyd, G., *The*

參考資料

書籍

Atkinson, Diane, *Rise Up, Women! The Remarkable Lives of the Suffragettes* (London, Bloomsbury Publishing, 2019)

—— *Suffragettes in the Purple White & Green* (London, Museum of London, 1992)

Atwood, Kathryn J., *Women Heroes of World War II: The Pacific Theater: 15 Stories of Resistance, Rescue, Sabotage, and Survival* (Chicago, Chicago Review Press, 2017)

Bailey, Rosemary, *Love and War in the Pyrenees: A Story of Courage, Fear and Hope, 1939–1944* (London, Weidenfeld & Nicolson, 2008)

Bair, Deirdre, *Simone de Beauvoir: A Biography* (London, Vintage, 1991)

Baranet, Nancy Neiman, *The Turned Down Bar* (Philadelphia, Dorrance, 1964)

de Beauvoir, Simone, *Letters to Sartre*, trans. Quentin Hoare (London, Vintage Classics, 1993)

—— *The Prime of Life*, trans. Peter Green (London, André Deutsch, Weidenfeld and Nicolson, 1963)

—— *The Second Sex*, trans. H. M. Parshley (London, Vintage, 1997)

Buchheim, Eveline and Ralf Futselaar (eds), *Under Fire: Women and World War II* (Amsterdam, Verloren Publishers, 2014)

Buhring, Juliana, *This Road I Ride: My Incredible Journey from Novice to Fastest Woman to Cycle the Globe* (London, Piatkus, 2016)

Bullock Workman, Fanny and Hunter Workman, William *Algerian Memories: A Bicycle Tour over the Atlas to the Sahara* (London, T. Fisher Unwin, 1895)

—— *Sketches Awheel in Fin de Siècle Iberia* (London, T. F. Unwin, 1897)

—— *Through Town and Jungle: Fourteen Thousand Miles A-wheel among the Temples and People of the Indian Plain* (London, T. Fisher Unwin, 1904)

Burton, Beryl, *Personal Best* (Huddersfield, Springfield Books, 1986)

Campbell Davidson, Lillias, *Handbook to Lady Cyclists* (London, Hay Nisbet & Co., 1896)

—— *Hints to Lady Travellers at Home and Abroad* (London, Iliffe & Son, 1889)

Clemitson, Suze (ed.), *Ride the Revolution: The Inside Stories from Women in Cycling* (London, Bloomsbury Sport, 2015)

7 https://cyclingtips.com/2017/12/learned-connie-carpenter-womens-cyclings-first-olympic-gold-medalist/
8 https://www.theguardian.com/sport/2019/jul/21/womens-cycling-future
9 *Cycling Weekly* (3 June 2019)
10 https://www.yorkshirepost.co.uk/sport/other-sport/video-lizzie-deignan-delighted-women-are-pedalling-alongside-men-terms-prize-money-480307

後記

1 https://www.bikeleague.org/sites/default/files/WomenBikeReport(web)_0.pdf
2 https://assets.publishing.service. gov.uk/government/uploads/system/uploads/attachment_data/file/875485/2019_UK_greenhouse_gas_emissions_provisional_figures_statistical_release.pdf
3 https://www.independent.co.uk/environment/air-pollution-deaths-towns-cities-car-crash-particulate-matter-environment-a9302466.html
4 https://publications.parliament.uk/pa/cm201719/cmselect/cmtrans/1487/148705.htm

7 *Bicycle* (27 February 1946)
8 William Wilson, *Marguerite Wilson: The First Star of Women's Cycling* (Poole, CMP, 2016)
9 Wilson, *Marguerite Wilson*
10 Wilson, *Marguerite Wilson*
11 Sheridan, *Wonder Wheels*
12 Eileen Cropper, 'Sod off, I'm passing you', *Daily Telegraph* (19 September 2019)
13 https://www.britishcycling.org.uk/road/article/spor20100602-Interview--Eileen-Gray-CBE-0
14 https://www.britishcycling.org.uk/road/article/spor20100602-Interview-Eileen-Gray-CBE-0
15 Beryl Burton, *Personal Best* (Huddersfield, Springfield Books, 1986)
16 Sheridan, *Wonder Wheels*
17 'Sod Off', *Daily Telegraph*
18 https://www.vice.com/en_us/article/wj3nvb/the-champion-mountain-biker-turned-drug-smuggler-missy-giove
19 Missy Giove, 'The Champion Mountain Biker Turned Drug Smuggler', *Vice* (20 November, 2018)
20 https://www.velonews.com/2004/04/mountain/mtb-news-and-notes-missy-on-being-missy_5945
21 'Philippa York', *Guardian* (6 July 2017)
22 Missy Giove, *Girlfriends* (July 2003)

第十二章

1 https://totalwomenscycling.com/news/nicole-cooke-evidence-british-cycling
2 https://cyclingtips.com/2017/12/learned-connie-carpenter-womens-cyclings-first-olympic-gold-medalist/
3 Isabel Best, 'Remembering the golden era of the women's Tour de France', *Daily Telegraph* (5 July 2019)
4 Best, 'Remembering the golden era of the women's Tour de France'
5 Rachel Sturtz, 'Meet the Billy Jean King of Cycling', *Outside* (24 July 2019)
6 https://www.bbc.co.uk/sport/cycling/27041315

6 https://news.gallup.com/poll/196487/one-three-women-worry-sexually-assaulted.aspx
7 Buhring, *This Road I Ride*
8 https://poll2018.trust.org/stories/item/?id=e52a1260-260c-47e0-94fc-a636b1956da7
9 https://www.bbc.co.uk/news/uk-scotland-43128350

第十章

1 https://totalwomenscycling.com/news/nicole-cooke-evidence-british-cycling
2 Louise Armaindo, quoted in M. Ann Hall, *Muscle on Wheels: Louise Armaindo and the High-Wheel Racers of Nineteenth-Century America* (Mon-real, McGill-Queen's Press, 2018)
3 *Cycling* (August 1894)
4 Pennell, 'Cycling'
5 http://www.sixday.org.uk/html/1889_sheffield.html
6 Roger Gilles, *Women on the Move: The Forgotten Era of Women's Bicycle Racing* (Lincoln, Neb. & London, University of Nebraska Press, 2018)
7 http://nagengast.org/nagengast/Gast/index.html
8 https://xmasepic2010.wordpress.com/2010/08/01/riding-in-the-26th-century-margaret-gast/

第十一章

1 We're not deviants say the cycling ladies', *Independent* (28 August 2005)
2 Tim Hilton, *One More Kilometre and We're in the Showers* (London, Harper Perennial, 2004)
3 Albert Lusty, *Cycling* (August 1937)
4 Mariska Tjoelker, 'Mien Van Bree' in *Ride the Revolution: The Inside Stories from Women in Cycling*, ed. Suze Clemitson (London, Bloomsbury Sport, 2015)
5 Nancy Neiman Baranet, *The Turned Down Bar* (Philadelphia, Dorrance, 1964)
6 Eileen Sheridan, *Wonder Wheels: The Autobiography of Eileen Sheridan* (London, Nicholas Kaye, 1956)

21 Bullock Workman, *Sketches Awheel in Fin de Siècle Iberia*
22 Bullock Workman, *Sketches Awheel in Fin de Siècle Iberia*
23 Bullock Workman, *Sketches Awheel in Fin de Siècle Iberia*
24 Bullock Workman, *Sketches Awheel in Fin de Siècle Iberia*
25 Bullock Workman, *Sketches Awheel in Fin de Siècle Iberia*
26 Bullock Workman, *Algerian Memories*
27 Bullock Workman, *Algerian Memories*
28 Fanny Bullock Workman and William Hunter Workman, *Through Town and Jungle: Fourteen Thousand Miles A-wheel among the Temples and People of the Indian Plain* (London, T. Fisher Unwin, 1904)

第八章

1 https://www.bikeleague.org/content/womens-bike-history-3-days-5-women-250-miles
2 Mrs Cattaneo, quoted in James McGurn, *On Your Bicycle: An Illustrated History of Cycling* (London, John Murray, 1987)
3 https://www.cyclingweekly.com/news/latest-news/billie-fleming-happy-100th-birthday-121964
4 Dervla Murphy, *Wheels within Wheels* (London, John Murray, 1979)
5 Murphy, *Wheels within Wheels*
6 Murphy, *Wheels within Wheels*
7 Campbell Davidson, *Handbook for Lady Cyclists*
8 Rebecca Solnit, *Wanderlust: A History of Walking* (London, Penguin, 2001)
9 Anne Mustoe, *A Bike Ride: 12,000 Miles around the World* (London, Virgin, 1991)
10 https://www.youtube.com/watch?v=Y4f4UTmKc1U&feature=emb_logo

第九章

1 Peter Zheutlin, *Around the World on Two Wheels: Annie Londonderry's Extraordinary Ride* (New York, Kensington Publishing Corp., 2007)
2 Buhring, *This Road I Ride*
3 Buhring, *This Road I Ride*
4 Buhring, *This Road I Ride*
5 Buhring, *This Road I Ride*

21 de Beauvoir, *The Prime of Life*
22 de Beauvoir, *The Prime of Life*
23 de Beauvoir, *The Prime of Life*

第七章

1 Henry David Thoreau, 'Walking'
2 Lillias Campbell Davidson, *Handbook for Lady Cyclists* (London, Hay Nisbet & Co., 1896)
3 Juliana Buhring, *This Road I Ride: My Incredible Journey from Novice to Fastest Woman to Cycle the Globe* (London, Piatkus, 2016)
4 Mrs Harcourt Williamson, A. C. Pemberton, C. P. Sisley and G. Floyd. *The Complete Cyclist* (A. D. Innes & Co., London 1897)
5 'Martha', 'We Girls Awheel through Germany', *Outing* (April–September 1892)
6 Margaret Valentine Le Long, 'From Chicago to San Francisco Awheel', *Outing* 31, no.5 (February 1898)
7 Campbell Davidson, *Handbook for Lady Cyclists*
8 Elizabeth Robins Pennell, 'Cycling', *Ladies in the Field: Sketches of Sport*, ed. Beatrice Violet Greville (London, Ward & Downey, 1894)
9 Pennell, 'Cycling'
10 Pennell, 'Cycling'
11 Elizabeth Robins Pennell, illustrated by Joseph Pennell, *Over the Alps on a Bicycle* (London, T. F. Unwin, 1898)
12 Pennell, *Over the Alps on a Bicycle*
13 Pennell, *Over the Alps on a Bicycle*
14 Pennell, *Over the Alps on a Bicycle*
15 Pennell, *Over the Alps on a Bicycle*
16 Pennell, *Over the Alps on a Bicycle*
17 Pennell, *Over the Alps on a Bicycle*
18 Fanny Bullock Workman and William Hunter Workman, *Sketches Awheel in Fin de Siècle Iberia* (London, T. F. Unwin, 1897)
19 Bullock Workman, *Sketches Awheel in Fin de Siècle Iberia*
20 Fanny Bullock Workman and William Hunter Workman, *Algerian Memories: A Bicycle Tour over the Atlas to the Sahara* (London, T. Fisher Unwin, 1895)

7 https://www.latimes.com/local/la-xpm-2013-sep-22-la-me-psyco-riders-20130923-story.html
8 'Women defy Fatwa on riding bicycles', *The Times* (22 September 2016)
9 https://www.sidetracked.com/cycling-in-afghanistan/
10 https://www.arabnews.com/node/1262466/saudi-arabia
11 https://gulfnews.com/world/gulf/saudi/saudi-women-conquer-jeddah-streets-on-bicycle-1.61705902

第六章

1 *Lancashire Daily Post* (14 February 1907)
2 Sylvia E. Pankhurst, *The Suffragette Movement: An Intimate Account of Persons and Ideals* (London, Longmans & Co., 1931)
3 Pankhurst, *The Suffragette Movement*
4 Pankhurst, *The Suffragette Movement*
5 Pankhurst, *The Suffragette Movement*
6 Eveline Buchheim and Ralf Futselaar, eds, *Under Fire: Women and World War II* (Amsterdam, Verloren Publishers, 2014)
7 Simone de Beauvoir, *Letters to Sartre*, trans. Quentin Hoare (London, Vintage Classics, 1993)
8 Simone de Beauvoir, *The Prime of Life*, trans. Peter Green (London, Deutsch, Weidenfeld and Nicolson, 1963)
9 de Beauvoir, *Letters to Sartre*
10 Henry David Thoreau, 'Walking,' *The Writings of Henry David Thoreau* (Boston, Houghton Mifflin, 1894)
11 Virginia Woolf, *The Diary of Virginia Woolf*, ed. Anne Olivier (London, Hogarth Press, 1980)
12 de Beauvoir, *Letters to Sartre*
13 https://www.apa.org/pubs/journals/releases/xlm-a0036577.pdf
14 de Beauvoir, *The Prime of Life*
15 de Beauvoir, *The Prime of Life*
16 de Beauvoir, *The Prime of Life*
17 de Beauvoir, *The Prime of Life*
18 de Beauvoir, *The Prime of Life*
19 de Beauvoir, *The Prime of Life*
20 de Beauvoir, *The Prime of Life*

12 http://www.sheilahanlon.com/?p=1830
13 *Daily Telegraph* (25 November 1893)
14 *Cycling* (June 1894)
15 Oscar Wilde, 'The Philosophy of Dress', *New York Tribune* (19 April 1885)
16 https://assets.publishing.service.gov.uk/government/uploads/system/uploads/attachment_data/file/736909/walking-and-cycling-statistics-england-2017.pdf

第四章

1 Frances E. Willard, *Writing Out My Heart: Selections from the Journal of Frances E. Willard, 1855–96* (Urbana, University of Illinois Press, 1995)
2 Kathleen Fitzpatrick, *Lady Henry Somerset* (London, Jonathan Cape, 1923)
3 Willard, *Writing Out My Heart*
4 *The Lady Cyclist* (March 1896)
5 *The Lady Cyclist* (June 1896)
6 *The Lady Cyclist* (September 1896)
7 https://www.accesssport.org.uk/News/celebrating-international-nurses-day
8 Jamie J. Jirout, Nora S. Newcombe (2015) 'Building Blocks for Developing Spatial Skills: Evidence From a Large, Representative U.S. Sample', *Association for Psychological Science*, 26, 3: 302–310

第五章

1 此處與其他關於凱蒂・諾克斯的引言皆摘自 Lorenz J. Finison, Boston's *Cycling Craze, 1880–1900: A Story of Race, Sport, and Society* (Boston, University of Massachusetts Press, 2014)
2 https://www.theguardian.com/cities/2015/jul/09/women-cycling-infrastructure-cyclists-killed-female
3 http://content.tfl.gov.uk/analysis-of-cycling-potential-2016.pdf
4 https://w4c.org/case-study/women-and-biking-case-study-use-san-francisco-bike-lanes
5 https://www.bicycling.com/news/a20015703/an-interview-with-monica-garrison-of-black-girls-do-bike/
6 Xela de la X., *Ovarian Psycos*, dir. Joanna Sokolowski, Kate Trumbull-LaValle (USA, 2016)

Vintage, 2015)
16 Silas Weir Mitchell, *Doctor and Patient* (New York, Classics of Medicine Library, 1994)
17 quoted in Oscar Jennings, *Cycling and Health* (London, Iliffe & Son, 1893)
18 'A Lady Doctor's Views on Cycling', *The Hub* (September 1897)
19 W. H. Fenton, 'A medical view of cycling for ladies', *The Nineteenth Century*, 39 (23 May 1896)
20 https://www.thelancet. com/journals/lancet/article/PIIS0140-6736(17)31634-3/fulltext
21 https://www.bmj.com/content/357/bmj.j1456
22 Ross D. Pollock, Katie A. O'Brien, Lorna J. Daniels, et al. (2018). 'Properties of the Vastus Lateralis Muscle in Relation to Age and Physiological Function in Master Cyclists Aged 55–79 Years', *Aging Cell*, 17(2)
23 https://www.bicycling.com/training/a20029339/how-cycling-makes-you-smarter-and-happier/

第三章

1 *Pall Mall Gazette* (5 April, 1899)
2 *Dunstan Times* (2 June 1899)
3 *The Lady Cyclist* (March 1896)
4 Elizabeth Sanderson Haldane, *From One Century to Another: The Reminiscences of E. S. Haldane 1862–1937* (London, A. Maclehose & Co., 1937)
5 Florence Pomeroy, *Reasons for Reform in Dress* (London, Hutchings & Crowsley, 1884)
6 Victor Neeesen, *Dr. Neesen's Book on Wheeling: Hints and Advice to Men and Women from the Physician's Standpoint* (London, Forgotten Books, 2018)
7 *The Lady Cyclist* (September 1895)
8 Diana Crane, *Fashion and Its Social Agendas: Class, Gender, and Identity in Clothing* (Chicago, University of Chicago Press, 2000)
9 'She Wore Trousers', *National Police Gazette* (28 October 1893)
10 *Cycling* (September 1893)
11 https://thevictoriancyclist.wordpress.com/2015/02/15/womanly-cycling-part-two

全書註釋

作者序

1 Nellie Bly, 'Champion of Her Sex: Miss Susan B. Anthony', *New York World* (2 February 1896)

第二章

1 *Cycling* (1895)
2 Harry Dacre, 'Daisy Bell (Bicycle Built for Two)', 1892
3 *Munsey's Magazine* (1896)
4 Helen Follett, 'Honeymoon on two wheels,' *Outing*, 29 (1896–97)
5 Eve Curie, *Marie Curie*, trans. Vincent Sheean (New York, Doubleday, Doran & Co., 1937)
6 Helena Maria Lucy Swanwick, *I Have Been Young* (London, Victor Gollancz, 1935)
7 Evelyn Everett-Green, 'Cycling for Ladies' in *All Round Cycling* (London, Walter Scott, 1896)
8 Ethel Smyth, *The Memoirs of Ethel Smyth* (London, Viking, 1987)
9 Marguerite Merington, 'Woman and the bicycle', *Scribner's*, XVII (June 1895)
10 Nellie Bly, 'Champion of Her Sex: Miss Susan B. Anthony', *New York World* (2 Feb- ruary 1896)
11 Charlotte Smith, quoted in Sue Macy, *Wheels of Change: How Women Rode the Bicycle to Freedom* (Washington, DC, National Geographic, 2011)
12 R. L. Dickinson, quoted in Patricia Vertinsky, *Eternally Wounded Women: Women, Doctors and Exercise in the Late Nineteenth Century* (Manchester, Manchester University Press, 1990)
13 Arabella Kenealy, quoted in Kathleen McCrone, *Sport and the Physical Emancipation of English Women 1870–1914* (London, Routledge, 2014)
14 James Beresford Ryley, *The Dangers of Cycling for Women and Children* (London, H. Renshaw, 1899)
15 Charlotte Perkins Gilman, *Herland and The Yellow Wallpaper* (London,

踩動世界的女人

自由、賦權、革新，130年來的女性單車史

REVOLUTIONS: How Women Changed the World on Two Wheels

作　　者：漢娜．羅斯（Hannah Ross）
譯　　者：張家綺
副 社 長：陳瀅如
責任編輯：翁淑靜
特約編輯：沈如瑩
封面設計：IAT-HUÂN TIUNN
內頁排版：洪素貞
行銷企劃：陳雅雯、張詠晶

出　　版：木馬文化事業股份有限公司
發　　行：遠足文化事業股份有限公司（讀書共和國出版集團）
231新北市新店區民權路108-4號8樓
電　　話：（02）22181417
傳　　真：（02）22180727
電子信箱：service@bookrep.com.tw
郵撥帳號：19588272木馬文化事業股份有限公司
客服專線：0800-221-029
法律顧問：華洋法律事務所　蘇文生律師
印　　刷：呈靖彩藝有限公司
初　　版：2024年2月

定　　價：460元
I S B N：978-626-314-584-9 (紙本書)
978-626-314-579-5 (EPUB)
978-626-314-578-8 (PDF)

國家圖書館出版品預行編目

踩動世界的女人：自由、賦權、革新 ,130 年來的女性單車史 / 漢娜 . 羅斯 (Hannah Ross) 著 ; 張家綺譯 . -- 初版 . -- 新北市 : 木馬文化事業股份有限公司出版 : 遠足文化事業股份有限公司發行 , 2024.02
面； 公分
譯 自 : Revolutions : how women changed the world on two wheels
ISBN 978-626-314-584-9(平裝)

1.CST: 世界傳記 2.CST: 女性 3.CST: 自行車運動 4.CST: 歷史

781.052 112021728